周錦宏、張翰璧 主編

全球客家的多元經驗：
全球客家研究聯盟（GHAS）論文集I

國家圖書館出版品預行編目（CIP）資料

全球客家的多元經驗：全球客家研究聯盟（GHAS）論文集 . I / 周錦宏 , 張翰璧主編 . -- 初版 . -- 高雄市：
巨流圖書股份有限公司 , 2023.08
　面；　公分 . --（客家研究 Hakka Studies；7）
ISBN 978-957-732-695-9（平裝）
1.CST: 客家 2.CST: 民族文化 3.CST: 文化研究 4.CST: 文集
536.21107　112011975

全球客家的多元經驗：全球客家研究聯盟（GHAS）論文集 I

客家研究 Hakka Studies 07

主　　　編　周錦宏、張翰璧
發 行 人　楊曉華
編　　　輯　張如芷
封 面 設 計　毛湘萍

出 版 者　巨流圖書股份有限公司
　　　　　　802019 高雄市苓雅區五福一路 57 號 2 樓之 2
　　　　　　電話：07-2265267
　　　　　　傳真：07-2233073
　　　　　　購書專線：07-2265267 轉 236
　　　　　　E-mail：order@liwen.com.tw
　　　　　　LINE ID：@sxs1780d
　　　　　　線上購書：https://www.chuliu.com.tw/
臺北分公司　100003 臺北市中正區重慶南路一段 57 號 10 樓之 12
　　　　　　電話：02-29222396
　　　　　　傳真：02-29220464
法 律 顧 問　林廷隆律師
　　　　　　電話：02-29658212

刷　　　次　初版一刷・2023 年 8 月
定　　　價　550 元
I S B N　978-957-732-695-9（平裝）

客家研究
Hakka
Studies

叢書主編：蕭新煌 教授

本書為客家委員會補助「全球客家研究聯盟2023-2025年度工作計畫」之經費出版。

作者簡介（按章次排序）

黃紹恆

現職：國立陽明交通大學客家文化學院人文社會學系教授。

簡歷：東京大學經濟學博士。曾任國立政治大學經濟學系副教授及教授、東京大學社會科學研究所客座教授、中央研究院臺灣史研究所合聘研究員、倫敦大學政治經學院（LSE）訪問學者、大阪大學訪問學者。研究專長包括臺灣近現代經濟史、臺灣客家研究。

吳中杰

學歷：國立臺灣師範大學華語文教學研究所碩士（1999），國立清華大學語言學研究所博士（2004）。

簡歷：曾任國立高雄師範大學臺灣語言與教學研究所合聘助理教授（2007-2008），現職為國立高雄師範大學客家文化研究所教授兼所長（2020-）。主要著作有《客語次方言與客語教學》（1994）、《屏東地區馬卡道族音及語言研究》（與林欣慧合著，1999）、《臺灣客家地圖》（與邱彥貴合著，2001）、《臺灣客家語言與移民源流關係研究》（2009）、《客家話分布格局與形成年代：宏觀與微觀的探討》（2020）等。

李美華

現職：國立陽明交通大學傳播與科技學系教授。

簡歷：美國紐約州立大學（Buffalo）傳播學博士。曾任淡江大學大眾傳播學系副教授兼系主任、《新聞學研究》書評書介主編、中華傳播學會副理事長、香港浸會大學（HKBU）傳理學院訪問學者、國立交通大學傳播與科技學系副教授兼系主任、國立交通大學人文與社會科學研究中心副主任、加拿大西安大略（Western）大學資訊與媒體研究學院訪問學者等。研究專長領域包括族群媒體、文化傳播、組織溝通、風險傳播、國際新聞、健康傳播、人工智慧與元宇宙科技等。

賴守誠

現職：國立中央大學客家語文暨社會科學學系副教授。

簡歷：生於臺灣高雄、六堆客家人。國立中央大學資訊管理學系學士、國立臺灣大學社會學研究所碩士、英國蘭開斯特大學（Lancaster University, UK）社會學研究所博士。曾任職國立臺灣大學農業推廣學系助理教授，研究專長為客家食農文化、客家食農產業、客庄農鄉發展、文化經濟。有關臺灣客家飲食主題的主要出版如下：〈現代消費文化動力下族群飲食文化的重構：以臺灣「客家菜」當代的休閒消費轉型為例〉、〈地方食品特產與鄉村發展：以美濃粄條與新埔柿餅興起的個案為例〉、〈客家飲食的興起：「客家菜」及客家農食特產在臺灣的崛起與發展（1951~2016）〉及〈臺灣客家餐館與客家菜餚〉、《臺灣客家飲食文化的區域發展及變遷》（合著）。

賴維凱

現職：國立中央大學客家語文暨社會科學學系專案助理教授、新北市政府教育局國中本土語文輔導小組指導教授。

簡歷：國立中央大學客家語文暨社會科學學系客家研究博士。研究領域主要為客家話的比較、客語與少數民族語言關係、客語文教學研究。相關論文發表於《客家研究期刊》、《臺灣客家語文研究輯刊》、《第十三屆客家話國際學術研討會論文集》、《在地、南向與全球客家》、《台馬客家帶的族群關係》、《客家研究與族群研究的對話》等書刊。

廖經庭

現職：桃園市私立復旦高級中學教師。

簡歷：國立中央大學客家社會文化研究所碩士、國立清華大學人類學研究所博士班（肄業）。研究興趣包括集體記憶、臺灣客家區域史。

徐桂萍

現職：苗栗縣卓蘭鎮坪林國小代理教師。

簡歷：國立聯合大學客家語言與傳播研究所畢業。

范瑞玲

現職：國立聯合大學客家語言與傳播研究所副教授。

簡歷：美國夏威夷大學語言學博士，曾任淡江大學英文系副教授、臺灣語言學學會理事、考選部公務人員特種考試外交領事人員外交行政人員及國際新聞人員、國際經濟商務人員、國家安全局國家安全情報人員、民航人員、法務部調查局調查人員、警察人員、關務人員等口試委員、考選部專業技術人員普通考試導遊人員、領隊人員口試委員暨筆試委員、國立聯合大學客家語言與傳播研究所所長。研究專長領域包括：句法學、語言習得、語言教學、語言與文化。

黃子堅

現職：馬來亞大學文學暨社會科學院院長、歷史系教授。

簡歷：主要研究馬來西亞華人史、客家研究及沙巴史。近期出版 *Wang Gungwu and Malaysia*（2021）、《神山游擊隊：1943 年亞庇起義》（2021）、*One Crowded Moment of Glory*（2019）。

簡美玲

現職：國立陽明交通大學人文社會系教授。

簡歷：國立清華大學人類學研究所博士。1990 年代起，透過民族誌田野與書寫，開展對臺灣、中國西南與華南、馬來西亞等地方社會，進行南島語族（Pangcah，阿美族）、貴州苗族（Hmub）、臺灣與華南客家、海外華人之族群研究，親屬與性別、語言、情感人類學、歷史人類學等議題的探索。著述《貴州東部高地苗族的情感與婚姻》（2009）、《清水江邊與小村寨的非常對話》（2009）、*Narratives of Hmub Village Life in Eastern Guizhou*（2022）。主編《客家的形成與變遷》（2010）、《全球客家研究的實踐與發展》（2021）、《百年往返：走訪客家地區的日本學者》（2021）。撰述人類學相關學術議題之中、英文期刊論文與專書論文，數十餘篇。

潘怡潔

現職：馬來西亞檳城研究院（Penang Institute）遺產與都市研究組分析員。

簡歷：國立清華大學人類學研究所碩士，曾任職於臺灣朱銘美術館。研究領域
　　　　包括檳城姓氏橋的轉型、檳城公司文化、檳城藝術空間及遺產研究等。

何啓才

現職：馬來亞大學文學暨社會科學學院中文系高級講師、馬來亞大學馬來西亞
　　　　華人研究中心副主任、《馬大華人文學與文化學刊》主編、馬來西亞華
　　　　人博物館顧問。

簡歷：中國廈門大學歷史學博士。曾任華社研究中心（華研）研究員、林連玉
　　　　基金學術委員會副主任、新紀元學院馬來西亞族群研究中心（已解散）
　　　　研究員兼講師等。研究專長包括馬來西亞左翼運動、亞洲冷戰、馬來西
　　　　亞華人社團與社會研究等。

蔡靜芬

現職：2022 年借調至砂拉越旅遊、創意產業及表演藝術部主管藝術、文化及
　　　　遺產部。借調前是馬來西亞砂拉越大學社會科學暨人文學院人類學系高
　　　　級講師。

簡歷：日本東京外國語大學人類學博士，東京一橋大學人類學碩士與人類學學
　　　　士。研究領域為客家人的信仰、大伯公廟宇文化、乩童傳統等。

徐富美

現職：元智大學中國語文學系副教授、臺灣語文學會第 16 屆理事。

簡歷：國立清華大學中國文學系博士。曾任臺灣語文學會第 14 屆及第 15 屆秘
　　　　書長、國立中央大學客家學院海外客家研究中心兼任研究員、中國功能
　　　　語言學研究會理事、中國英漢語篇分析研究會理事等。研究領域包括越
　　　　南客家、臺灣語文、古代漢語、系統功能語言學等。

葉德平

現職：香港教育大學課程與教學學系高級講師、香港歷史文化研究會會長。

簡歷：香港中文大學學士、碩士，北京師範大學博士。曾任教於香港嶺南大學、香港中文大學。現於香港教育大學主要教授文化遺產教育相關學科。閒時於香港新城電台擔任嘉賓主持，普及歷史文化知識。研究興趣廣泛，著作不少，除學術論文外，作品散見於《香港商報》、《灼見名家》、《亞洲周刊》、《文匯報》、《環球人物》（人民日報社主管主辦）及《龍週》等報刊的專欄。近著有《金庸小說裡的中國歷史》、《香港鳳山寺與廣澤尊王研究》、《西貢非遺傳承計劃：西貢漁歌》、《西貢非遺傳承計劃：西貢麒麟舞》、《回緬歲月一甲子——坑口風物志》、《古樹發奇香——消失中的香港客家非遺》、《戰鬥在香港——抗日老兵的口述故事》及《圍城苦戰——保衛香港十八天》等。近作《小學生‧古詩遊》更榮獲第二屆「香港出版雙年獎」語文學習類出版獎。

劉健宇

現職：香港史學後進協會秘書長。

簡歷：香港大學中文學院在職碩士生（2022-2024），香港教育大學中國歷史教育榮譽學士。曾協助《香港志‧教育卷》編纂，並曾於中國國家博物館和北京故宮博物院擔任實習生。研究興趣包括華人民間信仰、英帝國主義及殖民管治、海外華人華僑研究等。

主編序

　　客家人因各種因素遷移到世界各地，但由於移居地的地理環境、政經體制、社會結構、族群關係和宗教信仰等差異，也就形塑出豐富且多元的全球客家樣貌。然而，要認識遍布全球的客家族群與在地社會互動的情形，則需要全球各地客家研究學者專家的投入，以及建立起一個全球客家研究社群，彼此能夠交流研究成果，還有分享和比較各個國家或地區的多樣化客家知識與經驗。

　　基此，2019 年 12 月 10 日在客家委員會和客家學術發展委員會的支持與見證下，臺灣的國立中央大學客家學院、國立陽明交通大學客家文化學院、國立聯合大學客家文化學院、國立高雄師範大學客家研究所等四個客家學術機構，與馬來西亞的馬來亞大學、印尼的佩特拉基督教大學、新加坡的新加坡國立大學、泰國的瑪希隆大學、日本的兵庫縣立大學、美國的舊金山州立大學等 7 個國家 11 個學術研究機構共同簽署合作備忘錄，並宣布成立「全球客家研究聯盟」（The Consortium of Global Hakka Studies, GHAS）。

　　GHAS 的成立，是希望能將分散各地的客家研究力量匯聚成一股集體力量，目的在推動臺灣和世界各地的客家和族群研究，致力於成為國際客家及族群研究對話與交流的學術平台。GHAS 主要工作事項有：一、透過定期舉辦國際雙年學術研討會、青年學者工作坊，及海外學術機構和客家地區的移地田野調查工作坊，來串聯臺灣和世界各地客家和族群研究的網絡資源，並拓展客家研究在全球族群研究的視野與知名度；二、出版全球客家研究學術專書，匯集臺灣和世界各地客家研究成果；三、發行 GHAS Newsletter，即時報導全球客

家在地社群和研究機構概況，還有分享全球客家研究和族群研究最新資訊。

　　本書《全球客家的多元經驗：全球客家研究聯盟（GHAS）論文集 I》所收錄的文章，即是 GHAS 第一屆國際雙年學術研討會發表論文中的一部分。GHAS 第一屆國際雙年學術研討會於 2021 年 11 月 6 日至 7 日在國立中央大學客家學院舉行，這次會議主題為「客家研究的比較視野：回顧與展望」，針對臺灣及世界各國或地區的客家研究成果進行回顧、比較分析，議題涵蓋廣泛多元。本次會議除邀請 GHAS 國內外成員機構的相關學者外，也邀請全球致力於客家研究的專家學者一同參與，共發表 42 篇研究論文。會議結束後，經審查委員會初審所有發表的研究論文，獲通過者 GHAS 即發出專書徵集邀請，但因部分學者的論文已獲國內外學術期刊刊登邀請，或另有其他學術發表的考量，最終收錄 14 篇論文彙編為本書。

　　本書內容可分為三大部分，第一部分為「臺灣經驗」，共有 7 篇論文，包括的主題有：客語發展、接觸與學習（黃紹恆、吳中杰、賴維凱、徐桂萍和范瑞玲等 4 篇）、客家媒體全球議題在地化的考察（李美華）、客家菜與新住民的交會（賴守誠）及客家形象的建構與解構（廖經庭）；第二部分是「馬來西亞經驗」，有客家人的基督信仰（黃子堅）、客庄聚落創生（簡美玲和潘怡潔）、客家人的革命情懷（何啟才）及客家人的污染觀念（蔡靜芬）等 4 個主題；第三部分的「越南與香港經驗」，一篇為越南同奈省艾話與客話的語音分析研究（徐富美），兩篇是探討香港新界客家人的議題（葉德平、劉健宇）。從這 14 篇多樣化的全客家研究議題，不難看出客家研究與在地社會的緊密關聯性，以及跨領域的研究取向。

　　藉由本書的出版，除了將臺灣客家研究成果及客家運動經驗外，積極與國際客家研究學術社群進行分享與互動，更能與其他國家學者合作來提升客家和族群研究質量及能量，讓臺灣成為全球客家研究的網絡中心。最後，本書得以順利付梓出版，要感謝客家委員會楊長鎮主任委員和客家學術發展委員會蕭新煌召集人的支持，GHAS 機構成員與關心全球客家研究學者們的積極投入和熱

情參與，還有 GHAS 秘書處歷任執行秘書劉瑞超博士、張釋博士、蘇秉凱博士生在行政與編輯工作的協助。

周錦宏

張翰璧

2023 年 7 月 28 日

目錄

第一部分

臺灣經驗

第 1 章

戰後臺灣客語流失的政經觀點考察

黃紹恆

壹、前言

　　語言始終是決定臺灣歷史演變的重要推力與結果。

　　近年來，國際學術界有關「南島語族」（Austronesian）的研究，有「臺灣起源說」的倡議。臺灣不僅是今日東起美洲西岸復活島，西抵非洲東岸馬達加斯加島，南到紐西蘭為止的印度洋與太平洋的廣大海域，統稱為「南島語族」人群分布的最北沿，臺灣中央研究院李壬癸等研究者，更主張臺灣最有可能是諸南島語族的發源地。李氏主張，相對上述區域各地原住民族的語言，臺灣目前原住民族的語言差異性最大，保存最多古語，一個地區語言越是紛歧，越表示語言分化的年代越久遠，因此可推知南島民族在臺灣居住的年代縱深最長（李壬癸，2010）。由「臺灣起源說」或可推知，在尚未有文字記載之前，臺灣已經是人群或民族遷徙移動的開放區域。

　　有關臺灣較有系統及較具規模的文字記載，大約可追溯到 17 世紀進入荷蘭東印度公司殖民地時期，荷蘭人帶來荷蘭語文，為了方便宣教，也將臺江內海附近的西拉雅族語言拼音化，而有後世所稱的「新港文書」（周婉窈，1997）。另外，從文獻可知，此時期的臺灣同時存在日語、西班牙語及以閩粵為主的華南語言。鄭氏政權於 1662 年取代荷蘭東印度公司治理臺灣，鄭氏為閩南出身，其軍隊及隨軍隊來臺的漳州人，有相當部分是來自今日學者界定為華南「客區」，因此或可推知客家話最遲在此時期便已在臺灣出現（湯錦台，2005；2010）。鄭氏政權源自鄭芝龍的海商（盜）集團，中國明末清初東亞到東南亞的海上貿易，所通用的語言為葡萄牙語（永積洋子，1990）。加上臺灣

各種固有的南島語系原住民族語言，使得在此島上有著各種不同語系語言不斷交錯並行的情形，所反映出來的是各種人群、財貨順著洋流移動遷移，也同時建構出海洋臺灣的歷史圖像。1683 年鄭氏政權降清，臺灣歷史進入清代時期，清政府的鎖國政策一時之間將臺灣閉鎖入歐亞大陸常見的征服王朝，陸權國家的附屬邊疆位置。然而 1860 年代的門戶開放，臺灣再度出現在以英國為首的海權國家所開拓出來的資本主義世界市場的全球史舞臺，記錄清代臺灣的語言文字便不再以漢文文獻為大宗，不言自明，臺灣的語言現象更為多樣紛雜。

然而到 1895 年臺灣進入日本殖民統治時期為止，在臺灣出現或使用的各種語言，大致而言，應可說並無明顯的政治性位階差序，如同此時期臺灣的貨幣屬於所謂秤量貨幣一般，基本上並無西方現代國民國家主權式的權力規制。主要原因在於清代中國的國家權力並非西方自 1684 年發展出來的所謂「西發里亞主權體系」（Westphalian sovereignty）國家主權（M. B. Steger, 2010: 35），因此，無論是語言或作為交易的媒材，可說主要由「市場」機制決定，此時期在臺灣所使用的語言，可說最直接反映出臺灣歷史的演進過程與內容。

1895 年，臺灣因中日甲午戰爭進入日本殖民統治時期，1945 年則因第二次世界大戰的結束，臺灣在日本喪失對臺統治權後，進入中華民國時期。在日本及中華民國外來政權的百餘年統治期間，臺灣皆出現內容不同的「國語」。「國語」的出現反映統治權力的性格，在概念上，可說已經屬於上述「西發里亞主權體系」下的產物。

對於同時期的臺灣住民而言，每日所面對的多語言社會，可說自荷蘭東印度公司時期即已開始，日治時期以降最大的區別，則在於語言開始出現位階差序。執政的群體依其利益運用國家機器，以政策主導其統治領域內的語言使用，使原本「市場」機制緩慢的語言汰除，配合少數群體的利益，快速明顯地進行。語言既有強弱勢之分，即有所謂「流失」的現象，臺灣的語言流失現象，從原住民族的漢化即已開始，一直持續到今日未曾停止，但是自日治末期到戰後的「國語」運動，帶來的卻是居住在臺灣所有民族、族群的「總失語」。

有關臺灣日治到戰後的「國語」、語言流失等問題的研究，由於事關臺灣

人今日的自我認同（identity）課題，在近年臺灣史研究環境變得自由、研究條件大幅改善以來，素來為重要的研究課題，其結論也多指向國家政策的驅動與壓抑扮演關鍵角色。然而，立足 21 世紀重新審視臺灣多語言社會的變遷，當可清楚發現有若干新的因素必須深入觀察與思考，而這些因素自然與晚近，特別是 1987 年臺灣解嚴以降的政經社會文化變遷有關。

　　直言之，在解釋何以在晚近臺灣政治民主化，社會多元發展的條件下，客家話自不待言，連人口相對較多的閩南語族群，依舊無法免除流失乃至消亡的危機，先行研究所指涉威權統治的語言政策觀點，顯然存在力有不逮之處，此觀察為本文的出發點。

　　以下，先簡單回溯戰後臺灣的「國語」（以下省略引號）如何穩定其地位的歷史過程。其次試論戰後臺灣工業化與客語消亡危機感的關聯，其三為對未來說客語的展望，以作為結論。

貳、戰後臺灣作為建構國族工具的「國語」

一、戰後初期國語政策的推行

　　1912 年成立的中華民國政府，在翌（1913）年 2 月召開「讀音統一會」，1915 年教育部於北平（今北京）設立「注音字傳習所」，1918 年再通令全國各高等師範學校附設國語講習科，以教授「注音字母」（1930 年改稱「注音符號」）及國語、養成國語教員為宗旨（何容等，1948：3）。從中華帝國演變到中華民國，語言作為建構新國族的工具，與這個亞洲新興的「西發里亞主權體系」主權國家中華民國的建立同時起步，戰後臺灣當局所推行的中華民國國語，就是以「北平地方現代音系」為基礎，歷經上述經緯所形成的語言（臺灣省國語推行委員會，1946）。

　　也在同樣的思維下，位於重慶的中華民國政府，在第二次世界大戰尚未結束的 1944 年 4 月 17 日成立「臺灣調查委員會」，籌備日本敗戰投降後的臺灣

接收事宜，教育部的國語推行委員會自始即參與上述委員會的運作與幹訓班業務的執行（張博宇，1974）。1945 年 3 月 14 日公布的「臺灣接管計畫綱要」第 7 條，載明接管後的公文書、教科書及報紙禁用日本語文，同第 44 條規定國語普及計畫的確立、中小學的必修國語課程，公教人員使用國語。另外，將臺灣總督府於各地所設「國語講習所」改為內容不同的國語講習所（魏永竹，1995）。

臺灣省行政長官公署依循上述綱要推動國語政策，首先於 1946 年 2 月下令肅清日治時期日文圖書雜誌，尤其查禁「宣傳日本皇軍戰績、獎勵參加大東亞戰爭、報導日本占領中的狀況、宣揚皇民奉公運動、曲解三民主義破壞總理和總裁，以及中國國策」之類的出版物，4 月 2 日公布「臺灣省國語推行委員會組織規程」並同時成立之。9 月 14 日下令中等學校禁用日語，暫時准用客閩語，兩年後全用國語。10 月 25 日再廢除報紙日文版（薛化元，2010）。此後，臺灣當局便以此委員會為核心，在新附領土臺灣開始展開國語的推廣，宣示中華民國對臺灣的「主權」。另外，臺灣省國語推行委員會雖以推廣國語為主要任務，不過其下所設「調查研究組」列有「本省方言的調查研究」一項任務（臺灣省國語推行委員會，1946b），派遣到各縣市的國語推行員必須進行轄區內方言及歌謠、故事的調查（臺灣省國語推行委員會，1946a）。

臺灣社會對於國語的認知，由於在日治末期即已建立，因此對於戰後的新國語並不陌生，1945 年 10 月 25 日之後的幾個月內，臺灣社會就已經有種「不說日語就得說國語」的氛圍。在臺灣國語推行委員會展開會務之前，臺灣社會主要透過日文的漢字、日文書寫的「支那語」教材，以學習外國語文的方式開始接觸國語。另外，臺灣人在交際場合已經慣用日語，由於跨越各族群語言的藩籬，有時甚至比自己的母語更為便利（何容等，1948：11、24）。國語推廣人員對於這種現象，認為主要原因在於日治時期臺灣的國語（日語）教育，使得原來通用的語言停留在清代時期，不足以對應學術文化等各方面的需求，即「本省通行的方言已經喪失他應有的方言地位，走上了死亡之途」（臺灣省行政長官公署，1946）。走上「死亡之途」固然聳人聽聞，未必與事實完全相符，不過卻也點出臺灣客語與臺灣閩南語既有的語彙，不能隨著臺灣社會

經濟文化等各方面的變遷，與時俱進的事實。

　　就國語的推廣，中華民國教育部於 1944 年 3 月曾公布如表 1-1 所列的「國語運動綱領」，「臺灣國語運動綱領」則為臺灣省國語推行委員會基於上述臺灣語言的使用現狀，因地制宜所作的若干修訂，然而對注音符號的重視，則是兩者的共通點。戰後初期臺灣的國語推廣，可說是一時之間是臺語（客閩語）的復振與注音符號的雙軌推行。不過，透過當地住民所使用之語言（所謂的方言）去推廣國語的做法，已在中國行之有年，並非臺灣首舉。

　　相對而言，在臺灣推行國語的條件還是有若干的不同。首先，臺灣社會已存在國語的制度與相關物事，因此重點在於如何將日語置換為國語，而不是從為何要有國語的說服階段開始。其次，面對乘載近現代日本政經社會文化發展成果的強勢日語，如何使用國語來滿足甚至取代日語原本在臺灣社會的功能，在本質上可說直接從根本檢驗近現代中國這方面的發展程度。不過就語系而言，相對日語，臺灣漢人所操持之語言與國語有更顯著的親近性，因此對國語的推廣而言，還是相當有利。以國語推行為任務的臺灣省國語推行委員會，之所以採行「恢復臺灣話應有的方言地位」、「從臺灣話學習國語」的策略，顯然有其學理上的理由（何容等，1948：51）。

表 1-1：「國語運動綱領」與「臺灣國語運動綱領」

國語運動綱領	臺灣國語運動綱領
1. 實行國字讀音標準化，統一全國讀音。	1. 實行臺語復原，從方言比較學習國語。
2. 推行國語，使能通行全國，並作為外國人學習我國語言的標準。	2. 注重國字讀音，由「孔子白」引渡到「國音」。
3. 推行「注音國語」以普及識字教育。	3. 洗刷日語句法，以國音直接讀文，達成文章還原。
4. 推行注音符號，以溝通邊疆語文。	4. 研究詞類對照，充實語文內容，建設新生國語。
5. 研究國語教學法，以增進教育效率。	5. 利用注音符號，溝通各族意志，融貫中華文化。
	6. 獎勵學習心理，增進教學效能。

資料出處：何容等人（1948：21-22）。

　　基於臺灣方言有助國語普及的理論，臺灣省國語推委員會陸續規劃、編印臺語、國語對照學習的出版物，以及從臺灣話學習國語的教材和參考書籍，包括《臺省適用注音符號十八課》、《國語臺音對照字錄》、《臺中適用詞彙》、《臺國對照詞彙》、《比較類推國語會話易通》（臺灣省政府教育廳，1976：29）。

　　上述從方言橋接到國語，主要施行的對象為社會人士，多少具有社會教育之性質，然而更重要也是戰後初期臺灣國語推廣運動的另一個重點，即注音符號的推廣，則主要是經由從學校教育進行。

　　臺灣行政長官公署教育處首先自 1946 年 5 月 1 日起，在臺北廣播電臺設置讀音示範節目，又下令自 1946 年度上學期起，各級學校開始使用國語教學，為此緊急從當時的北平、廈門徵聘 200 餘人的國語教員分發到各國民學校，另外於同年 8 月 15 日在臺北選考國民學校國語教員 103 人（實際參加講習 92 人）。爾後歷年在各地設立縣市立國語推行所及國語講習班、語文補習班，繼續甄選國語教師（臺灣省行政長官公署，1946；臺灣省政府教育廳，1947）。特別在國語師資方面，自 1947 年起，除在省立師範學院（今國立臺灣師範大學）設立國語專修班外，亦開始在實驗小學招收「本省籍」兒童一班，施行「小學課本全部注音」之教學實驗（臺灣省政府秘書處，1951）。臺灣大學亦於 1948 年開辦國語專修班，由國語推行委員會協辦（臺灣省政府教育廳，1976：80）。另外，1948 年教育部再將 1947 年在北平創辦全用注音符號的《國語小報》（三日刊）搬遷來臺，並更名為《國語日報》（1948 年 10 月 5 日創刊）（國語日報社，2021；臺灣省政府教育廳，1976：79）。1949 年在省立國語實驗小學試教國語教材，補充教材則刊載於《國語日報》（臺灣省政府教育廳，1976：85）。

　　要言之，戰後初期臺灣當局的國語政策，1940 年代後半由於時空環境的限制，對於客閩漢人所使用的「方言」，採取較寬容的態度，希望能由此順利橋接到國語。然而更重要且影響迄今的政策，則是標示國語發音的注音符號教學及對戰後進入學校教育系統的新世代國語教學[1]。從事後的觀點論，注音符號

---

[1] 戰後初期臺灣民眾補習教育的國語學習，原先也是計畫以注音符號學習入手，但是並未

的導入可說是國語得以在臺灣社會向下扎根的最根本原因，也使得學習注音符號的世代只須經由學校教育習得國語，家庭因而逐漸失去語言學習的機能，父祖輩所使用的語言也就變得無用武之地。

作為戰後臺灣建構虛擬國族工具的國語，進入 1950 年代之後，便在政府污名、查禁及取締與方言有關的任何形式之作為下，國語處在一種非競爭狀態的優渥條件下，配合學校正規教育的訓練，逐漸滲透到臺灣所有族群的每個世代。而此不僅使得臺灣原有住民的新世代，甚至戰後陸續來臺的「外省人」新世代，在此語言政策之下，進入堪稱臺灣所有民族、族群「總失語」的階段。

二、對方言的壓抑與限制

1950 年代以降，臺灣當局有關方言的施政，或可區分成如次幾大項說明。

首先，如 1952 年 8 月 9 日臺灣省教育廳查禁新竹縣竹林書局印行之方言唱本共 11 種，理由是內容荒謬[2]，具體所指則未敘明。翌（1953）年臺灣省教育廳就臺中市瑞成書局印行之方言唱本採茶相褒歌等 102 種，除其中 10 種被認定尚含忠孝節義，勸人為善外，其餘 92 種多屬神怪、黃色、迷信、無意義[3]。由於這類出版物審查與查禁的長期運作，逐漸塑造出臺灣本土文化鄙俗之形象，固不待言。

其次，1956 年 5 月 8 日臺灣省政府教育廳下令應導正學生使用方言的現象，其理由在於學生「隨時隨地應用方言，尤其在車上及公共場所大都應用方言交談，偶有講國語者，亦為外省籍學生。似此情形不僅使各級教育不能配合，而且影響社會風氣至深且巨」，因此要求學校督導學生應儘量講國語，避

成功，而是延聘教師直接學習國語及認識國字（張博宇，1974：152）。

[2] 此 11 種「內容荒謬」的歌仔冊，計有黑狗黑貓歌、姨子配姐夫歌、劍仙狐狸鬥法歌、自嘆煙花配夫歌、探親結緣新歌、曾二娘燒好香歌、十殿地獄歌、真正談天說地歌、百果子大戰歌、再重河川歌、哪吒鬧東海歌上下等 11 種（臺灣省秘書處，1952）。

[3] 此未遭查禁的方言唱本為大明節孝歌、昭君和番新歌、陳杏元和番新歌、陳世美不認前妻新歌、呂蒙正彩樓配夫新歌、中部大震災新歌下本、最新廿四孝歌、人心不足新歌、三國相褒新歌、孔明獻空城計歌上下本（臺灣省秘書處，1953）。

免應用方言（臺灣省政府秘書處，1956）。目前（2022 年）臺灣 50 歲以上世代所持學校禁止方言，違者受罰的共同記憶，不知是否從臺灣省教育廳這紙公文開始形塑，然而從事後的觀點論，學校對方言的敵視態度，應可說造成戰後新生世代遠離其父祖輩語言的重要因素之一。

其三，方言取締無遠弗屆，在宗教行政上亦可見到 1959 年行政院「為加強統一語言宗旨，增加文盲教徒對本國語文的認識起見」，決定逐漸淘汰羅馬字聖經，並鼓勵與協助標準國語聖經的撰寫。雖說 1962 年 1 月英美加及蘇格蘭聖公會的代表人「港臺聖書公會」宣布出版國語注音聖經（張博宇，1974：183、186）。不過，就實際的宣教活動而言，國語聖經的推廣並非易事[4]。到了 1975 年 11 月，臺灣長老教會正式公開呼籲政府應該准許任何語言的聖經出版[5]。

其四，電視新媒體方言節目的「淨化」。臺灣最早的電視臺為臺灣電視公司，成立於 1962 年 4 月 28 日，同年 10 月 10 日正式開播，不過很快地於翌（1962）年臺灣平均每天 6 個多小時的閩南語節目，一週約 43 小時，節目使用比率上不超過 7% 的閩南語單元劇、歌仔戲及閩南語歌唱節目，即遭外界批評閩南語節目過多，妨礙國語的推廣。然而對電視臺的商業營運而言，閩南語節目收視率高意味收益大，配合視聽者的語言偏好製作節目，理所當然。1971 年 3 月立法院教育委員會舉辦座談會，邀請臺灣電視公司及中國電視公司總經理列席，主題即為如何減少方言節目。此次座談會的具體成果為同年 12 月教育部文化局（1967-1973）以緊急措施的方式，規定自當年 12 月起，方言節目的播放，每天不得超過 1 小時，而且只准在收視率較低的白天及夜間 9 點 30 分之後，各播放 30 分鐘。三家電視臺（臺灣電視公司、中國電視公司、中華電視臺）的白天播放不得在同一時間重疊，三臺必須每兩個月放棄一次的方

---

[4] 1965 年 1 月臺灣省教育廳五科科長何讓表示「學校以外的國語文教育還要加強，目前尚有部分民眾愛唱日本歌曲、電影或使用日語，尤其山地少數傳教士利用日語和羅馬拼音等編成聖經傳教，應設法勸導或禁止」（張博宇，1974：188）。

[5] 其呼籲要旨為「憲法保障的基本人權，是因為國民黨政權為貫徹國語政策，打壓其他族群語言，沒收長老教會傳教使用的原住民語聖經及「白話字」聖經，要求應有自由選擇自己的語言去敬拜上帝，政府也應該准許出版任何語言的聖經」（薛化元，2010：263）。

言節目，改播國語節目，晚間也只能有一臺連續播放 10 天的方言節目（何貽謀，2002）。教育部文化局的大義名分是節目的「淨化」，主要方向除取締武打神怪節目及廣告外，就是減少方言節目，以利國語的推行（張博宇，1974：217）。

其五，臺灣當局的國語推行，似乎「很微妙」地與中國情勢，主要與毛澤東掀起的文化大革命（1966-1976）的情勢連動。臺灣當局於 1967 年除教育部於 11 月 10 日設置文化局，同年月 12 日再成立蔣介石擔任榮譽會長的中華文化復興運動推行委員會總會（臺灣省文獻委員會，1970、1990），國語作為所謂中華文化的載體或象徵，更是受到極大的重視。此點可從 1970 年 8 月的第四次全國教育會議中，由中國社會教育社提案「請政府加強國語推行案」，所列舉理由特別強調「臺灣省為中華民國復國建國之基地，各種建設工作皆以使臺灣成為三民主義的模範省為目標。國語統一為文化建設之首要工作，亦應使臺灣成為全國之模範地區」可見一斑（教育部，1970）。1973 年 10 月 5 日中國將「批孔揚秦運動」與「批林整風運動」合而為一，同年月 21 日蔣介石在中國語學會成立 20 週年與注音符號制定 60 週年慶祝會，言明「當茲共匪毀滅我國文字，篡改我國歷史，摧殘我國歷史，變本加厲之時，吾人必須積極推行國語教育，強化敵情觀念，展開對匪思想作戰」（張博宇，1974：221）。而這種將國語推行與中華文化保存的連結，學者認為正好是與戰後初期來臺，被稱為外省第一代的「離散中國人」所抱持的「中國意識」，在情感上的連結（林初梅，2021）。

三、從方言到母語

1971 年中華民國喪失在聯合國的會籍，不僅使得國民黨政府長期宣說代表中國的「神話」破滅，其對臺灣內部所施行的威權統治所具正當性亦開始受到挑戰。加上 1972 年起，美國的外交政策轉向聯合中國圍堵蘇聯，臺灣戰略地位的重要性因而下降，美國雖最後於 1979 年與中華民國斷交，不過開始關注臺灣的自由民主發展（薛化元，2010：241），美國政府的態度改變，則與其

國會質疑政府長期支持海外反共獨裁政府的政策有關。影響所及，1979年底的美麗島事件爆發後，美國派遣美國在臺協會主席丁大衛（David Dean）到臺灣見中華民國總統蔣經國，蔣在丁將離臺之際，派遣總統府秘書長宋長志告知將不會有人被判死刑（吳乃德，2020）。而從臺灣的民主化運動伊始，語言便成為重要的工具，多少也可說明此民主化的政治訴求多少溢出市民運動範疇的複雜樣貌。

矢內原忠雄論述臺灣1920年代接踵而起的農運、工運，指出「臺灣的階級運動必然帶有民族運動的性質」，其理由在於臺灣農人及勞動階級所面對的主要是日本人資本家，也因為抗爭對象是日本人，因此農、工團體中有臺灣人資產家的參與（矢內原忠雄，1988）。換言之，由於臺灣人所面對的是外來的統治者，因此原本屬於工業發展到一定程度必然附隨的工農階級運動，在臺灣便無可避免地多了一層民族主義的因素，後者時而模糊或遮掩了這些抗爭的真正動力。

1980年代之後的臺灣民主化訴求，是否也可作如是觀？當語言成為對民眾訴求重要的標的時，顯然跟執政的國民黨政權長期國語政策所象徵的國家暴力取得了直接關聯，從事後的觀點來看，從方言到母語的轉換所意味的本土意識抬頭，應可說臺灣民主化的重要推力之一，有關國語政策的攻防，政黨結構丕變的立法院顯然是最重要的舞臺之一。

1985年立法委員張俊雄以緊急質詢的方式，要求行政院就教育部、內政部禁止教會使用方言傳教，有悖《憲法》保障人民信仰自由之基本人權要求答覆，席間並尖銳地指出「教育部及內政部又以推行國語文為由，禁止使用方言，猶如日人統治臺灣時期所推行殖民政策的翻版，其執行政策之偏差與誤謬，殊難令人容忍」（立法院，1985）。1987年4月行政院函覆立法委員廖福本所提三家電視臺應以方言播報新聞的建議，以《廣播電視法》第20條規定「電臺對國內廣播音語言應以國語為主，方言應逐年減少」，實質拒絕所請（立法院，1987）。同年6月行政院函覆立法委員吳海源開放客語及閩南語電視節目的質詢，仍以《廣播電視法》第20條為由回應，再以電視頻道有限，拒絕開放地方電視臺（立法院，1987b）。同年月行政院函覆立法委員張俊雄質詢

「政府有計畫地消滅臺灣話一節」，申言政府並無此意，並強調國語已可充分溝通情意之功能（立法院，1987a）。另外，立法委員洪文棟再問「新聞局不應歧視方言，對電視臺種種限制，致閩南語節目水準無法提升，既有放寬之表示，復作時段之限制，舉棋不定，剝奪民眾權益」（立法院，1987c）。

　　1987 年 7 月 15 日臺灣政府當局解除長達 38 年的戒嚴令，同年影響解嚴後臺灣語言政策走向的《客家風雲》雜誌於 10 月 25 日創刊。

　　臺灣政府當局的國語政策，換言之，對方言的態度，基本上雖然不改其一再重申的《廣播電視法》第 20 條。不過 1988 年 6 月行政院函覆立法委員劉興善放寬方言節目之質詢，表示已有中廣苗栗臺等 8 家電臺製作 17 個客語節目及新聞，將來更考慮在公共電視臺增列客家語節目（立法院，1988），此或可視為經過累次立法院的質詢施壓，戰後臺灣國語政策的開始鬆動。同年 12 月 28 日，由《客家風雲》雜誌社、臺灣各地客家社團及農工運人士組成的「客權會」共計 6,000 餘人，發動「還我母語」的示威遊行，訴求為「開放客話廣播、電視節目，實行雙語教育、建立平等語言政策，修改廣電法廿條對方言之限制條款為保障條款」。臺灣客語不再是國家語言政策下的方言，而是臺灣多元文化結構下客家人的母語，從今天的時點回顧，客家人的母語訴求確實可說是臺灣民主化能夠持續進展的動力之一（楊長鎮，1991）。

　　相對臺灣各語言群體，以說臺（灣閩南）語的人口居多，因此即使受國家語言政策的壓制，接觸臺（灣閩南）語的管道與機會還是遠遠超過客語，加上臺灣漢人社會形成過程的客閩關係等歷史因素，客家人的「失語感」顯然長期鮮明地存在。因此在政治解嚴後訴求「還我母語」示威遊行的出現，自然不是令人意外的事情。不過，整體而言，1988 年之後似乎不見有繼起的客家運動，識者指出可能與客家人沒有像原住民族受到外來勢力長期壓迫剝削的事實，又沒有工、農運動直接對國家體制與社經結構直接的衝撞，再加上族群身分認同上的問題等因素有關（陳昭如，1991）[6]。

　　不過，包括臺灣客語在內，臺灣各族裔的語言，確實隨著 2000 年首次的

---

[6]　另外，有關 1988 年的論述，尚可參考張維安等（2008）。

政黨輪替，臺灣民主化有更深遠的發展後，還我母語的訴求成為國家政策，亦從方言提升到母語乃至晚近的國家語言。而此母語訴求成為臺灣民主化動力與成果，或許可說接近上引矢內原民族主義特色的指陳。然而就「講客」（講客語）而言，是否還有其他必須面對的新課題。

參、全球化脈絡下的「客語流失」

所謂全球化（Gloalization），如依紀登斯（A. Giddens）的解釋，可理解為「藉由各種過程使各地的人彼此更密切、更直接交流，從而建立單一的命運共同體或全球社會」。此字彙初出於 1961 年的字典，1980 年代初經濟學開始頻繁使用這個概念，1990 年代之後成為全球學術界重要的論述議題（紀登斯，2021）。整體而言，則與美國總統雷根（R. W. Reagan）與英國首相柴契爾夫人（M. H. Roberts）所推「反凱恩斯主義」經濟政策，乃至中國鄧小平的改革開放政策，即哈維（D. Harvey）所指陳的新自由主義（Neoliberalism）政策有直接關聯，這些政策包括削減政府福利預算、國家規制鬆綁、國公營企業民營化等（D. Harvey, 2007）。就現象面而言，這些政策帶來全球性跨國企業自 1980 年代起的發展及力量擴張、歐盟與亞細安（The Association of Southeast Asian Nations, ASEAN）之類超越國家的貿易區塊與區域性政經實體的組織、國外觀光及移民的興起，更重要的是網際網路的出現促成快速的全球通訊等變化（紀登斯，2021）。因此，全球化的論述最狹義的理解為 1970 年代以降，資本主義全球交流的擴大及加速，然而全球化是否是人類歷史晚近的新現象，學者認為此與論者視科技及社會結構勾連的因果鏈結擴張到何處有關。有學者主張至少還可追溯至 18 世紀開始的工業革命，也有見解認為 1492 年哥倫布所謂的「發現新大陸」開啟了歐亞大陸與美洲大陸的交易網絡，才是全球化的開端。亦有認為只有將古代開始的各種地球規模歷史發展及持續的動態考慮在內，才會有真正全面性的考察（M. B. Steger, 2010: 22-25）。

一、工業化對「客語流失」的影響

　　以上述各家觀點檢視臺灣的歷史，從南島語族臺灣起源說的觀點論，可知歷史上的臺灣自始就是全球化的一環。如以狹隘的漢人觀點論，則可知 17 世紀荷蘭東印度公司的殖民，臺灣開始進入有較多且確切文字記載的時期，此亦為全球化的一個場面。1895 年臺灣進入日本殖民統治，雖有以製糖業為主的工業建設，不過臺灣作為獨立的國民經濟體，開始有工業化（臺灣資本主義）的推進，則必須說是自 1950 年代以降，而且是在華勒斯坦（I. Wallerstein）所描述的核心邊陲的全球經濟結構下開始，不過日後事實證明臺灣政經社會的發展，並未如其對邊陲國家所預言的沉滯不前。

　　對於臺灣客語流失而言，除了前節所述國家語言政策的「短期」因素外，全球化脈絡下戰後的臺灣工業化，帶來臺灣人口結構的變遷與都市化的進展，則成為「長期」乃至決定因素。此點在理解為何在今日客語從母語晉升到國家語言，朝野皆致力於客語復振，卻依然無法看到所預期的效果時，可說是重要的線索。

　　戰後臺灣人口結構的變遷，除了 1949 年前後從中國遷入大量人口的突發因素外，整體而言，影響臺灣人口數主要因素為「自然增加」。其中，如表 1-2 所示，臺灣自 1960 年代中葉開始的工業化，則為決定此「自然增加」的重要條件。戰後到 1990 為止的臺灣工業化過程，大致可予以如此表之分期及說明。

表 1-2：戰後臺灣工業化之分期

分期	時間	重點	說明
重組期	1945-1952	經濟的重組與混亂	全面接收「日產」並公營化，由此建立國民黨政權官業獨占資本（國家資本獨占主義），涵蓋基礎產業、主要金融機關、通商貿易機構、交通運輸及通信機構。
復興期	1953-1963	米糖出口及進口替代工業化	農業依然為主要的產業，此時期工業結構與日治末期類似，因此稱為復興期。
發展期	1964-1990	出口導向工業化及臺美日三環結構	主要產業由農業轉為工業，經濟主體由公營企業轉換為民間企業，對外出口亦由米糖轉換為工業製品，有質與量的飛躍性成長。

資料出處：隅谷三喜男等（1992）。

1945 年 10 月 25 日到 1963 年為止，基本上可說延續日治時期以米糖為主的生產結構，充其量只作若干戰後的修整。「復興期」的進口替代大約至 1957 ～ 1958 年出現瓶頸，主要因為臺灣國內市場狹小，很快出現生產過剩的問題。臺灣 1952 年平均每人實質國民生產毛額（Gross National Product, GNP）成長率為 8%，此後持續減少，1955 至 1960 年減少至 2 至 3%，進口替代政策已達飽和。因此為繼續引進外資，解決國內資金及外匯的不足以發展工業，出口導向的政策轉變，便在此情況下付諸施行。

臺灣當局為此於 1960 年前後作了改革，新臺幣兌換美元由複式匯兌改為單一匯兌以利出口，同時放寬各種貿易限制。另外，修正外國人投資條例，給予與本國企業相同待遇，允許利潤外送。制定施行投資獎勵條例（1960），不問資本國籍，一律適用。1965 年 1 月公布「加工出口區設置管理條例」，提供自用機械設備免除進口關稅、原料及半成品所課進口關稅再出口時退稅、加工出口區內之工業製品免除貨物稅等各種稅制上的優惠。此加工出口去最初設置在高雄的中洲，1967 年開始營運，獲得相當程度的成功後，陸續於臺中潭子、高雄楠梓等地區設置。

臺灣的加工出口區的政策效果，不僅從工業先進國家引進資金與技術，同時也可解決本國勞動力過剩的問題。臺灣的工業製品出口比例，因此由 1952

年的 8.1%，很快地到了 1966 年之後便超過 50%，使得臺灣從所謂的「農業立國」改變成「工業立國」。臺灣的工業化到了第一次發生於 1973 至 1974 年的能源危機受到首次考驗，第二次的考驗則於 1979 年，當時原油價格從 1979 年的每桶 15 美元左右，最高漲到 1981 年 2 月的 39 美元，兩次都與中東及西亞的國際局勢有關。臺灣在此十年當中，進行所謂的第二次進口替代工業化，即「十大建設」的鋼鐵業、造船業及石油化學工業，更重要的是 1980 年代起新竹工業園區的發展。

　　成為新竹工業科學園區主要產業的資訊半導體產業，可追溯自 1974 年臺灣政府當局的「積體電路發展計畫」，並由海外華裔學者組成「技術顧問委員會」（Technical Advisory Committee, TAC）協助技術的引進等事宜，當時計畫引進的技術係美國無線電公司（Radio Corporation of America, RCA），接著於 1980 至 1990 年之間，超過 100 家高科技企業在園區設廠，生產個人電腦及其周邊設備、半導體、通信機器、光電技術機器，帶動臺灣的工業發展（隅谷三喜男等，1992：26-28），1980 年代以降的竹科發展帶動 1970 年代能源危機結束後臺灣經濟新的發展，完成臺灣「初步工業化」，此後的臺灣不僅擺脫所謂「中度所得陷阱」，更進一步成為工業開發國（隅谷三喜男等，1992：26-28），此亦可說是臺灣擺脫華勒斯坦對邊陲國家的悲觀預測。另外，如前節所述，臺灣的政治民主化也在從此時期「胎動」的同時，隨著工業化的人口結構及都市發展亦同時進行。整體而言，一國的人口數變化通常會有三個階段的變化，從初期農業社會的「高生育率、高死亡率」，朝向工業發展期間的「高出生率、低死亡率」的轉型，在工業化達到一定程度的發展或完成後，再轉為「低生育率、低死亡率」。

　　根據行政院國家發展委員會的統計，如圖 1-1 所示臺灣工業化開始前的 1960 年人口金字塔，年齡中位數在 17.3 歲，勞動人口僅占 52.5%，人口將近一半為青少年，老年人口不滿 3%，典型的年輕型人口結構[7]。

---

[7]　以下所列人口金字塔圖，皆引用自行政院國家發展委員會網頁：https://www.ndc.gov.tw/cp.aspx?n=AAE231302C7BBFC9，檢索日期：2021 年 10 月 31 日。

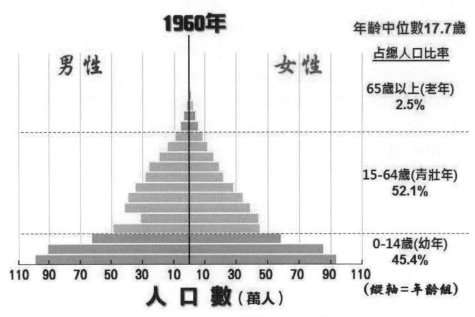

圖 1-1：1960 年臺灣人口金字塔

　　整體而言，1960 年代中葉臺灣開始的勞動密集型出口導向工業化所帶來製造業的勞動力需求，1965 到 1980 年每五年約增加 50%，此時期的勞動力主要由農村提供，而且多為年輕的勞動力，此點從圖 1-1 人口金字塔可清楚看出。相對之下 1960 到 1970 年臺灣 20 歲到 39 歲年齡層的農業人口比率下滑，1970 年代之後再見 15 歲到 19 歲年齡層的減少，特別是女性。這些從農村釋出的年輕勞動者受過基礎教育，加上低薪，因此得以持續支撐臺灣出口導向工業化的持續進行，也因此持續的發展，繼而促使更多人永久離農轉而投入工業，進入 1980 年代後，臺灣則開始出現勞動力不足的問題（隅谷三喜男等，1992：157-165）。

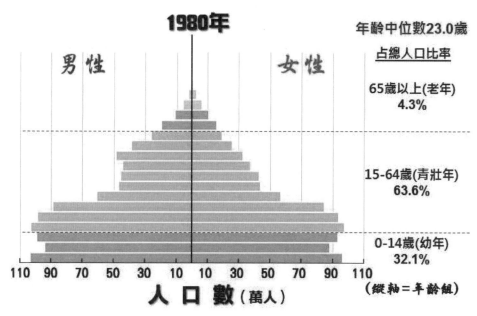

圖 1-2：1980 年臺灣人口金字塔

　　到了 1980 年新竹工業科學園區設立時，雖然能維持金字塔型（圖 1-2），不過中間部分變厚，1960 年的青少年在此時點，已然加入勞動的行列，人口中位數為 23.0 歲，應可說「高出生率、低死亡率」的結果。此時臺灣的撫養人口（65 歲以上及 0-14 歲）的比率為 36.4%，勞動人口 63.6%，比 1965 年的比率增加 11.1%。由於臺灣總人口數增加，因此勞動力供給條件相當不錯，正好配合臺灣經濟以資訊半導體產業為重心的發展。

　　十五年後的 1995 年人口金字塔開始有變化，雖然年齡中位數為 29.8 歲，勞動人口所占比例為 68.6%，絕對數可說持續增加，然而已經進入高齡化社會，即 65 歲以上的人口比例達 7.6%，亦可推知工業發展帶來生活品質的提升，臺灣人平均餘命歲數也隨之提高。另一方面，青少年人口比率從 1980 年的 32.1%，下降到 23.8%。因此整體而言，已然屬於第三階段的類型。

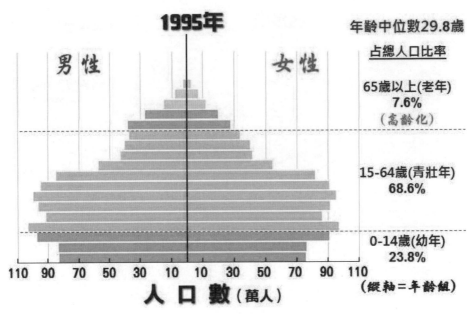

圖 1-3：1995 年臺灣人口金字塔

　　到了 2015 年，基本上延續 2000 年的變化，勞動人口所占比率持續增加的原因，仍待查明，人口中位數落在 39.9 歲，逼近 40 歲大關，與「少子高齡化」現象的持續，顯然脫離不了關係。

　　基於上述理解可知臺灣從 1960 年代中葉開始工業化起，大致到了 1980 年代前半，來到了第三個「低生育率、低死亡率」階段。其速度之快，揆其原因，應可說臺灣已自荷蘭東印公司殖民時期起，歷經清代、日治時期所奠下的兩百餘年工業化基礎，進入工業化之前的臺灣經濟已至相當高的水準，因此才在二十年不到的時間內前進到第三個階段。

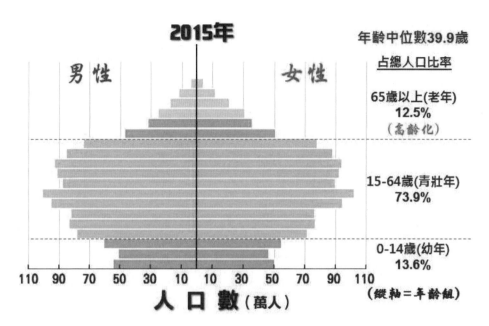

圖 1-4：2015 年臺灣人口金字塔

　　1950 年初到 1960 年代中葉，臺灣年平均生育約 40 萬人，為臺灣「嬰兒潮世代」，1970 年代臺灣政府當局尚積極推動「家庭計畫」，以預防人口過剩問題的發生。從數據來看，進入人口結構轉型第三階段後的 1985 年到 2000 年，每年有 30 萬到 33 萬人之增加，2000 年到 2010 年 17 萬人，2011 年起的五年間則有 21 萬人生育量。2016 年時點，如果家中三代年齡分別為 85 歲、60 歲、30 歲，第一代生育第二代時大約可推估在 1950 年代，此時臺灣正值高出生率時期，一對夫妻生育 5 至 9 人。1980 年代左右，第二代當父母時的平均生育數量以 2 至 3 人居多。2015 年內政部統計 30 至 34 歲的總人數為 189 萬 7,924 人，未婚人數卻接近五成的 95 萬 3,580 人（薛承泰，2016）。

　　整體而言，如圖 1-5 所示，1980 年以降臺灣人口增加的原因，仍以自然增加為主，到 2020 年所謂「死亡交叉」現象發生為止，粗出生率雖然始終大於粗死亡率，不過逐年下降的趨勢等因素，使得臺灣人口自然增加的增幅越來越小。

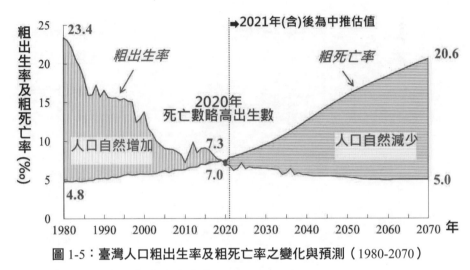

圖 1-5：臺灣人口粗出生率及粗死亡率之變化與預測（1980-2070）

資料出處：行政院國家發展委員會網頁，https://www.ndc.gov.tw/Content_List.
aspx?n=59917AA7A42364B0，檢索日期：2021 年 10 月 31 日。

　　1992 ～ 2015 年的後工業時期的青壯年齡人口較多，應可解釋為在前一時期較年輕的族群隨著年齡增長而上升，但是他們生育人數由於不如他們的父母親那一代，因此金字塔底部相對就沒那麼寬廣。另外，在年齡的區分上，相較 1971 ～ 1991 年與 1992 ～ 2015 年的二段時期，確實也可看出 1992 ～ 2015 年時期高齡者增加，子女偏少的情形。因此即使假定工業化未帶來人口流向都市（都市化），僅就人口從自然增加轉向自然減少的趨勢，就說客語的人口數變化趨勢而言，顯然相當不利。

　　臺灣經濟得以持續發展與升級，與前述 1970 年代以降經濟全球化的進展有直接關係，工業發展帶來經濟的發展固然改善了國民所得及生活水準，亦帶動臺灣社會文化乃至政治的變遷。況且臺灣的工業化亦不例外地與都市化同時進行，匯集各種不同語言群體組成共同居住且建立連帶感的城市，通用語成為非常重要的「黏著劑」，戰後臺灣政府當局的國語政策得以相當程度收效，也就不足為奇。換言之，1980 年代臺灣客語的流失，可說有相當程度必須歸因於全球化帶來臺灣工業化的進展，而此工業化又與都市化同時進行。其影響所

及，如前所述，不僅臺灣人口結構性的改變，都市化亦導致城鄉人口永久性的遷徙，以及對共通語言的需求，特別是都市的客語流失，可說正是這種臺灣社會結構長期性變遷的結果。

二、從「中語文」到「華語文」的變化

如前節所述，全球化受到關注，即使主要與全球資本主義的變化有關，然而論者認為全球化不僅非晚近新起的現象，其涵蓋層面亦為全面，語言亦為其中重要的面向。從全球語言使用型態變化，所看到語言的全球化，除表現在部分語言在國際溝通更加頻繁被使用外，另一方面，也有些語言越來越少為人使用，甚至面臨逐漸或可能消亡的命運。因此整個趨勢而言，語言的全球化的逐漸開展，除表現在全球語言種類數目的減少外，人類的語言現象有朝向「均質化」的情形，不論是移工、移民或短期的觀光旅行，加上網際網絡的無遠弗屆，皆有推波助瀾的效果，使得少數語言更具國際溝通上的語言支配力（M. B. Steger, 2010: 93-94）。

對於在全球化脈絡下進行工業化的臺灣而言，在所謂「國際化」的大義名分下，現今臺灣客語即使由法律保障為國家語言，然而面對的競爭不只是原有的國語，更在於各族群幾無抗拒接受的美語。行政院國家發展委員會基於臺灣目前「在全球供應鏈占有關鍵性地位，近年來越來越多跨國企業來臺投資，對我國本土雙語專業人才的聘用需求亦隨之大幅增加。同時，我國企業因應供應鏈全球布局，也需要大量兼具專業，尤其具有英文溝通能力，以及國際移動競爭力的人才」，推動 2030 年雙語政策（國家發展委員會，2021）。

況且 1950 年以降在臺灣為國家權力強迫推的國語，無論發音、語彙、義涵等各層面，皆與中國漸行漸遠，有相當程度可以已逐漸「本土化」，所謂的「華語語系」（Sinophone）的概念或可說是個值得傾聽的論述。

「華語語系」的概念出自 2004 年學者史書美感慨全球中國以外地區使用華文文學創作的人不受重視而來，此概念爾後從美國學術界向臺灣、馬來西亞、新加坡、香港等國擴散，其中以臺灣的回應最為積極。華語語系強調網絡狀的

關聯，而非傳統中文潛藏的單一權力核心（詹敏旭，2019），「在地生產的獨特華語語系文化文本」、「中國的內部殖民與中國移民至各地區後形成的華語系社群」等的觀點。以臺灣而言，即自明清以降從對岸移住而來的漢人至今對臺灣的「定居殖民」，由於長期蘊蓄形成的語言社群帶有鮮明的在地化，其歷史過程並非所謂「中國人的離散」（the Chinese diaspora）之類的概念所能完全涵蓋。「離散」隱含對祖國忠誠與嚮往的價值觀，而且「有時效性的，會過期的」（史書美，2017）。

以此概念重新審視臺灣自 1945 年 10 月 25 日以降所推行的國語政策，可說到 1980 年代民主化的開展前，國語所乘載的價值觀即為「中國人的離散」，然而事實證明此時所謂的中國人對臺灣社會而言，不僅屬於虛構，當臺灣重啟與中國的多方面往來後，更鮮明顯現臺灣社會長期所存在的「中國」與 1950 年後開始變化的「中國」截然不同。尤其自 1895 年以降的一個世紀以上的歲月，臺灣並未直接參與近現代中國演變的歷史過程，加上戰後臺灣的工業化過程受到全球因素的影響，這種歧異的產生亦如東南亞各國的華人社群，皆已非現今中國政府當局所聲言的「中國」。然而，這種「華語語系文化」系統的華語，卻是臺灣當今到未來在人數上、在傳達的功能上，最會常被使用的語言，更是臺灣各母語群體在溝通往來的「最大公約數」，客語的功能性是否能與之匹敵，可說牽繫著客語被使用的可能性，也是今後值得觀察的重點。

肆、結語

綜上所論，1895 年中日臺灣因《馬關條約》進入日本殖民統治時期，1945 年則因日本喪失對臺統治權，進入中華民國時期。在此日、中外來政權統治的百餘年期間，臺灣皆有「國語」的存在，臺灣社會所使用的語言開始有位階差序的情形。戰後臺灣客語雖然在前四十餘年遭受國家語言政策的壓制，但是隨著 1980 年代以降的政治民主化、社會多元發展的進展，臺灣客語也與其他族群的語言獲得國家語言的地位，國語、方言之類的區分亦因而消逝。然

而，現今臺灣客語所面對的競爭（或是危機），則主要來自戰後工業化所帶來的人口遷移、都市化，以及隨著前兩者的發展導致而來的「少子化」問題。不僅需要說臺灣客語的機會與場合減少，甚至傳承客語的新生代也有減少的趨勢，這種結構性不利因素，不得不說難以在短期克服。加上在經濟全球化依舊在世界各地進行的當下，臺灣政府當局的 2030 年雙語政策的推動，亦為臺灣客語帶來的深刻影響。另外，從「華語語系」概念的倡議，即國語轉變到華語，也清楚點出國語已然本土化的情形，而此將帶來轉變為華語的國語，在適應未來臺灣社會經濟文化的能力將可能有更大的躍昇，國語既已成為臺灣社會使用人數最多的既成事實，未來亦有可能仍然是臺灣社會的主流語言。

語言是民族的靈魂，客語的存在牽繫著臺灣客家族群的認同，不言自明，亦即臺灣客家人的存在，客語的復振對當代臺灣客家族群而言，其所具之急迫性，無需贅言。因此儘管前途或許坎坷崎嶇，然而吾人還是需要抱持樂觀堅毅地持續努力才行。

參考文獻

D. Harvey（著），森田成也等（譯），2007，《新自由主義：歷史的展開現在》（頁 9-11）。東京：作品社。

M. B. Steger（著），櫻井公人等（譯），2010，《一冊でわかる：新版グローバリゼーション》（頁 22-94）。東京：岩波書店。

史書美，2017，《反離散：華語語系研究論》（頁 9、14、16）。臺北：聯經。

永積洋子，1990，《近世初期の外交》（頁 140）。東京：創文社。

矢內原忠雄，1988，《帝國主義下の台灣》（頁 195-196）。東京：岩波書店。

立法院，1985，《立法院公報》74（5）：22。

立法院，1987，《立法院公報》76（35）：112-113。

立法院，1987a，《立法院公報》76（5）：113。

立法院，1987b，《立法院公報》76（51）：79。

立法院，1987c，《立法院公報》76（79）：105。

立法院，1988，《立法院公報》77（85）：274。

何容、齊鐵恨、王炬（編著），1948，《臺灣之國語運動》（頁 3-51）。臺北：臺灣書店。

何貽謀，2002，《臺灣電視風雲錄》（頁 180-182）。臺北：臺灣商務印書館。

吳乃德，2020，《臺灣最好的時刻》（頁 247、251-252）。臺北：春天出版。

李壬癸，2010，《珍惜臺灣南島語言》（頁 29-30）。臺北：前衛出版。

周婉窈，1997，《臺灣歷史圖說（史前至一九四五年）》（頁 56-60）。臺北：中央研究院臺灣史籌備處。

林初梅，2021，〈台灣華語の現在と行方—台灣アイデンティティの一要素としての可能性を探る〉。頁 282，收錄於林初梅、黃英哲編著，《民主化に挑んだ台灣》。名古屋：風媒社。

紀登斯（A. Giddens）（著），許雅淑等（譯），2021，《紀登斯的社會基本概念》（頁 21-25）。臺北：商業週刊。

國家發展委員會，2021，〈雙語政策〉，《國家發展規劃》。檢索日期：
　　2022 年 10 月 14 日。取自：https://www.ndc.gov.tw/Content_List.aspx?n=
　　A3CE11B3737BA9EB 。

國語日報社，2021，〈大事紀〉。檢索日期：2021 年 10 月 9 日。取自：https://
　　www.mdnkids.com/aboutMdn/index2.html 。

張博宇（編），1974，《臺灣地區國語運動史料》（頁 26-221）。臺北：臺灣商
　　務印書館。

張維安、徐正光、羅烈師（主編），2008，《多元族群與客家──臺灣客家運動
　　20 年》。臺北：南天書局。

教育部，1970，《第四次全國教育會議報告》（頁 339）。臺北：教育部。

陳昭如，1991，〈重建臺灣族群關係──談『客家運動』之理念與意義〉。
　　頁 198-203，收錄於徐正光編，《徘徊於族群和現實之間：客家社會與文
　　化》。臺北：正中書局。

陳添枝，2022，《越過中度所得陷阱的臺灣經濟 1990-2020》。臺北：天下文
　　化。

湯錦台，2005，《閩南人的海上世紀》（頁 224-225）。臺北：果實出版。

湯錦台，2010，《千年客家》（頁 161）。臺北：如果出版。

隅谷三喜男、劉進慶、涂照彥，1992，《台灣の經濟：典型 NIES の光と影》
　　（頁 26-165）。東京：東京大學出版會。

楊長鎮，1991，〈社會運動與客家人文化身分意識之甦醒〉。頁 184-197，收錄
　　於徐正光編，《徘徊於族群和現實之間：客家社會與文化》。臺北：正中
　　書局。

詹敏旭，2019，〈華語語系 Sinophone〉。頁 261-262、265，收錄於史書美等主
　　編，《臺灣論關鍵詞》。臺北：聯經。

臺灣省文獻委員會（編），1970，《臺灣省政資料輯要》8：134。

臺灣省文獻委員會（編），1990，《中外近百年大事記》（頁 423）。南投：臺灣
　　省文獻委員會。

臺灣省行政長官公署（編印），1946，《臺灣省行政長官公署施政報告：臺灣省

參議會第一屆第二次大會》（頁 98）。

臺灣省政府秘書處（編印），1951，《臺灣省政府施政報告（民國四十年上半年）》（頁 35）。

臺灣省政府秘書處（編印），1952，《臺灣省政府公報》，四十一年秋字，38：534。

臺灣省政府秘書處（編印），1953，《臺灣省政府公報》，四十二年春字，16：179-180。

臺灣省政府秘書處（編印），1956，《臺灣省政府公報》，四十五年夏字，51：628。

臺灣省政府教育廳（編印），1947，《臺灣省教育要覽》（頁 38）。臺北：臺灣省政府教育廳。

臺灣省政府教育廳（編印），1976，《臺灣省政府向省議會施政報告教育部門報告彙編》（頁 29-85）。臺中：臺灣省政府教育廳。

臺灣省國語推行委員會（編印），1946，《國語教育法令摘要》（頁 35）。臺北：臺灣省國語推行委員會。

臺灣省國語推行委員會（編印），1946a，「臺灣省各縣市推行國語實施辦法」（1946 年 3 月 9 日簽奉核准），《國語教育法令摘要》（頁 10）。臺北：臺灣省國語推行委員會。

臺灣省國語推行委員會（編印），1946b，「臺灣省國語推行委員會組織規程」（1946 年 4 月 2 日公布），《國語教育法令摘要》（頁 3）。臺北：臺灣省國語推行委員會。

薛化元，2010，《戰後臺灣歷史閱覽》（頁 30-263）。臺北：五南。

薛承泰，2016，《臺灣人口大震盪筆記》（頁 7-9、17）。臺北：天下文化。

魏永竹（主編），1995，《抗戰與臺灣光復史料輯要》（頁 315、320）。南投：臺灣省文獻委員會。

第 2 章

來臺之印度塔壩客家移民的語言特性

吳中杰

壹、緒論

　　印度塔壩（Tangra）客家多為來自廣東梅縣南口鎮的陳、侯、王、李、葉、林等幾個家族世代互相嫁娶，親屬關係綿密；使得塔壩小鎮人數雖不多，卻能於 1910 年開闢以來，保持客家的語言、習俗，非常值得探索。

　　印度的歷史文獻直接有關加爾各答（Calcutta）華人的資料相當零星有限，直到 2007 年 12 月 China Report 專刊合輯，印度的學界才開始注意到該國境內已經有兩百年歷史的華人社群（潘美玲，2009：3）。目前已經出版有關這個社群的學術著作大都是歐美的學者（Berjeaut, 1999; Oxfeld, 1993）。

　　然而上述先驅研究於語言方面，只提到塔壩客家人對自身使用客語的評價。但前人文獻均未涉及彼等所操客語的結構描述和分析，因此無法以具體客觀的語言證據，來印證或推翻報導人口述中主觀自認為客語最正統的說法，十分可惜。根據我們初步訪問得知，1990 年代末期，已經有林姓塔壩人搬來臺中市開印度菜餐廳，至今超過二十年。繼而在北、高、竹等主要城市先後共開了四間。本文重點放在來臺超過二十年的這一群塔壩同鄉身上，探究其蘊含之客家語言和文化質素。印度離臺灣距離雖遠，既然有客家的分布，研究上就不應偏廢或忽視。藉由在臺之塔壩客家鄉親，建立臺灣和印度於族群文化上的嶄新連結點，未來對於發展南亞研究和開拓未知領域，具有不可小覷的學術前景和國際影響力。

　　客家語言的研究，歷年來已逐步累積豐碩的成果，觸角從臺灣、中國大陸

直到中南半島、南洋群島。然而，離臺灣距離更遠的印度，也有客家的分布（鄒嘉彥、游汝杰，2003：62、76），且集中在印度東部的大港加爾各答，整個加爾各答 1961 年有 15,740 名華人，占了當時印度全國華人總數的一半（印度華僑志，1962：38），而加城東側郊區的塔壩在 2000 年之前有 2,500 人，2006 年尚有 210 戶，1,129 位華人聚集居住，以客家人為主，因此塔壩其他的華人群體如湖北人、廣東人，乃至在地印度居民，都能操客語彼此溝通。印度人信奉婆羅門教，遵循不殺生（ahimsa）的信條，故而不從事剝取動物毛皮的製革業和皮鞋業，因為這樣的行業需要宰殺到印度教最神聖的動物——牛，除了賤民，絕大多數印度教徒不會碰觸皮革製造的過程，反倒給予當地客家人生存的利基（niche）。也由於宗教因素，印度人一般不和客家通婚，於是來自廣東梅縣南口鎮為主的幾個家族世代互相嫁娶，親屬關係綿密；使得塔壩小鎮人數雖不多，卻能於 1910 年開闢以來，保持客家的語言、飲食、傳統佛道信仰、年節習俗，非常值得探索。

至於以中文書寫的相關資料及研究包含我國僑委會出版的專書《印度華僑志》（1962）、《華僑志總志》（1978）、馬來西亞華僑協會總會出版的專書論文〈印度加爾各答的客家人：一個田野筆記〉（陳美華，2002）。臺灣則主要是長期研究產業發展和印度區域的潘美玲教授，其系列著作（潘美玲，2009；潘美玲，2011）關注塔壩客家的移民歷史，從國際移工、政治難民到國際移民的身分變遷，族群認同的轉變，產業經濟的調適等方面，可說是填補了華人移民南亞史在文獻上的部分空白。然而上述先驅研究（pilot studies）於語言方面，只提到塔壩客家人對自身使用客語的評價：

> 這裡的客家人自認比全世界其他地方的客家人講的客家話還要「正統」，甚至比梅縣「老家」所保留的還要純正（潘美玲，2009：16）。

但前人文獻均並未涉及彼等所操客語的結構描述和分析，因此無法以具體客觀的語言證據，來印證或推翻報導人口述中，主觀自認為客語最正統的說法，十分可惜；遑論探討客語的保留和演變軌跡。

　　綜合上段列舉之相關研究所述，在 1910 年間，加爾各答開始有客家人從原來市區中部的 Bowbarzar 舊中國城的皮鞋商店街，搬遷到市郊東邊荒涼的塔壩沼澤地，利用當地水源，從事皮革染整的工作，同時也填土建造聚落。此處遠離印度教徒的區域，因為越是嚴格素食者所在的地區，越不願意提供給葷食的華人來居住（Liang, 2007）。1962 年中印戰爭之後，所有在印度的華人被定義為外國人，即使已經成為印度公民也被褫奪權利，成為來自敵對國家的外人，有些被關到西北部沙漠裡的集中營，有些被強制驅逐回中國，有些人就地被嚴密監控，也有的人前往其他第三地區如臺灣、香港、美國、加拿大等地（潘美玲，2009：11）。這是第一批來臺的印度客家人。塔壩地區屬於就地監控的狀態，客家聚落幸得保存。彼等數十年來賴以維生的皮革業，因為 2002 年印度政府最高法院以污染環境理由而裁決搬遷的命令頒布後，使得該產業大受打擊，根據 2007 年印華文化發展協會的電話簿統計，製皮工廠由 1970 到 90 年代全盛時期的 300 多家，銳減為 56 家。

　　許多當地客家人因此離散到印度其他城市，甚至出境到倫敦、多倫多。移居歐美的塔壩人，在倫敦市區及郊外開了 30 多家 Indian Hakka Restaurants，同時標榜印度和客家兩個文化符碼。因此既賣印度咖哩，又賣中式炒飯、炒麵，還推出 Indian Hakka 口味的包裝速食麵（湯錦台，2007：230）。留居當地者則於 2005 年建置塔壩中國城路標，又增築了中國式的城門、城牆，強調觀光功能，也以開設美食街為產業轉型的出路。

　　根據我們訪問臺灣師範大學、清華大學、高雄師範大學的印度客家籍正式學生或交換生得知，1990 年代末期，已經有林姓塔壩人搬來臺中市北區開印度菜餐廳，至今超過二十年。後來又介紹祖籍主為廣東梅縣南口鎮陳、侯、王等幾個家族的塔壩同鄉陸續來臺，2002 年於臺北市士林區開業，帶起了品嘗印度料理的風潮，於是士林一帶連著開了好幾家印度餐廳，但只有第一家店是塔壩客家人開的。接著是 2006 年在高雄市左營區展店，2008 年陳家兄弟接手；繼而 2012 年客印通婚第二代的徐姓友人，在新竹市東區也開張了。所以北、中、高、竹這四個主要城市的鬧區裡，塔壩客家業已默默耕耘超過二十年，逐漸累積資本，先後開了四間餐廳，用印度進口的多種香料，捉住臺灣民

眾喜好新奇的胃口。他們雖在不同城市，飯館名稱[1]卻是一致的，只有塔壩同鄉方能一眼看出異乎尋常印度餐廳的背後脈絡。這就如同鹿港人來臺北開洛津音響店，經過店門口的鹿港移民就會知道洛津是鹿港的雅稱而進來消費。又如臺北長安西路、復興南路、羅斯福路等大街小巷常見的四海豆漿店，創始者為苗栗西湖人邱阿海，他用西湖鄉的舊名四湖、和自己的名字組合成四海的店名（邱彥貴、吳中杰，2001：141），連鎖店主基本上都是苗栗同鄉，更有鄉親們明白箇中緣故而刻意光顧。循此成功的模式，屏東高樹大路關的江氏也在高屏地區開起江海豆漿連鎖店（莊青祥，2008：89-91），老闆到員工多為大路關同鄉的江氏等宗親。

　　塔壩客家在各地，顯然發展出不同的生存策略。留居加爾各答者，以中國城（China town）美食街為號召，面向印度群眾，彰顯自己的華人身分，卻不提客家。在倫敦者，同時標榜印度和客家（Indian Hakka）兩個文化符碼，但不說華人。來臺灣者，只聲稱自己開的是印度菜餐廳（Indian cuisine），隱藏了店主的華人／客家屬性，唯有塔壩同鄉才會經由各地一致的飯館名稱，曉得是老鄉開的店。塔壩、倫敦、臺灣三地僅有的共同特徵，是塔壩人離開皮革業後，紛紛走向了餐飲業。

　　鑒於塔壩客家的移民歷史、身分變遷、族群認同、產業經濟等方面已經得到學界較多的討論，筆者基於語言學專長，將本文重點放在來臺超過二十年的這一群塔壩同鄉身上，探究其蘊含之客家語言和文化質素。近年來，政府推動新南向政策，本校（高雄師範大學）也成立了東南亞暨南亞研究中心。東南亞的中南半島、南洋群島，由於地理位置接近，臺灣學術界業已投入可觀的心力。然而，距離更遠的印度，也有客家的分布，研究上不應偏廢或忽視。

---

[1] 為避免商業宣傳之嫌，本文中姑隱其名。

貳、研究方法

上述先驅研究於語言方面，只提到塔壩客家人對自身使用客語的評價（潘美玲，2009：16）；但前人文獻均並未涉及彼等所操客語的結構描述和分析，因此無法以具體客觀的語言證據，來印證或推翻報導人口述中主觀自認為客語最正統的說法，十分可惜。此即本文可以著力之處。我們將以傳統漢語方言學田野調查法，尋找在臺塔壩客家人之中合適的對象，來臺前在塔壩出生和成長，並未長期到外地生活過，華語能力不足者、或來臺以後才習得華語者優先，這樣可以避免其語感（intuition）受到華語干擾（interference）。從未或極少跟臺灣客家人接觸交談者優先，這樣可以避免其語感遭到臺灣客家語干擾[2]。且其生活中必須高頻率地跟家人和同鄉說塔壩客語。

傳統漢語方言學田野調查法依據方言調查字表和詞表、語法調查表，逐項詢問和記錄，所得基礎用詞、句型以及常用漢字讀音，可以整理成塔壩客語之語音系統（inventory），得知聲母、韻母、聲調的數量及特定音段的有無，利於跟其他地點的客語作比較。並配合質性訪談，以了解彼等之語言態度、語言學習經驗。詢問之重點如下：

1. 中古全濁來源阻音送氣與否：加爾各答華人中有操西南官話的湖北人，根據《印度華僑志》（1962：42）的資料，當時在印度華人的經濟活動規模，以客家人的製革占 28%、製鞋占 20%，最為重要，而湖北人的鑲牙業也占了 10%。湖北官話中古全濁來源阻音聲母平聲送氣、仄聲不送氣；而客家話是不分平仄皆送氣。那麼湖北官話是否會干擾當地的客家話，使之仄聲不送氣？

2. 見曉組逢細音是否顎化：臺灣客家語見曉組逢細音不顎化，只有美濃曉組逢細音率先顎化，而見組逢細音則不顎化，符合 Norman（1988）所提出的畬話／客家話之不規則顎化（irregular palatalization）。廣東梅縣及鄰近的蕉

2　根據經營餐廳的受訪者表示，來店的臺灣在地顧客並不知道他們是客家人，因此不會跟他們以客語交談。偶然有顧客聽到他們用陌生的語言私下對話，通常會認為那是印度話、有的認為那是廣東話、極少人知道那是客家話。而受訪者通婚的對象，包含塔壩同鄉、印度人、梅縣南口原鄉人、臺灣福佬人，尚無臺灣客屬。

嶺、平遠業已展開顎化的過程，而以平遠最為徹底。亦即臺灣和粵東顎化的表現不同，那麼塔壩呢？

3. 舌尖元音的變化：印度主要官方語言印地語（Hindi）有 -a、-i、-u、-e、-o 五個母音且長短對立，但沒有舌尖元音，遂成為印度學生學習華語的難點（王淑美，2012）。塔壩客家長期處於印地語之環境，其 -a、-i、-u、-e、-o 五個母音固然可以和印地語相容，但客語原有而印地語所闕如之舌尖元音，是否會率先發生演變？

4. 同化音變：唸單字和雙音詞讀法有否差別？是順向、逆向、還是互相同化？

5. 印地語借詞：現有文獻顯示，馬來西亞和印尼客家話均大量使用馬來／印尼語借詞。塔壩客家長期處於印地語之環境，那麼其現代生活詞彙是否會借用許多印地語詞呢？或者客語詞和印地語詞並用？是哪些詞？

6. 補語標記：梅縣和南部四縣話的 a^{55} 功能廣泛，可充任結果補語標記（做 a^{55} 盡好)、趨向補語標記（飆 a^{55} 過）、短時體標記（坐 a^{55} 到）等，那麼塔壩呢？

7. 再次體標記：臺灣四縣話表示再次的動作時，通常用過作為體標記。也有人用再過，通常加上再就被認為是受華語影響。部分塔壩客家人來臺以前原本未曾習得華語，那麼他們表示再次的動作時，會不會加上再呢？

8. 放＋X 構式：根據我們訪問高雄師範大學的印度客家籍交換生得知，塔壩客語頻繁使用放＋X 構式，如放班（上班請假）、放學（上學請假）、放課（下課）、放車（出發）等，其他漢語似乎沒有這麼豐富的用法，它的能產性（productivity）是如何造就的？

9. 語言態度：對於印度主要官方語言印地語、塔壩客語、臺灣四縣話、廣東梅縣客語、東南亞客語有什麼觀感？是否如潘美玲（2009）所言，自認客家話純正道地，勝過他處？對於在臺塔壩客家人客語的延續有什麼想法和做法？

10. 語言學習經驗：部分塔壩客家人來臺以前原本未曾習得華語，那麼他們在臺灣花了多久時間才會聽華語？花了多久時間才會說華語？學習策略為何？是否發現客語和華語的若干對應規律？

　　至於文化方面，本文詢問和收集飲食、傳統佛道信仰、年節習俗、親屬等面向的詞彙說法。

　　a. 在飲食上，塔壩客家人自認代表性的客家菜有哪些？菜名如何稱呼？跟印度人的食材、做法有何不同？跟臺灣客家人的菜名、食材、做法有何不同？最喜歡臺灣的什麼食物？

　　b. 傳統佛道信仰上，主要有哪些廟？拜哪些神明？這些神明有哪些功能？名銜如何稱呼？

　　c. 年節習俗上，一年中有哪些民俗節日？節日名如何稱呼？過年過節有哪些民俗活動？這些活動如何稱呼？

　　d. 親屬稱謂上如何稱呼？跟梅縣乃至臺灣四縣話有何差異？

　　研究初期困難在於適當發音對象的尋找。幸虧透過學生交換計畫，我們認識了一些在臺灣師範大學、清華大學、高雄師範大學的印度客家籍正式學生或交換生，由於在臺之塔壩客家圈子很小，這些學生認識來臺開餐廳的同鄉們，甚至有親戚關係，而北、中、高、竹這四個城市展店的塔壩人也彼此認得，甚至也有親戚關係，所以困難很容易就克服了。

　　根據我們訪問高雄師範大學的印度客家籍交換生得知，塔壩人基本來自廣東梅縣南口鎮的幾個家族世代互相嫁娶，親屬關係綿密；使得塔壩小鎮人數雖不多，卻能自 1910 年開闢以來，保持客家的語言、飲食、傳統佛道信仰、年節習俗，直到現在還不取印度式的名字。是以若欲深入了解塔壩人的語言和文化，應該聚焦其原鄉──廣東梅縣南口鎮好好探訪。尤其搬來高雄左營的是陳家兄弟，經我們考察，彼等來自梅縣南口鎮原鄉的益昌村，該村陳氏聚居，益昌村名也來自陳家先祖的名諱。相較之下，潘美玲（2009：24-5）的 13 位塔壩受訪者，並未登載其具體原鄉地點，雖然她也到過梅縣與其移民出發的河港松口鎮實地考察（潘美玲，2009：5），但是這種以大梅縣為範圍而沒有針對性的參訪，僅能略略捕捉一些背景知識，談不上是原鄉和現居地的比較研究。然而我們的採訪，得知了彼等的主要姓氏、親戚網絡，也確定了他們移民印度之前的居住地，故而必須重視此項前人未注意之訊息，才能精確掌握最小地點對最小地點的移民語言和文化的保留與變遷。

　　所謂梅縣移民因出發的地點不同，口音大同中各自有小異，絕不可一概而論、模糊比對。以我們目前的訪查得知，福建漳平、寧洋多梅縣松源鎮移民，印度塔壩主要為梅縣南口鎮移民，東帝汶是梅縣松口鎮遷去的，所以像屏東高樹一樣，小稱詞綴為 i 尾。而美濃反映的是梅縣北部白渡、石扇鎮口音，例舉如表 2-1（吳中杰，2021：77）。

表 2-1：美濃與塔壩客家口音對比

	我們	初	高	走	就	陸	蒜	明天
美濃	ŋai11 nen33	tsʰu33	ko33	tseu31	tsʰiu55	liuk5	son55	天光日 tʰien-11 koŋ33 ŋit32
塔壩	ŋai11 len31	tsʰɿ33	kau33	tsieu31	tsʰu55	luk32	soŋ55	晨朝 sɿn11 nau33

　　目前對於梅縣的語言調查材料雖然很多，但都集中於梅州城區，而梅縣各鄉鎮的個別記錄僅有橋本萬太郎（1973）的松源鎮，位於梅縣東北端；以及羅美珍等（2004）的扶大鎮，雖屬梅縣，實際卻位於緊鄰梅州城區的西郊，方言鑑別度不大。本研究所要處理的南口鎮，位於梅縣西南角，非常靠近興寧市，其口音可能介於梅州城區和興寧之間，過去並未有語言調查的文獻描述，因此值得實地研究了解，進而明瞭塔壩客語到底變遷了多少？

參、研究發現

一、聲母

（一）送氣行為的異同

　　全濁定母的「度渡」，塔壩不送氣；不但用於國名「印度」時不送氣，連「難渡」（日子難過）、「度細人」（帶小孩），也都不送氣讀 tu53。梅縣南口鎮則仍送氣唸 tʰu53。

全清見母的「級」，苗栗、塔壩和南口都送氣唸 k^{h}ip32，但六堆不送氣唸 kip32。而同為見母的「概」則各地都送氣唸 k^{h}oi31。南口的「襟」也送氣唸 k^{h}im33。

次清滂母的「癖」，用於「臭狐癖」（狐臭），塔壩和南口都不送氣 pit32，臺灣四縣話讀送氣的 p^{h}it32。「沖」塔壩不送氣 tsuŋ33。

塔壩的「埔」字不送氣，中年層讀 pu31，青年層讀 pu33。南口則仍送氣唸 p^{h}u33。1916 年梅縣人慕陶、馬來人亞末（Amad）合著的《正客音譯義木來由話》中，即以 T'aiPuh 音譯大埔縣名（哈馬宛，1994：173），大字注 T' 送氣、埔字注 P 不送氣，可見梅縣話用作地名的埔字不送氣由來已久。但根據哈馬宛（1994：41），草埔注音 ts'aup'u 送氣，表示平坦地之義依然送氣，用作大埔縣地名則不送氣。表時間的「晡」塔壩卻送氣唸 p^{h}u33，如「前晡日」（前天）。

（二）見曉組逢細音顎化的速度

臺灣客家語見曉組逢細音不顎化，只有美濃局部地區曉組逢細音率先顎化為擦音 ɕ-，而見組逢細音則尚未顎化，符合 Norman（1988）所提出的畬話／客家話之不規則顎化（irregular palatalization），亦即顎化的速度不均勻，擦音比塞音快，h- → ɕ- /__-i。廣東梅縣及鄰近的蕉嶺、平遠業已展開顎化的過程，而以平遠最為徹底；臺灣較為保守，和粵東顎化的表現不同。塔壩、南口都是曉組逢細音顎化為擦音 ɕ-，而見組逢細音則尚未顎化。

（三）塞擦音的差異

書母「始」、崇母「巢」塔壩讀塞擦音的 ts^h-，有別於臺灣四縣話唸擦音的 s-。反之，生母「篩」臺灣四縣話讀塞擦音 ts^h-，塔壩唸擦音的 s-。

二、韻母

（一）舌尖元音的變化

印度主要官方語言印地語（Hindi）有 -a、-i、-u、-e、-o 五個母音且長短對立，但沒有舌尖元音，遂成為印度學生學習華語的難點（王淑美，2012）。塔壩客家長期處於印地語之環境，其 -a、-i、-u、-e、-o 五個母音固然可以和印地語相容，但客語原有而印地語所闕如之舌尖元音，塔壩有些常用字發生變化，如「獅 su33、十 sup5」，南口則仍唸 sȵ33、sȵp5。但塔壩並非舌尖元音徹底消失，例如遇攝一三等精莊組的「祖序初疏數」則仍唸舌尖元音。

（二）效攝的讀法

臺灣四縣話效攝的讀法四等有別：一等 -o（保）、二等 -au（飽）、三等 -eu（表）、四等 -iau（鳥）；但塔壩和南口都是一二等合流讀 -au，三四等合流讀 -iau。

（三）介音的差異

塔壩和南口的舌尖聲母在 -e 元音前，往往增生 -i- 介音，轄字包含流開一的走 tsieu31、曾開一的忒 tʰiet32、藤 tʰien11、賊 tsʰiet5、梗開二的生（～理）sien33、澤 tsʰiet5；其他聲母則不會引起這種變化，如明母的「敏孟恛」都是 men 而非 mien。有的字也非必然增生 -i- 介音，如「（學～）生 hok5 sen33」的生字就沒有 -i- 介音，而「（先～）生 sin-11saŋ33」則唸白讀。

南口的「就」讀 tsʰiu53，但塔壩作幾乎解的副詞「就會（tsʰu-55 voi53）」無介音；我們詢問 1949 年才從梅縣南口鎮遷居屏東長治鄉的第三代黃○玲表示，她 90 多歲的祖父認為「就會（tsʰu-55 voi53）」是南口特色詞。既然 1910 年外遷塔壩、1949 年移居屏東的南口人，都有發音和意義一致的「就會（tsʰu-55 voi53）」一詞，反映這是傳統說法，現代南口「就」讀 tsʰiu53 反而同於梅縣多數地區。三等的「就」中古以來原有介音讀 tsʰiu53，變成塔壩無介音的 tsʰu53，如此才能解釋苗栗常用的 tsu55 作就、都解，其本字仍應是就，經過

介音和送氣唸法的丟失；這是語法化過程中，伴隨的語音弱化現象。

塔壩通攝三等入聲的陸、錄讀 luk，屬字亦無介音讀 suk，但通攝三等多數仍有介音，如六、續、肉 -iuk。南口無此現象，「陸錄」仍讀 liuk32。

（四）韻尾的演變

山、臻攝舒聲中古以來原收 -n 韻尾，但塔壩的「餐蒜館轉船楦近」讀 -ŋ 韻尾；南口無此現象，保持著 -n 韻尾。而撚（按鈕的動作）屬於山開四舒聲，臺灣四縣話讀 ŋien31，符合音韻規則；黃○玲則說南口讀入聲的 iet32。塔壩青年層的 -i~-iu、-it~-iut 相混淆，如「去 ɕi~ɕiu」、「七 tɕʰit~tɕʰiut」，中年層則否，「去 ɕi、七 tɕʰit」維持不變。

（五）同化音變

塔壩有些雙音節詞，第一音節的韻尾，會跟第二音節的聲母互動，因而發生同化音變。如「晨朝（明天）」sɿn11 tsau33→sɿn11 nau33、「佛爺（佛祖）fut5 ia11→fuiʔ5 ia11、「沖涼（淋浴）tsuŋ-24 lioŋ11→tsuŋ-24 nioŋ11（nasal spreading）→tsu-24 nioŋ11（re-syllabification）」、「蒜仁 son-55 in11→son-55 nin11」。由於塔壩讀單字的「蒜」為 soŋ53，雙音節詞「蒜仁 son-55 nin11」的存在，證明原先塔壩的「蒜」也是收 -n 韻尾的，-ŋ 是後起的變化。南口無以上現象。

三、詞彙

（一）音譯借詞

現有文獻顯示，馬來西亞和印尼客家話均大量使用馬來／印尼語借詞。塔壩客家長期處於印地語之環境，其現代生活詞彙會借用許多英語或印地語詞，以音譯方式的有：

• 淡米爾（Tamil）ta11 mə53
• 加爾各答（Calcutta）ka33 li55 kak32 tak32；這符合清乾隆四十八年

（1783）梅縣松口客家海員謝清高口述、同鄉楊炳南整理的海錄一書中，所稱之隔瀝骨底的發音（1985：13）。說明在華語翻譯成加爾各答名稱之前，清代早有客家人自己對該地的獨特稱呼，並相沿至今。

- 巴士（bus）pa55 sๅ31
- 公斤（kilogram）k^{h}i55 lo31
- 加拿大（Canada）ka31 la31 t^{h}ai55
- 伽耶（佛祖悟道之地）ka24 ia11
- 塔壩（Dhapa）t^{h}ap32 pa55
- 變種病毒（Delta）de11 ta53
- 鹹優酪（lassi）lek5 si31
- 芒果 am55
- 馬鈴薯 a11 lu55
- 番茄 pe11 ra55 si11

而自塔壩再次移居到印度南部 Chennai 的客家人，吸收的是淡米爾語詞，如馬鈴薯 urulaikazhangu、番茄 takali。

（二）義譯借詞

而以義譯方式的有：

- 颲火肚 piau-24 fo31 tu31（印度教殉夫）
- 噗噗車 pu55 pu55ts^{h}a24（摩托車）
- 鬼仔戲 kui31 e11 ɕi55（恐怖片）
- 雪蓮 siet32 lien11（鷹嘴豆）
- 六線 liuk32 sien55（串燒）
- 麥粄 mak5 pan31（麵餅，Naan）

我們考察南口、興寧一帶，有一種在街上推車叫賣的食物，就稱為麥粄，是以製作粄類的方法，把糯米粉換成麵粉，口感類似甜饅頭。南口人來到印度以後，看到印度人作為主食的手甩麵餅，很像原鄉的麥粄，就將此名稱挪用來稱呼新事物。

（三）和臺灣四縣話相異的詞

表 2-2：塔壩與苗栗客家話的差異

	我們	熱鬧	足夠	南瓜	冬瓜	粄條	米篩目	明天	前面	有趣
苗栗	ŋai11 ten24	鬧熱	la55	番瓜	冬瓜	粄條	米篩粄	天光日	頭前	生趣
塔壩	ŋai11 len31	旺 ioŋ53	夠 keu53	冬瓜	豬仔 冬瓜	粄皮	老鼠粄	晨朝	前背	趣怪

	鄉下人	油飯	佛祖	不誠懇	打架	妻子	山羊	試試看	謝謝	厭膩
苗栗	庄下人	糯飯	佛祖	花撩	相打	夫娘	羊仔	試看 na55	恁仔細	畏
塔壩	山芭人	燜飯	佛爺	花色	打交	老婆	草羊	看 na55 勝	多謝	煩

　　三身人稱複數苗栗用陰平的 ten24，是兜 teu24 ＋人 ŋin11 的合音，保留兜的聲調、人的韻尾；六堆用陰平的 nen24，聲母被韻尾 -n 所同化。南口用上聲的 ten31，本字為等；塔壩 len31 也用上聲，但聲母發生變化。

四、句法

（一）補語標記 a55

　　梅縣和南部四縣話的 a55 功能廣泛，可充任結果補語標記（做 a55 盡好）、趨向補語標記（飆 a55 過）、短時體標記（坐 a55 到）等，塔壩也有以上功能，如結果補語標記（做 a55 會死）、趨向補語標記（箱仔開 a55 來、kʰau-24 a55 轉去（繞回去）、颼 a55 火肚（跳到火堆裡）、音吊 a55 起（聲調抬高起來）、短時體標記（收 a55 pʰet32、關 a55 pʰet32，工廠一下子收掉、關掉）。

（二）再次體標記

　　臺灣四縣話表示再次的動作時，通常用過作為體標記。也有人用再過，通

常加上再就被認為是受華語影響。受訪之塔壩客家人來臺以前原本未曾習得華語，他們表示再次的動作時，仍會加上再，如「又再來臺，會再倒轉」，並非直接受到華語影響。

（三）放＋X 構式

　　根據我們訪問高雄師範大學的印度客家籍交換生得知，塔壩客語頻繁使用放＋X 構式，如放班（上班請假）、放學（上學請假）、放課（下課放學）、放車（出發）等，且詞義跟華語不同，其他漢語似乎沒有這麼豐富的用法，它的能產性（productivity）值得注意。南口沒有以上說法，報導人認為放車就是停車的意思。

（四）判斷句型

　　塔壩用句尾的來个以表示斷定（assertion）。如「有兜印度人好偷，賊仔來个」（有的印度人愛偷東西，簡直是賊）。「佢也係客人來个」（他也是客家人）。作用和粵語的「嚟个喔」相同。

五、語言態度

　　以下探討塔壩人對於印度人、塔壩客語、臺灣客家話、廣東梅縣客語、東南亞客語之觀感。彼等確如潘美玲（2009）所言，自認客家話純正道地，勝過他處。受訪者認為自己說的話跟梅州一樣，返回原鄉探親時，梅州人察覺不出他是外地人。我們從調查經驗也能佐證這種主觀評價；例如一些方言調查字表上生僻的字：

- 效開三清母平聲「繰」（縫合鞋面和鞋底的邊線）ts^{h}iau33
- 咸開三影母入聲「腌」（浸泡，如製作咖哩前浸泡香料）iap5
- 山合三曉母去聲「楦」（撐開鞋子的模具）sian33
- 通合三章母入聲「囑」（叮嚀，如「阿婆囑我講客（祖母吩咐我要說客語）」）tsuk32

即使在臺灣或粵東客家地區，這些字都未必能問到，而塔壩人能精準發音、篤定而無遲疑地說出確切的詞義，所謂的純正道地，不因遠居僻地而改變，由此可見一斑。

塔壩人以烏鬼蔑稱印度人，總稱華人為唐（山）人，但按照講客話與否，把唐人分為不會客語的山芭人跟會客語的塔壩人。山芭人意思是鄉下人[3]，包含塔壩以外，可能更都會化、教育程度更高的華人；易言之，不講客話在塔壩當地會被看不起。塔壩人認為星馬客話不正，混合了許多當地語；卻對自己語言中的印地語借詞視而不見。2008 年報導人搬來高雄左營以後，偶然接觸美濃人，認為美濃腔很不好懂。

六、語言學習經驗

部分塔壩客家人來臺以前原本未曾習得華語，因為當地人自辦的小學以客語上課，自 1980 年以後才改用華語來教學。有些人上的是全英語的小學，也沒接觸到華語。高雄的報導人在餐廳工作，每天面對臺灣的顧客，大約花了一個月可以聽華語，三個月開始可以講華語。他自行摸索發現客語和華語的對應規律，就是把「音吊 a55 起（聲調抬高起來）」，以語言學觀點分析這句話，塔壩客語陰平讀 33，轉換到華語陰平讀 55；客語陽平讀 11，轉換到華語陽平讀 35；都是將聲調抬高起來。

---

[3] 我們曾在梅州市五華縣棉洋鎮，採集到蔑稱鄉下人為山芭佬的說法。馬來西亞客語稱開發荒地為開山芭。六堆把一種草地裡的蛇稱為草芭（pa24）蛇。結合本文塔壩的山芭人指涉以觀之，山芭實乃各地客語普遍用詞，並非借自馬來當地語言。

肆、語言與文化

一、飲食

塔壩客家人自認代表性的客家菜有燜飯 mun-55 fan53（華語說的油飯、苗栗稱糯飯、六堆稱飯乾）、牛肉圓 ŋiu11 ŋiuk32 ian11、鯇魚圓 van-24 ŋi11 ian11、辣椒雞 lat5 tsiau33 ke33、煎卵 tsien-24 lon31（打散蛋黃加蔥）等。調味的醬油區分為淡色的白味 pʰak5 mi53，較鹹，用於一般烹飪；深色的烏味 vu-11 mi53，鹹度較淡，用於燉雞，塔壩有專事醬油生產之公司。他們最喜歡臺灣的食物是臘腸、牛肉乾，因為塔壩沒有肉品加工業，平常吃不到這些，所以每次從臺灣返鄉，就會帶回去餽贈親友。

飲食用詞跟臺灣有些差異，如：定菜（點菜）、客飯（客家菜）、印度飯（印度料理）、一樣菜（一道菜，臺灣客語說一品菜）、芫香（香菜，臺灣客語說芫荽）。南口原鄉出名菜色是釀燈籠椒，就是以釀豆腐的方式，鑲嵌肉團到彩椒裡面蒸熟。這道菜卻未見於塔壩。

最具代表的塔壩菜是辣椒雞，等於炸得更乾更辣的辣子雞丁。其食材使用紅辣椒是因為華人才吃紅辣椒，印度人一般吃青不吃紅，認為紅辣椒傷眼睛，青椒印度人拿來做醬而非蘸料，放入咖哩、或炸得香脆，直接食用。只有到塔壩品嘗華人美食時，才會點辣椒雞來吃，因印度人認定紅辣椒代表華人菜餚。至於使用雞肉，而非其他肉類，是因為牛在印度教中是神聖的，不能吃。豬吃垃圾為生，印度人故而不吃，非因信仰緣故。傳統上只有婆羅門階級吃素，葉菜類只吃搗碎的菠菜放入咖哩，不吃其他葉菜類。草羊（山羊）肉昂貴，不能經常當食材。綿羊肉便宜，但有騷味。於是雞肉成為一般印度人的選擇。印度人來塔壩只吃炒飯、炒麵、辣椒雞，非一般中國菜；因為他們不吃荷包蛋、葉菜類和豬、牛肉。

世界各地最具代表的客家菜都不同，各有成因。如 2019 年我們採訪了四川榮昌的夾沙肉，以糯米飯做底，放上一坨紅豆沙，再鋪上五花肉片，頂端灑上粗粒的砂糖。因為甘蔗是清初汀州客家人帶入四川的，夾沙肉使用大量的蔗

糖，象徵客屬吃得起早年尚屬稀貴的砂糖，是對外人展示的季芬財（Giffen's Goods），亦即炫耀性商品。又根據王俐容、鄧采妍（2017）的調查，嫁來臺灣的印尼山口洋婦女，認為青木瓜涼拌蝦仁才是山口洋最具代表的客家菜（2017：243），當地辦喜事的時候常常吃。這跟當地海港環境有密切關係。

二、傳統佛道信仰

塔壩人主要拜的神明是塘園伯公，每年有固定祭期。祂是兩百年前首位來到加爾各答開墾定居的華人楊大釗，是廣府而非客家人。也有信奉佛教的塔壩人供奉佛爺（即佛祖），每年會坐 8 小時的長途火車，去佛祖悟道之地伽耶 ka24 ia11 朝聖。信道教的則供奉聖帝公（關公）。而南口鎮原鄉的益昌村主要拜的神明是媽祖 ma-24 tsɿ31、州官 tsu33 kuon33、水母娘娘 sui31 mu-24 ŋioŋ11 ŋioŋ11，跟塔壩並不相同。

三、年節習俗

塔壩人一年中最重視的是農曆新年，屆時整個鎮上熱鬧非凡，疫情以前，移居臺灣者都會返鄉過年，因為塔壩特別有春節氣氛；左營陳家兄弟說，臺灣的過年，只不過是放一個長假而已，不像塔壩有舞獅隊伍挨家挨戶去祝賀，爭搶高處的綵球（稱為採青），直到三十暗晡打紙炮，長輩準備紅包，大年初一朝晨發給晚輩。掃墓則在清明節，會用芋葉 tsʰu-11 iap5 做粄，謂之清明粄。

四、親屬稱謂

南口鎮原鄉的益昌村把管理宗族事務的大家長稱為叔公頭。母親稱阿姆 a33 me33，母語稱阿姆話 a33 me33 fa53。塔壩人母親稱阿媽 a33 ma11，自己父親的父母稱我公 ŋai11 kuŋ24、我婆 ŋai11 pʰo11，母親的父母稱外阿公、外阿婆。

伍、結論

　　本文透過設立指標、文獻比對、實地調查等方式，對於梅縣南口鎮本地，及其移民散布的加爾各答塔壩、高雄左營等區域的語言及族群現象，得到更周延的解釋。綜合整理歸納塔壩客語特徵，諸如語音上的度渡埔癖字不送氣、舌尖聲母在 -e 元音前，增生 -i- 介音、副詞就會（tsʰu55 voi55）作幾乎解且無介音、通攝三等陸、錄（luk）、屬無介音、山臻攝餐蒜館轉船楦近讀 -ŋ 韻尾；詞彙上，串燒說六線、芒果說 am55、明天說晨朝 sŋn11 nau33；句法上，判斷式用句尾的來个。青年層的 -i~-iu、-it~-iut 相混淆，放＋X 的構式能產性高，且詞義跟華語不同，如放課（下課放學）／放班（上班請假）／放車（出發）／放學（上學請假）等。我們也於 2019 年到廣東梅縣南口鎮陳氏原鄉的益昌村訪查，得知曉組逢細音率先顎化為擦音、效攝的合流讀法、增生和丟失 -i 介音的轄字和出現條件、明天叫晨朝的說法，塔壩基本和南口一致；但上述其他項目均不見於南口，也不見於臺灣四縣話，應是遷居塔壩之後，所產生之自行演變。我們希望藉由在臺之塔壩客家鄉親，建立臺灣和印度於族群文化上的嶄新連結點，未來對於發展南亞研究和開拓未知領域，具有樂觀的學術前景和國際影響力。

參考文獻

王俐容、鄧采妍，2017，〈臺灣印尼客家婚姻移民的認同重構與文化流動〉。頁 259-286，收錄於蕭新煌主編，《臺灣與東南亞客家認同的比較：延續、斷裂、重組與創新》。臺北：遠流。

王淑美，2012，《印度語為母語者的華語語音清晰度之研究》。屏東：屏東大學華語文教學碩士學程論文。

吳中杰，2021，〈客家話的種類〉。頁 59-80，收錄於林本炫、王俐容、羅烈師主編，《認識臺灣客家》。桃園：臺灣客家研究學會。

邱彥貴、吳中杰，2001，《臺灣客家地圖》。臺北：城邦。

哈馬宛，1994，《印度尼西亞西爪哇客家話》。北京：社會科學出版社。

莊青祥，2008，《屏東高樹大路關地區之拓墾與聚落發展之研究》。高雄：高雄師範大學客家文化所碩士論文。

陳美華，2002，〈印度加爾各答的客家人：一個田野筆記〉。頁 485-505，收錄於張存武、湯熙勇主編，《海外華族研究論集 II：婦女、參政與地區研究》。吉隆坡：華僑協會總會出版。

湯錦台，2007，《千年客家》。臺北：如果。

華僑志編纂委員會，1962，《印度華僑志》。臺北：華僑志編纂委員會。

華僑志編纂委員會，1978，《華僑志總志》三版。臺北：華僑志編纂委員會。

鄒嘉彥、游汝杰，2003，《漢語與華人社會》。香港：香港城市大學。

慕陶、亞末（Amad），1916，《正客音譯義木來由話》。廣州：石經堂。

潘美玲，2009，〈印度加爾各答的客家移民〉。《客家研究》3（1）：91-123。

潘美玲，2011，〈印度加爾各答客家移民族群經濟的變遷〉。頁 61-86，收錄於廖建裕、梁秉賦編，《華人移民與全球化：遷移、本土化與交流》。新加坡：華裔館。

橋本萬太郎，1973，《客家語基礎語彙集》。東京：亞非言語研究所。

謝清高（口述）、楊炳南（整理），1783（1985），《海錄》。北京：中華書局。

羅美珍、林立芳、饒長溶，2004，《客家話通用詞典》。廣州：中山大學出版社。

Basu, Ellen Oxfeld, 1985, *The Limits of Entrepreneurship: Family Press and Ethnic Role amongst Chinese Tanners of Calcutta*. Cambridge, Massachusetts: Harvard University.

Berjeaut, Julien, 1999, *Chinois a Calcutta: Les Tigres du Bengale*. Paris: L'Harmattan.

Liang, Jennifer, 2007, Migration Pattern and Occupational Specialisations of Kolkata Chinese: An Insider's Story. *China Report*, 43: 397-410.

Norman, J., 1988, The She Dialect of Luoyuan County. *Bulletin of the Institute of History and Philology*, 59 (2): 353-367.

Oxfeld, Ellen, 1993, *Blood, Sweat, and Mahjong: Family and Enterprise in an Overseas Chinese Community*. Ithaca: Cornell University Press.

第3章

全球議題在地化：客家電視國際新聞與本地新聞的馴化與反向馴化[1]

李美華

壹、緒論

據 CNN 與 CNBC 新聞網 13 日報導，美軍當初會進軍阿富汗，打這場美國史上最長的戰爭，就是因為 2001 年 9 月 11 日遭受死傷慘重的恐攻。而川普政府原本和民兵組織「塔利班」（Taliban）談定，要在 5 月 1 日前撤軍，顯然拜登錯過了這重要的期限。好幾個月來，拜登一直在和顧問討論，並權衡最後決定，而他認為，美軍不該在早過了期限後，還待在阿富汗。此外，這名高官透露，北約（NATO）部隊也將遵循和美軍一樣的撤軍時間表。他還說，美軍可能會在 9 月 11 日前就撤離，而這日期是剩餘人員撤離的最後期限（楊幼蘭，2021）。[2]

我國友邦海地遭遇強震傷亡慘重，隨著救援工作持續進行，傷亡人數也持續攀升，最新數字顯示死亡人數已上升到 2,189 人，逾 1.2 萬

---

[1] 本文改寫自研討會論文：李美華，2021，〈全球議題在地化：客家電視國際新聞與本地新聞的馴化與反向馴化（Domestication and Reversed Domestication of Hakka TV International News and Local News Programs）〉，全球客家研究聯盟首屆雙年國際會議「客家研究的比較視野：回顧與展望」（Comparative Hakka Studies：Retrospect and Prospect）。桃園：國立中央大學客家學院，2021 年 11 月 6-7 日。

[2] 2021 年 9 月 11 日為 2001 年發生在美國的 911 事件 20 週年。

人受傷。綜合媒體報導，作為美洲最貧窮的國家，海地仍未從 2010 年導致 20 多萬人死亡的地震中恢復就再次遭遇大地震，14 日的規模 7.2 淺層強震重創當地，海地當局在當地時間 18 日晚間公布最新死亡人數為 2,189 人，傷者超過 1.2 萬人，醫療能量耗竭，受傷民眾只能在醫院外露天接受救治。而海地政府救援效率低弱也讓民眾不滿，抱怨援助不足，有法官斥責政府：「他們沒有為這場災難做任何準備」，目前至少有 60 萬人需要人道主義援助，13.5 萬戶家庭流離失所，政府坦言目標是在 1 週內向有需要的每個人提供援助（自由時報即時新聞／綜合報導，2021）。

關於國際新聞的馴化，媒體報導的案例所在多有，例如 2021 年 8 月中旬到 8 月底結束的美軍與北約部隊撤軍阿富汗事件，即為全球各地媒體以馴化手法持續報導的重大國際新聞事件。回顧美軍與北約組織進軍阿富汗的起源，為 2001 年發生在美國的 911 事件，造成約 3,000 人死亡。當時被視為恐怖組織的蓋達組織（基地組織）首領，來自沙烏地阿拉伯利雅德省的奧薩瑪賓拉登（Osama bin Laden），被美國政府指控涉及 911 事件。911 事件間接引發美國發動「反恐戰爭」，入侵阿富汗與伊拉克（蔡亦寧，2018）。2011 年 5 月 2 日，美國總統歐巴馬發表聲明，指稱賓拉登在巴基斯坦阿伯塔巴德的一座豪宅裡，被美國海軍三棲特戰隊第六分隊突襲擊斃，屍體於次日海葬於北阿拉伯海（維基百科，2021b）。

美國和其北約組織盟友在 911 事件後進駐阿富汗，由此引發的二十年阿富汗戰爭成為美國最漫長的軍事行動（維基百科，2021a）。2011 年 6 月，時任美國總統歐巴馬曾表示計畫在 2014 年或之前終結持久自由行動，撤出阿富汗。2020 年 2 月 29 日，美國和塔利班在卡達多哈簽署《為阿富汗帶來和平的協議》，其中提到美國和北約組織盟友要從阿富汗撤出所有正規部隊，塔利班承諾阻止蓋達組織在塔利班控制的地區活動，以及塔利班與阿富汗政府之間會展開會談。該協議得到了巴基斯坦、俄羅斯和中華人民共和國的支持，並得到聯合國安理會的一致認可（蔡亦寧，2018）。

臺灣媒體紛紛報導美軍與北約軍隊永久撤出阿富汗的重大國際新聞事件，美國主流媒體亦提出此事件對於臺灣的啟示，《紐約時報》指出：

有許多理由擔心中國即將對臺灣發動進攻：中國加強了空中活動；五角大廈發出高調警告；中國軍事的快速現代化；國家主席習近平不斷升級的言論。但美國從阿富汗撤軍不是理由之一，儘管外交政策和軍事圈子最近的激烈討論正在這樣暗示。一些批評拜登總統從阿富汗撤軍決定的人認為，這將讓北京的膽子更大，因為撤軍流露了軟弱——不願堅持到底、打贏戰爭——中國在決定是否進攻臺灣時將考慮到這些因素。它認為臺灣是其領土的一部分。然而，實際情況是，美國從阿富汗撤軍更有可能讓中國的戰爭規劃者躊躇，而不是推動他們對臺灣使用武力（Oriana Skylar Mastro，2021）。

正值阿富汗撤軍行動箭在弦上，如火如荼的時刻，2021 年 8 月 15 日，加勒比海友邦海地發生規模 7.2 級的強震，死傷人數不斷攀升，此次強震不免讓人回想發生在 2010 年 1 月 12 日海地首都太子港的 7.0 級地震，其死亡人數高達 27 萬人。2021 年 8 月中旬，海地遭遇 COVID-19 疫情危機及颶風侵襲的風險，且不久前（2021 年 7 月 7 日）海地前總統若弗內爾・莫伊茲（Jovenel Moïse）在首都太子港私宅內遇刺身亡（BBC NEWS 中文網，2021），天災人禍接踵而至，海地似乎成為「厄運連鎖之國」。

8 月 15 日，海地南方發生規模 7.2 的大地震，截至目前為止已經逾 1,300 人死亡、5,700 人受傷，數字也不斷上升中。這場造成多人喪生的海地大地震，發生在 15 日早上 8 點 30 分，震央位在距離海地西南部海域 12 公里處，震源深度只有 10 公里，並且伴隨大量餘震與土石流。目前海地總理亨利（Ariel Henry）已宣布全國將進入為期一個月的緊急狀態。這次的大地震也是繼 2010 年太子港的 7.0 級大地震以來，海地面臨最大規模的地震。十一年前的那場地震，震央位於僅

離太子港西南方 25 公里處，震源距離地表 13 公里左右。死亡人數為 27 萬人、有 10 萬人是直接遭到活埋，另外有許多人是因為救援設備不足、無法及時抵達醫院而死亡，並且造成近百萬人無家可歸（轉角 24 小時，2021）。

　　一般民眾對國際事務的知識獲取及理解詮釋的來源，主要是新聞媒體。具有全球性格的臺灣客家媒體在美國與北約盟國撤軍阿富汗的國際新聞事件，以及友邦海地發生規模 7.2 強震的重大災難新聞事件報導中，採用何種馴化（domestication）及反向馴化（reversed domestication）策略，展現族群觀點，在當今文化全球化的時代，相當值得探討。本章以客家電視「國際新聞－客觀世界」、「最夜新聞」的報導視角出發，探討客家電視如何針對在地與全球觀眾，透過馴化與反向馴化策略，報導 2021 年 8 月中旬到 8 月底期間，美國及北約盟國全面自阿富汗撤軍，以及在 2021 年 8 月中旬發生的海地大地震，此兩項重大國際政治軍事與災難新聞事件。

　　由於探討臺灣族群媒體（包括：客家電視臺－ Hakka TV、原住民族電視臺－ Taiwan Indigenous Television）的國際新聞再現與產製的研究並不多見，希冀藉由本章的研究，累積族群媒體傳播與客家新聞傳播領域的系統性研究成果，理解客家電視臺的新聞節目如何再現與建構客家視角的全球與在地世界觀，因而對於全球傳播與國際新聞領域的理論紮根與研究發展有所助益，並針對臺灣族群媒體產製國際新聞節目的實務工作提供具體建議。

貳、問題意識

　　文化全球化（cultural globalization）研究學者 John Tomlinson（2001）認為，全球化「指涉全球各地域的相互關聯和依賴，……全球化削弱了所有民族國家的文化向心力，……全球化的文化經驗蔓延到了所有國家，……對於文化全球化理論家來說，最重要的概念是全球在地化（glocalization）與

雜揉（hybridity）」（唐士哲、魏玓，2014：116-117；Robertson, 1995）。21
世紀初，關於文化全球化對於全體人類社會方方面面影響的討論聲浪沸沸
揚揚（Tomlinson, 2001），此一現象可以回溯自 1940 年代，國際傳播研究
領域興起，一直持續到 1980 年代，彼時聚焦於「文化帝國主義」（cultural
imperialism）及「世界資訊傳播新秩序」（NWICO-New World Information and
Communication Order）的辯證。

　　魏玓（2017：41-42）回顧國際傳播領域的理論發展脈絡，指出其發展
架構可分為三個分期階段：（1）第二次世界大戰後到 1960 年代的發展傳播
（development communication）；（2）1970 年代到 1980 年代初期的文化帝國主
義；以及（3）1990 年代至今的全球化傳播（global communication）。值得注
意的是，關於全球化傳播所植基的理論「缺乏明確的社會發展目標、不強調社
會平等，而是閱聽人的主動性、聲稱多元且去中心化的價值與權力架構，以及
否定國家機器的重要性與必要性。英國政治經濟與文化研究學者 Colin Sparks
把發展主義和文化帝國主義合稱為「介入主義」（interventionist）的國際傳播
理論，而全球化理論則為『慶賀主義』」（celebratory）（Colin Sparks ／ 魏玓
譯，1998：92）。

　　國際傳播可被視為是全球傳播的前身，咸被定義為：「跨國界、跨民族
的訊息交流與分享」，其包括的形式有三：（1）國際間的大眾傳播（印刷媒
體、電子媒體、衛星與網路新媒體、電影等影音媒體）；（2）國際間的人際傳
播（郵件、電話等電信媒體、跨國旅遊、留學、移民、跨國宗教活動、文藝
演出、展覽、體育賽事；以及（3）國際間的組織傳播（外交、軍事活動及
國際會議）（莊克仁，2019：162）。「國際傳播」與「全球傳播」的主要相異
處在於：全球傳播研究的範圍比國際傳播來得廣。全球傳播所涵蓋的範圍除
了國際傳播領域所著重的傳統電子媒體（平面、電子媒體）外，還包括跨國
功能的個人媒體（電話、社群媒體）。因為傳播科技的發展，全球傳播跨越
了國家界線（李明賢、彭懷恩，2013：18-19）。資訊流通理論、現代化理論
（modernization theory）、文化帝國主義、傳播政治經濟學、公共領域（public
sphere）、資訊社會理論（information society）與全球化理論，都被歸類為國際

傳播的理論學派，而全球化理論的應用主要在於探討新傳播科技發展下全球體系樣貌之正負面效應（李明賢、彭懷恩，2013：74）。

從另一角度出發，全球傳播可被視為是新一代的國際傳播研究取徑，其研究傳統有三：（1）1930 與 1940 年代美國大眾傳播研究學者提出的功能主義（Functionalism）；（2）以 Herbert Schiller、Dan Schiller、Dallas Smythe、Bob McChesney 和 Howard Frederick 等歐美文化帝國主義批判學者為首的結構主義（Structuralism）；以及（3）以歐洲學者為代表的專業主義（Professionalism）（McPhail, 2010: 48-52）。

回顧國際傳播與全球傳播研究的重要里程碑，關鍵是 1980 年代聯合國教科文組織（UNESCO）「馬克布萊德委員會」（MacBride Commission）提出「世界資訊傳播新秩序」的呼籲。馬克布萊德委員會報告書明示，世界系統的中心與邊陲國家之間，新聞與資訊流通的不平衡與不對等，該報告書展現全球應共同合作，撥亂反正的意圖，其後則是經歷數十年日益全球化的世界秩序變革。時至今日，國際新聞與全球焦點仍明顯偏重歐美中心國家，從近年急遽變化的國際局勢反映在全球重大新聞時事上可見端倪，包括：川普於 2016 年年底當選美國總統，於 2017 年 6 月 1 日宣布退出「巴黎氣候協定」；法國自 2018 年 11 月 17 日開始，經歷中產階級黃背心運動的長期街頭抗議；香港自 2019 年 3 月開始，經歷近 300 天的「反逃犯條例修訂運動」洗禮；英國國會於 2019 年 12 月 20 日通過首相強森的脫歐協議，於 2020 年 1 月 31 日正式脫歐；自 2020 年 3 月世界衛生組織（WHO）宣布：COVID-19 全球大流行迄今，世界各國疫情嚴峻，全球人類的生活世界遭遇劇變；2020 年 12 月，英國開始施行 COVID-19 疫苗注射，雖是抗疫解方，卻衍生分配不均及副作用的疑慮。於此同時，新的變種病毒也開始席捲世界；2021 年 1 月 7 日，美國國會正式認證拜登贏得 2020 年美國總統大選；2021 年 8 月 15 日到 8 月 31 日，美國與北約組織軍隊自阿富汗全面撤軍，結束長達二十年與塔利班政權的戰爭；2022 年 2 月 24 日，俄羅斯以「非軍事化、去納粹化」為由入侵烏克蘭，迅速發展為第二次世界大戰以來歐洲最大規模戰爭，迄今戰火未歇；2022 年 9 月 8 日，（英國）歷史上統治時間最長的君主，在位七十年的英國女王伊莉莎白

二世駕崩。上述國際新聞事件藉由媒體的各種敘事手法，透過大量的文字、聲音、影像、多媒體文本再現，在我們的日常生活當中，持續且深刻地影響我們對於周遭環境與生活世界，以及自身處境的認知、態度與行為。

　　以上提及的國際新聞屬於國際傳播研究的領域之一，而其中的國際新聞流通研究與全球化理論的發展架構是密切相關的。大約自第二次世界大戰結束，冷戰時期開始之際，國際新聞流通研究受到全球學術社群的重視，於 1970 年代甚囂塵上（臧國仁，1989；李美華，2003）。國際新聞流通的研究架構可區分為下列四個類型（臧國仁，1989：162-170；李美華，2005：113-114）：（1）以依附理論及量化內容分析方法探討西方媒體如何報導國際新聞，從而對開發中國家在西方國際新聞媒體之負面形象提出嚴厲批判；（2）從相反角度出發，指出西方新聞媒體並未對開發中國家報導偏頗；（3）以中庸持平態度看待國際新聞報導，建議以各國實際狀況進行深入及實務性的分析；（4）從微觀（micro）／鉅觀（macro）、選擇（selection）／建構（construction）角度進行國際新聞流通的分析與探討（Jensen, 2002／陳玉箴譯，2005：162-163；Hjarvard, 2002: 91-92）。隨著 1990 年代全球化理論興起，政治經濟與文化研究途徑蔚為風潮，國際傳播研究也特別關注國際新聞產製的全球化現象，以及其如何影響閱聽人的接收行為（Boyd-Barrett & Rantanen, 1998／馮復華、李美馨譯，2004）。

　　檢視國際新聞流通的影響因素，從研究文獻中可歸納出以下 13 個因素（轉引自李美華，2005：116-119）：（1）科技因素（Innis, 1951; McLuhan, 1964; Postman, 1979）、（2）社會因素（Epstein, 1973; Fishman, 1980; Golding & Elliot, 1979; Tuchman, 1978; Lee, Pan, Chan, & So, 2001）、（3）文化因素（Bird & Dardenne, 1988; Carey, 1975; Tuchman, 1978）、（4）政治經濟（Chomsky, 1989; Gans, 1979; Gitlin, 1980; Schiller, 1976；徐美苓，1990）、（5）國家距離與國家人口（Dupree, 1971）、（6）國家人口與地理位置（Rosengren, 1977）、（7）編輯政策（Gerbner & Marvanyi, 1977）、（8）語言（Kariel & Rosenvall, 1983）、（9）國家菁英程度（Kariel & Rosenvall, 1984）、（10）前殖民歷史關係（Meyer, 1989; Skurnik, 1981）、（11）人口數量（Ishii, 1996）、（12）國家經濟發

展程度（Kim & Barnett, 1996）、（13）文化接近性（Johnson, 1997）。

　　繼國際新聞流通研究的發光發熱，自 1990 年代起，國際新聞（外國新聞）的馴化（domestication of foreign news）研究開始受到重視（Alasuutari, Qadir, & Creutz, 2013）。此一概念最早是由美國新聞傳播學者 Michael Gurevitch、Mark Levy、Itzhak Roeh 提出的。Gurevitch、Levy 和 Roeh（1991: 206）指出：「國際新聞的馴化研究傳統主要探討傳播媒體如何將外國新聞事件轉譯為在地觀眾更熟悉、更容易理解，以及更能接受的敘事策略」。華人新聞傳播學者陳韜文、李金銓、潘忠黨、蘇鑰機（2002：1、9）則是指出：「馴化指的是新聞工作者強化一個外在或全球性事件對本國受眾相關性的過程」、「把新聞故事個人化並賦予普世價值或本國意義」。Akiba Cohen（2002）將馴化定義為新聞記者創造有關外國新聞的敘事，以建構關於新聞敘事與觀眾認知真實之間的有意義連結（李美華，2021a）。

　　例如，國際新聞馴化的經典研究：〈香港新聞的「馴化」：香港回歸報導比較研究〉，陳韜文、李金銓、潘忠黨、蘇鑰機（2002）探討在 1997 年 7 月 1 日來自世界各地 700 多家傳播媒體見證的香港主權移交此一重大全球事件中，全球新聞傳播媒體如何「馴化」此一事件，如何透過敘事強化此一事件與本國閱聽人的關聯。透過質量方法並重的三角測量取徑，採用包括：深度訪談、內容分析、話語分析研究方法，陳韜文、李金銓、潘忠黨、蘇鑰機（2002）的研究結果指出：國際新聞「馴化」往往透過傳播媒體組織的新聞專業常規進行；或依賴傳播媒體所屬國家層級較高的官員作為消息來源；或是讓一般群眾發聲，特別是來自傳播媒體所屬國家的家鄉的「自己人」。至於影響「馴化」的因素有三（陳韜文、李金銓、潘忠黨、蘇鑰機，2002：11-15），分別是：（1）傳媒類型和市場定位、（2）組織的約制、（3）記者對新聞發生地點的認識。

　　Lisbeth Clausen（2004）的國際新聞馴化研究將全球新聞的產製與呈現分為：全球（global）、國家（national）、組織（organizational）、專業（professional）等四個馴化層次及過程。Clausen（2004）示範國際新聞經由上述馴化過程而形成國際新聞再現的全球化（同質性 -homogenization）與在地馴化（多樣化 -diversification）。Lee、Chan 和 Zhou（2011）以馴化與政治化

（politicization）概念，分析與比較 14 個國家的電視新聞對於 2008 年北京奧林匹克運動會的報導及爭議。Lee 等人（2011）指出左右各國媒體呈現 2008 年北京奧運報導的影響因素（determinants）包括：既有的馴化與政治化程度，以及各國的社會、文化、政治特質。此外，各國北京奧運新聞馴化的程度與該國參與北京奧運的程度，以及該國內的中國人口比例相關；新聞內容的政治化程度則與該國政權型態，及其與中國的經濟關係相關。Atad（2017：762）爬梳新聞價值與新聞馴化的概念，提出反向馴化的跨國新聞學（transnational journalism）理論模式。此模式指出，跨國新聞媒體，例如美國有線電視新聞網（CNN），英國國家廣播公司（BBC），會應用反向馴化的手法，從媒體來源國的視角，針對其他國家的閱聽人報導國際新聞時事。李美華（2021b）指出，客家電視臺「國際新聞－客觀世界」節目報導全球、國家、組織、個人之新聞事件，採用國際新聞馴化手法，以與本地的歷史、文化、政策、社會建立關聯，並構連全球與地方性的自然及人為災難事件（例如：恐攻、COVID-19 疫情、示威暴動）。

參、研究方法

　　本研究採用量化內容分析與質性文本分析方法，探討客家電視臺製播的帶狀國際新聞節目：「國際新聞－客觀世界」，以及塊狀本地新聞節目：「最夜新聞」如何再現全球與在地的新聞議題，並分析客家電視臺在全球在地化的趨勢下，如何設定與建構本地與全球新聞之議題框架，以及採用馴化與反向馴化策略，再現具有客家觀點的生活世界與文化視野。

　　臺灣族群媒體領頭羊：「客家電視臺」（簡稱客家電視、客家臺、客臺、客視），於 2003 年 7 月 1 日正式開播，迄今已逾 20 個年頭。客家電視於 2007 年 1 月 1 日加入臺灣公廣集團，定位為臺灣「具少數族群媒體與公共媒體特質的電視頻道」。客家電視的營運理念述明其極為重視世界各地的客家鄉親，希冀扮演拓展國際族群文化交流的功能。根據客家電視定位論述（Hakka TV，

2022）：「『聯合國教科文組織』針對全球瀕臨危險語言地圖之定義分析，『客家話』曾被認定是『受到侵蝕的語言』。」客家電視「以客語為主要使用語言，復振並永續經營客語的使用與提高客語中，少數腔調的露出」。再者，客家電視的使命在於：「『拓展國際族群文化之交流』，客家鄉親遍布全球，世界各地都有客籍華人的蹤跡，客家電視責無旁貸扮演世界客家交流最重要的窗口。透過電視臺與新媒體的傳播，不僅傳遞客家場域之互動；透過節目製作與新聞採訪，也進行客家文化之傳播；透過客家電視與國際族群頻道的合作，更可促進國際族群文化之交流。」（Hakka TV，2022）。客家電視作為首要復振客家語言文化的公共媒體，透過製播國際新聞致力與國際接軌，以增進約八千萬海外客家閱聽人的族群認同（廖經庭，2007）。客家電視族群頻道致力跨國文化交流，其國際（全球）傳播的功能不言而喻。

客家電視經營團隊包括：新聞部、節目部、行銷企劃部三個部門，由新聞部製播的週間帶狀新聞節目「國際新聞－客觀世界」，於每星期一到星期五晚上 11：00 到 11：30 播出，是唯一以客語主播國際新聞的常態新聞節目。「國際新聞－客觀世界」每集節目長度為 25 到 30 分鐘，節目流程（rundown）首先是一分鐘的世界大報頭版要聞：「關鍵頭條即時掌握世界脈動」，提供五條世界重要報紙的新聞頭條標題，包括：美國《華盛頓郵報》、美國《華爾街日報》、英國《泰晤士報》、英國《衛報》、日本《讀賣新聞》，以及韓國《東亞日報》。接著是 11 分鐘左右的「全球焦點－ World Focus」新聞。以 2021 年 9 月 17 日（星期五）第 181 集節目的 rundown 為例，依序是：（1）中國商務部 9 月 16 日宣布正式申請加入 CPTPP。（2）國際刑事法院查鐵腕掃毒杜特蒂拒配合。（3）印尼空污嚴重雅加達居民控告政府官員。（4）貧窮失業無解方阿根廷上萬民眾上街頭。接著是 2 分鐘左右的廣告破口。後半段 10 分多鐘的新聞節目流程，依序是：（1）紐約市要求聯大代表出示疫苗接種證明。（2）義大利強制上班要有「綠色通行證」10 月 15 日上路。（3）威尼斯疫後新規預約登記收費監視控管。最後是 1 分半鐘左右的「天氣預報、氣象時間」（Weather Forecast, Weather Time），依序為臺灣（Taiwan）、中國（China），以及亞洲（Asia）、歐非洲（Europe and Africa）、北美洲（North America）、拉丁美洲

（Latin America），以及大洋洲（Oceania）城市的天氣預報。

　　由客家電視臺新聞部製播的「最夜新聞」節目，為一星期播出兩集的週末塊狀節目，於每星期六、日晚間 11 點播出，每集節目長度為 25 到 30 分鐘。前半段約 10 分多鐘的節目為當日及當週本地重點新聞。以 2021 年 9 月 18 日（星期六）第 73 集的節目流程為例，依序為：（1）生活萬象－ Life and Health 。（2）客家焦點－ Hakka Spotlight 。接著是 2 分多鐘的廣告破口。後半段節目是政經要聞（Politics and Economy）、全球焦點（World Focus），節目流程依序為：（1）本土疫情。（2）全球焦點－ World Focus （星國總理打第三劑疫苗日本將跟進；美墨邊境大橋湧上萬名海地無證難民；上月撤離阿富汗空襲 10 人喪生美軍致歉）。最後則是 1 分半鐘左右的「天氣預報－氣象時間」，依序為臺灣、中國、亞洲、歐非洲、北美洲、拉丁美洲，以及大洋洲城市的天氣預報。

　　本研究採用量化內容分析方法與質性文本分析方法，分析「國際新聞－客觀世界」、「最夜新聞」的節目內容文本，以下分述之。

一、量化內容分析

　　內容分析法是「以系統、客觀與量化的方式，來研究與分析傳播，藉以測量變項的研究方法」（Berelson, 1952: 147；羅文輝，1993；Kerlinger, 1986）。內容分析法的特質有：（1）為一系統性的分析過程，編碼及分析過程必須一致；（2）是客觀的分析方法，重複操作可得到相同的結論；（3）以量化的數字描述，將訊息主體正確地呈現出來（黃振家、宗靜萍、林妙容、吳蕙芬譯，2014：185）。內容分析主要應用的場域為傳播、媒體與文化研究，其目的在於分析大量文本資料，並使用統計方法推論再現的過程與政治脈絡（Deacon, Pickering, Golding, & Murdock, 2010: 119）。

　　本研究蒐集客家電視「國際新聞－客觀世界」、「最夜新聞」於 2021 年 8 月 14 日（美國與北約國家開始全面撤軍阿富汗）到 8 月 31 日（撤軍結束）期間，兩個節目播出的「阿富汗撤軍」、「海地大地震」的新聞報導內容。透過量

化內容分析法，探討「國際新聞－客觀世界」、「最夜新聞」，「說什麼」及「如何說」阿富汗撤軍，以及海地大地震的國際新聞故事。內容分析類目包括：報導長度、主播、配音、腔調、[3] 性別、類型、主題、方向、框架等類目。

二、質性文本分析

　　本研究採用質性文本分析方法，透過立意抽樣方式，選取關於 2021 年 8 月阿富汗撤軍與海地大地震的新聞報導文本進行分析，探討「國際新聞－客觀世界」、「最夜新聞」如何應用馴化及反向馴化策略，再現與建構美國和北約國家全面自阿富汗撤軍，以及海地大地震的新聞事件與議題，並探討其再現與建構之全球同質性與在地多樣化的客家觀點與文化視野（Braun & Clarke, 2006；van Dijk, 1985；游美惠，2003）。

三、研究問題

（一）客家電視「國際新聞－客觀世界」、「最夜新聞」如何報導 2021 年 8 月「阿富汗撤軍」、「海地大地震」的新聞事件，其報導長度、主播、腔調、性別、主題、類型、語氣、框架之內容分析類目的表現如何？

（二）客家電視「國際新聞－客觀世界」、「最夜新聞」的新聞文本如何透過馴化與反向馴化策略，再現有關 2021 年 8 月間「阿富汗撤軍」、「海地大地震」事件之客家族群的全球視野與在地觀點？

3　腔調類目：（1）四縣。（2）海陸。（3）詔安。（4）饒平。（5）大埔。（6）南四縣。（7）其他。

肆、研究結果

一、量化內容分析 [4]

（一）報導則數、主播／性別、腔調

　　新聞樣本取材自「國際新聞－客觀世界」、「最夜新聞」，時間為 2021 年 8 月 14 日（星期六）到 8 月 31 日（星期二），總共 18 天，共計 18 集的節目內容。其中有關「阿富汗撤軍」、「2021 海地大地震」的報導則數共有 51 則，「阿富汗撤軍」相關報導有 48 則（94.1%），「海地大地震」3 則（5.9%）。18 集節目中，共有 5 位主播播報相關新聞，如下：「國際新聞－客觀世界」主播廖期錚（男）大埔東勢（41 則，80%）、「國際新聞－客觀世界」主播劉宜頻（女）大埔新社（3 則，6%）、「最夜新聞」主播吳怡君（女）四縣三義（2 則，4%）、「最夜新聞」主播林秋伶（女）海陸新豐（4 則，8%），以及「最夜新聞」主播宋宇娥（女）南四縣內埔（1 則，2%）。男性主播比例（80%）高於女性（20%）（表 3-1）。

（二）報導時間長度

　　與兩個事件相關的 51 則報導，平均長度為 134.49 秒（SD = 44.058）。長度最短的是 60 秒（8 月 16-20 日；8 月 23-27 日；8 月 31 日，「國際新聞－客觀世界」第 157-166 集、第 168 集，標題：立足客家展望世界掌握國際脈動／關鍵頭條即時掌握世界脈動）。報導時間最長的是 222 秒（8 月 16 日，「國際新聞－客觀世界」第 157 集，標題：塔利班火速攻入首都阿富汗瞬間變天／總統出逃歐美撤館宛若西貢淪陷重演）。

---

[4] 作者於 2021 年 7 月，針對「國際新聞－客觀世界」於 2021 年 3 月份的節目內容，進行包括作者在內，總共三位編碼員間的信度檢測，作者以隨機抽樣方式選出 17 則報導（總樣本的十分之一），進行共 25 個分析類目（包括：馴化策略、腔調類目、配音性別、報導主題、報導類型、報導語氣、報導長度）的信度檢測，得出總平均信度為 0.823，且所有分析類目皆符合信度標準（Hayes & Krippendorff, 2007; Krippendorff, 2004）。

表 3-1：客家電視「國際新聞－客觀世界」、「最夜新聞」2021 年 8 月 14 日至 2021
年 8 月 31 日針對兩事件的報導則數、主播／性別、腔調

日期／星期	節目	則數	主播／性別	腔調
8/14（六）	最夜新聞	1	劉宜頻（女）	大埔新社
8/15（日）	最夜新聞	2	吳怡君（女）	四縣三義
8/16（一）	國際新聞客觀世界	5	廖期錚（男）	大埔東勢
8/17（二）	國際新聞客觀世界	5	廖期錚（男）	大埔東勢
8/18（三）	國際新聞客觀世界	4	廖期錚（男）	大埔東勢
8/19（四）	國際新聞客觀世界	3	廖期錚（男）	大埔東勢
8/20（五）	國際新聞客觀世界	2	劉宜頻（女）	大埔新社
8/21（六）	最夜新聞	1	宋宇娥（女）	南四縣內埔
8/23（一）	國際新聞客觀世界	3	廖期錚（男）	大埔東勢
8/24（二）	國際新聞客觀世界	3	廖期錚（男）	大埔東勢
8/25（三）	國際新聞客觀世界	3	廖期錚（男）	大埔東勢
8/26（四）	國際新聞客觀世界	4	廖期錚（男）	大埔東勢
8/27（五）	國際新聞客觀世界	5	廖期錚（男）	大埔東勢
8/28（六）	最夜新聞	2	林秋伶（女）	海陸新豐
8/29（日）	最夜新聞	2	林秋伶（女）	海陸新豐
8/30（一）	國際新聞客觀世界	3	廖期錚（男）	大埔東勢
8/31（二）	國際新聞客觀世界	3	廖期錚（男）	大埔東勢
共計		51		

（三）配音性別與腔調

　　兩事件相關報導的配音人員，除了由主播負責播報的「關鍵頭條」之外，以女性配音的比例較高，為 64%，男性配音比例為 36%。在配音腔調方面，以四縣腔的配音比例最高（47.5%）；其次是海陸腔（22.5%）；第三是南四縣腔（15%）；第四是大埔腔（12.5%）；第五是詔安腔（2.5%）；無饒平腔配音。

（四）新聞主題

　　在新聞主題方面，以政治（軍事外交）新聞的比例最高（74%）；其次是社會（10%）；第三是天災（8%）；第四是體育運動（5%）；第五是經濟貿易（3%）。

（五）報導類型

　　在報導類型方面，以純淨新聞（straight news）為大宗，比例為 87.5%；深度報導的比例為 12.5%。

（六）報導方向（語氣）

　　在報導方向方面，以中立的比例最高（47.5%）；其次是負面（42.5%）；正面報導的比例最低（10%）。

（七）新聞框架

　　「阿富汗撤軍」事件的報導框架比例最高的是「阿富汗喀布爾機場撤離、恐攻、逃難」（26.2%）；其次是「北約組織歐盟國家撤離行動」（23.8%）；第三是「塔利班掌勢、宣稱與作為」（14.2%）；第四是「美軍撤離、反恐攻擊」（11.9%）；第五是「聯合國、安理會作為」（4.7%）、「ISIS-K 自殺炸彈事件」（4.7%）、「中、俄與塔利班關係」（4.7%）；第八是「臺灣政府、學者觀點與立場」（3.7%）、「日本東京帕運」（3.7%）；第十是「美國人民的反應與義舉」（2.4%）。

　　「2021 海地大地震」的報導框架比例較高的是：「我方捐款、援助與救災」

（67%），其次是：「友邦海地地震災情」（33%）。

（八）Sound Bite 來源

報導中受訪者的訪談影像與聲源人次比例最高的是：（1）阿富汗民眾，包括：阿富汗東京帕運女跆拳選手胡姐迪、阿富汗帕委會主席沙迪齊、阿富汗電影女導演卡里米、阿富汗女主播道蘭、阿富汗全國反抗陣線領導人馬蘇德、阿富汗女子機器人小組成員拉希米、阿富汗女子機器人小組成員哈米迪、前阿富汗邁丹城市長札麗法加法里、前西班牙阿富汗駐軍翻譯達里歐莫哈瑪迪、前英國阿富汗駐軍翻譯季亞拉歐瑪爾、阿富汗前通訊科技部長沙達特、麵包店老闆薩米爾、店家巴舒拉（25 人次，27.5%）；其次是（2）美國官方與民眾，包括：美國總統拜登、美國國務卿布林肯、白宮國家安全顧問蘇利文、美國國務院發言人普萊斯、參議院少數黨領袖麥康諾、美國參謀首長聯席會議主席密利、美國前總統川普、美國中央司令部司令麥肯錫、美國駐聯合國大使葛林菲爾德、美國白宮發言人沙琪、美國區域行動聯合參謀部陸軍少將泰勒，殉職海軍陸戰隊士兵胡佛的父親達瑞、伊拉克戰爭殉職士兵的母親卡拉漢女士、美國海軍陸戰隊謝勒中校（23 人次，25.3%）；第三是（3）臺灣政府官方與學者專家，包括：外交部副發言人崔靜麟、臺灣人權促進會難民議題專員林姝函、民進黨立委蔡適應、國防部發言人史順文、國防院國防戰略與資源研究所所長蘇紫雲、外交部拉丁美洲及加勒比海司司長謝妙宏、消防署特種搜救隊長陳義豐、前外交部長歐鴻鍊、學者黃介正（10 人次，11%）；第四是（4）塔利班發言人與代表，包括塔利班高級指揮官哈希米、塔利班發言人穆賈希德、塔利班高等教育代理部長哈卡尼（8 人次，8.8%）；第五是（5）聯合國，包括秘書長古提瑞斯、UNICEF（聯合國兒童基金會）阿富汗溝通總監默特（5 人次，5.5%）；第六是（6）英國官方政府，包括首相強生、參謀總長卡特將軍（3 人次，3.3%），以及海地總統亨利（3 人次，3.3%）；第八是（8）法國政府人士（2 人次，2.2%）、日本政府人士（2 人次，2.2%），包括法國總統馬克宏、法蘭西 24 新聞臺駐紐約記者勒馬索耶，日本國際帕會發言人史彭斯；第十是（10）歐盟與其他國家官員，包括歐盟外交和安全政策高級代表波瑞爾、土耳

其總統艾爾多安、前巴基斯坦駐美大使、德國聯邦國防軍作戰司令部指揮官艾里希、哥倫比亞總統杜克、西班牙總統府秘書長柏拉尼奧斯、科索沃總統奧斯馬尼（1 人次，1.1%）。

二、質性文本分析

　　本研究依據量化內容分析的結果，以立意抽樣方法[5] 選取「國際新聞－客觀世界」、「最夜新聞」於 2021 年 8 月 14 日到 8 月 31 日期間，有關「阿富汗撤軍」（A1-A9）、「2021 海地大地震」（H1-H3）的國際新聞報導，探討客家電視如何從臺灣客家的視角，針對在地與全球閱聽人報導「阿富汗撤軍」、「2021 海地大地震」的新聞事件（表 3-2）。

表 3-2：文本分析樣本的新聞事件、節目名稱與集數、報導日期、長度、標題、馴化（D）／反向馴化（RD）策略

編號	事件	節目集數	日期	長度（秒）	標題	策略
A1	阿富汗撤軍	最夜新聞 63	8/14	152	塔利班兵臨城下阿富汗湧現逃難潮美派 3 千士兵協助撤離公民與使館人員 聯合國憂心阿富汗局勢已瀕臨失控邊緣	D
A2	阿富汗撤軍	國際新聞客觀世界 157	8/16	222	塔利班火速攻入首都阿富汗瞬間變天 總統出逃歐美撤館宛若西貢淪陷重演	D

---

[5]　根據本文的研究目的與問題意識，作者選取「國際新聞－客觀世界」及「最夜新聞」2021 年 8 月 14 日到 8 月 31 日的節目中，有關馴化及反向馴化策略的報導樣本。

A3	阿富汗撤軍	國際新聞客觀世界 158	8/17	155	撤軍阿富汗美軍 20 年任務起因 911 事件阿富汗殷鑑臺灣是否被美國拋棄引發討論學者認為臺阿處境不同勿存美出兵救援迷思	RD
A4	阿富汗撤軍	最夜新聞 65	8/21	137	塔利班掌控阿富汗各地邊境湧現逃難潮 十餘國同意讓喀布爾撤離航班過境、中轉	D
A5	阿富汗撤軍	國際新聞客觀世界 162	8/23	139	塔利班接管首都後貨幣重貶物價飆漲 存款無法領西方援助停民眾陷入困頓	D
A6	阿富汗撤軍	國際新聞客觀世界 165	8/26	135	阿富汗爆逃難潮臺灣是否接納難民引關注 外交部：難民法未制定完成能力範圍協助 人權團體籲完善難民法規研議人道簽證	RD
A7	阿富汗撤軍	國際新聞客觀世界 166	8/27	174	阿恐攻事件總統譴責外長致電 AIT 慰問 臺日執政黨安全對談聚焦抗中軍事威脅	RD
A8	阿富汗撤軍	最夜新聞 68	8/29	168	美國防部公告喀布爾恐攻 13 名士兵殉職 殉職士兵老家鄉親降半旗繫黃絲帶哀悼 美 1 海軍陸戰隊中校臉書質疑撤軍行動	D
A9	阿富汗撤軍	國際新聞客觀世界 168	8/31	166	UN 安理會籲塔利班讓阿富汗人安全離境 馬克宏主張人道任務安全區未被列入 無任何懲罰法媒：中俄不想與塔利班交惡	D

H1	海地強震	最夜新聞 64	8/15	153	海地規模 7.2 強震已 304 死逾 1800 人受傷 友邦海地當地時間 14 日早上發生規模 7.2 的強震 海地總統宣布全國進入緊急狀態一個月 總統指示捐 50 萬美元 我救難隊員待命救災	RD
H2	海地強震	國際新聞客觀世界 157	8/16	141	友邦總統被暗殺強震 又有熱帶風暴將侵襲海地	D
H3	海地強震	國際新聞客觀世界 158	8/17	151	海地大地震死傷慘重官方向我尋求支援 雙邊已討論援助清單 C130 運輸機待命 行動航線待美等國同意即刻出發援助海地	RD

（一）阿富汗撤軍（6 則馴化報導：A1、A2、A4、A5、A8、A9）

1. A1 主標題：塔利班兵臨城下阿富汗湧現逃難潮

節目名稱：「最夜新聞」（第 63 集）

報導日期：2021 年 8 月 14 日（六）

主播：劉宜頻（大埔腔新社）

配音：大埔腔（女）

記者：靳元慶編譯

長度：152 秒（19：41-22：13）

次標題：

美派 3 千士兵協助撤離公民與使館人員

聯合國憂心阿富汗局勢已瀕臨失控邊緣

塔利班兵臨城下阿富汗首都湧現逃難潮

美軍 8 月底撤離歐洲多國派軍隊助徹人員

塔利班續進攻已掌控阿富汗全國 2/3 領土
美方情報顯示塔利班 30 天內進攻喀布爾
若喀布爾交通援助被切斷恐爆人道危機

美軍 8 月底的撤離期限在即，阿富汗局勢迅速惡化。塔利班已攻陷該國第二跟第三大城，隨時可能對首都發動攻勢。阿富汗已湧現逃難潮，美國派出 3,000 名士兵，前往阿富汗協助撤離公民與使館人員，其餘多國也開始降載當地人員，聯合國表示，阿富汗局勢已瀕臨失控邊緣（靳元慶，2021）。

2. A2 主標題：塔利班火速攻入首都阿富汗瞬間變天
節目名稱：「國際新聞客觀世界」（第 157 集）
報導日期：2021 年 8 月 16 日（一）
主播：廖期錚（大埔腔東勢）
配音：南四縣腔（女）
畫面來源：Al Jazeera（半島電視臺）
記者：王蕙文編譯
長度：222 秒（0：57-4：39）
次標題：
總統出逃歐美撤館宛若西貢淪陷重演
阿富汗軍隊一敗塗地塔利班風捲殘雲
總統前一日信誓旦旦反攻隔天即出逃
總統出逃後貼文為免流血殺戮才走人
塔利班占政府機關首領宣告戰爭結束
一夜易幟改名＂阿富汗伊斯蘭酋長國＂
美與北約原估計月底才攻得進喀布爾
大國急撤黎民驚恐 1975 西貢淪陷
槍聲爆炸未停歇飛機與直升機忙撤離
民航已停班機場外逃亡潮如熱鍋螞蟻

數百人搶攀末班民航機美軍鳴槍嚇阻

逃不走的人幾近無助地搶物資和領錢

塔利班聲稱已蛻變並稱女孩仍然可上學

暴行真相難掩勾連外國即叛徒必剿之

　　阿富汗極端宗教武裝團體塔利班，15 日攻陷了首都喀布爾，掌控所有政府機關，並宣布成立「阿富汗伊斯蘭酋長國」。總統甘尼以避免流血為由，飛往塔吉克共和國避難。歐美撤離大使館的軍機、直升機，頻繁在喀布爾上空出現；好幾千名驚恐不安的阿富汗人，湧向喀布爾國際機場，想要搭飛機離開，場景和 1975 年越南西貢淪陷，如出一轍（王蕙文，2021）。

3. A4 主標題：塔利班掌控阿富汗各地邊境湧現逃難潮

節目名稱：「最夜新聞」（第 65 集）

報導日期：2021 年 8 月 21 日（六）

主播：宋宇娥（南四縣腔內埔）

配音：四縣腔（女）

記者：陳詩童編譯

長度：137 秒（7：42-9：59）

次標題：

十餘國同意讓喀布爾撤離航班過境、中轉

阿富汗民眾逃離美軍助婦女翻牆入機場

阿富汗情勢複雜 13 國有條件暫收容難民

不到 10 天美國協助 1.3 萬人撤離阿富汗

美國公民助美軍者需撤美方設工作小組

十餘國同意讓喀布爾撤離航班過境、中轉

英美軍隊助登機撤離現場仍常陷入混亂

有撤離班機未滿載因登機者被困機場外

軍隊採防暴盾牌守入口防失控場面發生

阿富汗政權遭到武裝組織塔利班掌控，高壓的統治手段，讓過去幾天在各地邊境湧現逃難潮。不只機場出現急欲逃離的難民，各國的機場、空軍基地，也陸續出現撤離航班過境，十多個國家也表態允許喀布爾撤離航班過境（陳詩童，2021a）。

4. A5 主標題：塔利班接管首都後貨幣重貶物價飆漲
節目名稱：「國際新聞客觀世界」（第 162 集）
報導日期：2021 年 8 月 23 日（一）
主播：廖期錚（大埔腔東勢）
配音：四縣腔（女）
記者：施慧中編譯
長度：139 秒（3：23-5：42）
次標題：
存款無法領西方援助停民眾陷入困頓
塔利班接管首都後物價飆民眾陷入困頓
當地貨幣重貶麵粉一袋漲到臺幣 650 元
銀行貨幣市場關閉儲蓄、匯款皆難動用
塔利班政局不確定性高西方暫停援助
阿國政府現金、黃金存海外塔利班難染指
塔利班體制外金流、販毒、綁架、採礦、徵稅

塔利班以迅雷不及掩耳的速度，接管阿富汗首都喀布爾，人民生活起了劇變，銀行暫停營業領不到錢，貨幣重貶導致物價飛漲，國際匯款業務中斷，西方金源也停擺，經濟陷入困頓，市井小民的日子非常難過。阿富汗首都喀布爾街頭，出現許多武裝檢查哨，婦女全都穿上長罩袍才敢出門，塔利班接管一個禮拜之後，喀布爾人民試圖恢復正常生活，但面臨重重挑戰，當地貨幣阿富汗尼兌美元持續貶值，物價已經飆升 1、2 成，麵粉 1 袋漲到臺幣 650 元左右，麵包店生意難做。阿富汗政府所持有的，90 億美元外匯存底與黃金儲備，多

存在海外，其中絕大多數由美國聯準會持有並且凍結，塔利班無法動用，不過塔利班的金流，從過去就在全球金融體制外運作，主要來源是販毒、敲詐、綁架勒索，非法採礦、盜賣古文物與徵稅等等，如何因應當前困境備受外界關注（施慧中，2021）。

5. A8 主標題：美國防部公告喀布爾恐攻 13 名士兵殉職

節目名稱：「最夜新聞」（第 68 集）

報導日期：2021 年 8 月 29 日（日）

主播：林秋伶（海陸腔新豐）

配音：四縣腔（男）

記者：王蕙文編譯

長度：168 秒（2：40-5：28）

次標題：

殉職士兵老家鄉親降半旗繫黃絲帶哀悼

美 1 海軍陸戰隊中校臉書質疑撤軍行動

喀布爾恐攻美 13 名士兵殉職多 20 歲出頭

殉職士兵老家鄉親降半旗繫黃絲帶哀悼

伊拉克戰爭殉職士兵母親指責撤軍失敗

美 1 海軍陸戰隊中校臉書質疑撤軍行動

謝勒影片逾 5 萬人按讚中校軍官職遭拔除

喀布爾機場近日發生自殺炸彈攻擊，美國國防部 28 日正式公布殉職的 13 名士兵資料，當中有兩位女性，有五位年紀只有 20 歲。殉職士兵老家的民眾降半旗、繫黃絲帶，哀悼他們的犧牲，海軍陸戰隊一名中校營長甚至在臉書公開質疑撤軍行動（王蕙文，2021a）。

6. A9 主標題：UN 安理會籲塔利班讓阿富汗人安全離境

節目名稱：「國際新聞客觀世界」（第 168 集）

報導日期：2021 年 8 月 31 日（二）

主播：廖期錚（大埔腔東勢）

配音：四縣腔（男）

記者：王蕙文編譯

長度：166 秒（4：05-6：51）

次標題：

馬克宏主張人道任務安全區未被列入

無任何懲罰法媒：中俄不想與塔利班交惡

撤離行動結束仍有符合資格者未能離開

UN 安理會籲塔利班讓阿富汗人安全離境

決議籲勿讓阿富汗被利用來攻擊他國

馬克宏主張人道任務安全區未被列入

謝勒影片逾 5 萬人按讚中校軍官職遭拔除

法媒：中俄投棄權票不想與塔利班交惡

塔利班闖電視臺攝影棚要民眾 ”別害怕”

　　聯合國安理會在 30 日通過決議，要求塔利班要信守承諾，讓想離開的阿富汗人民可以自由離境。但法國總統馬克宏所提出的人道任務安全區，這項主張沒有被列入，也沒有任何懲罰塔利班毀約的承諾，以及後續安理會應該有那些措施。而法國媒體則指出，這主要原因是在俄羅斯和中國，因為他們不想和塔利班搞壞關係（王蕙文，2021b）。

（二）阿富汗撤軍（3 則反向馴化報導：A3、A6、A7）

1. A3 主標題：撤軍阿富汗美軍 20 年任務起因 911 事件

節目名稱：「國際新聞客觀世界」（第 158 集）

報導日期：2021 年 8 月 17 日（二）

主播：廖期錚（大埔腔東勢）

配音：大埔腔（女）

記者：韓瑩、彭耀祖臺北報導

長度：155 秒（4：02-6：37）

次標題：

阿富汗殷鑑臺灣是否被美國拋棄引發討論

學者認為臺阿處境不同勿存美出兵救援迷思

撤軍阿富汗美軍 20 年軍事任務起因 911 事件

美認定賓拉登策畫 911 對阿發動反恐戰爭

推翻塔利班政權美國扶植新阿富汗政府

塔利班未被消滅武裝襲擊盟軍百姓受害

川普與塔利班和平談判拜登宣布撤軍

美對阿國作為與 1949 年中華民國部分類似

阿富汗殷鑑臺灣是否被美國拋棄引發討論

學者認為臺阿處境不同勿存美出兵救援迷思

黃介正：兩岸避戰第一步重啟溝通管道

　　美國從阿富汗撤軍引發國際情勢動盪，回顧這場長達二十年的軍事任務，一切由 911 事件開始，其中塔利班一度被擊潰，卻還是持續集結與美國對抗。二十年後捲土重來，臺灣是否也會像阿富汗一樣被美國拋棄，學者專家認為處境不同，但表示不要存在美國出兵救援的迷思，自己該做好臺灣和平角色。

2. A6 主標題：阿富汗爆逃難潮臺灣是否接納難民引關注

節目名稱：「國際新聞客觀世界」（第 165 集）

報導日期：2021 年 8 月 26 日（四）

主播：廖期錚（大埔腔東勢）

配音：南四縣腔（女）

記者：韓瑩、彭耀祖臺北報導

長度：135 秒（7：05-9：20）

次標題：

<u>外交部：難民法未制定完成能力範圍協助</u>
<u>人權團體籲完善難民法規研議人道簽證</u>
<u>統計：近十年臺援助中港之外難民僅 50 人</u>
<u>4 阿富汗人居留臺灣臺權會：應提供必要協助</u>
<u>臺權會：若有尋庇護之人不應視為非法入境</u>

　　塔利班掌控阿富汗爆發大規模逃難潮，臺灣是否有可能接受阿富汗難民？外交部回應，我國難民法還沒完成，將視實際情況在能力範圍內提供可行的援助。人權團體則呼籲，應研議相關人道簽證（韓瑩、彭耀祖，2021）。

3. A7 主標題：阿恐攻事件總統譴責外長致電 AIT 慰問
節目名稱：「國際新聞客觀世界」（第 166 集）
報導日期：2021 年 8 月 27 日（五）
主播：廖期錚（大埔腔東勢）
配音：四縣腔（女）
畫面來源：中國央視
記者：黃子杰、張梓嘉臺北報導
長度：174 秒（5：39-8：33）
次標題：
<u>臺日執政黨安全對談聚焦抗中軍事威脅</u>
<u>蔡適應：對話象徵兩國關係盼能成慣例</u>
<u>臺日執政黨安全對談聚焦抗中軍事威脅</u>
<u>佐藤正文：中片面改變現狀盼強化臺日合作</u>
<u>大塚拓：日方將提高國防經費阻中威脅</u>
<u>共軍直 9 反潛直升機首擾臺高度僅 500 公尺</u>
<u>直 9 首擾臺空軍：注意動態研擬應變作為</u>
<u>學者：直 9 現蹤意在巴士海峽潛艦走廊</u>

　　阿富汗首都喀布爾，日前發生連續兩起自殺炸彈爆炸，外交部長吳釗燮，致電美國在臺協會處長孫曉雅，向罹難美軍及其家屬表達深切哀悼，總統蔡英文則嚴正譴責恐怖攻擊行為，另外民進黨跟日本自由民主黨，今天上午舉行「外交‧防衛政策意見交流會」，也就是「2＋2安全會談」，臺日雙方透過線上會談聚焦中國議題，日本強調，臺日都要面對中國，是命運共同體，立委蔡適應回應，這次對話象徵兩國的羈絆關係，期許未來能成為慣例。

（三）2021 海地強震（一則馴化報導：H2）

　　1. H2 主標題：友邦總統被暗殺強震

　　節目名稱：「國際新聞客觀世界」（第 157 集）

　　報導日期：2021 年 8 月 16 日（一）

　　主播：廖期錚（大埔腔東勢）

　　配音：四縣腔（男）

　　記者：陳詩童編譯

　　長度：141 秒（15：01-17：22）

　　次標題：

　　又有熱帶風暴將侵襲海地

　　UN 籲速建立人道走廊加快物資人員救援

　　海地規模 7.2 強震震倒許多民宅死傷慘重

　　鄰國哥倫比亞墨西哥陸空運送援助物資

　　屋漏偏逢連夜雨熱帶風暴 ” 葛瑞斯 ” 即將侵襲

　　UN 籲速建立人道走廊加快物資人員救援

　　外媒報導一武裝團體願休戰放行救援物資

　　臺灣友邦海地，日前才歷經總統被暗殺的人禍，最近也天災不斷。先是在當地 14 日，發生了芮氏規模 7.2 的強震，已經造成將近 1300 人死亡，5700 人受傷，鄰近的海面上，還有一個熱帶風暴「葛瑞斯」即將要登陸，聯合國呼籲建立「人道走廊」，加快物資跟人員救援（陳詩童，2021）。

（四）2021 海地強震（兩則反向馴化報導：H1、H3）

1. H1 主標題：海地規模 7.2 強震已 304 死逾 1800 人受傷

節目名稱：「最夜新聞」（第 64 集）

報導日期：2021 年 8 月 15 日（日）

主播：吳怡君（四縣腔三義）

配音：南四縣腔（女）

記者：綜合報導

長度：153 秒（17：33-20：06）

次標題：

友邦海地當地時間 14 日早上發生規模 7.2 的強震

海地總統宣布全國進入緊急狀態一個月

總統指示捐 50 萬美元我救難隊員待命救災

海地震後斷垣殘壁男子撥開碎石救出小女孩

海地規模 7.2 強震總理宣布全國緊急狀態

餘震不斷民宅嚴重傾倒居民不敢返家

11 年前首都附近也曾規模 7 強震 20 萬人死亡

蔡英文指示捐 50 萬美元協助海地救災重建

消防署派特種搜救隊彰化搜救隊隨時待命

搜救隊準備生命偵測裝備協助尋找生還者

友邦海地當地時間 14 日早上發生規模 7.2 的地震。海地民防部門最新消息指出，目前已經有 304 人罹難，超過 1,800 人受傷。海地總理亨利宣布全國進入緊急狀態，為期一個月的時間。總統蔡英文指示，捐給海地 50 萬美元，並做好救災與重建協助的準備。

2. H3 主標題：海地大地震死傷慘重官方向我尋求支援

節目名稱：「國際新聞客觀世界」（第 158 集）

報導日期：2021 年 8 月 17 日（二）

主播：廖期錚（大埔腔東勢）

配音：四縣腔（男）

記者：張志雄、謝政霖綜合整理臺北報導

長度：151 秒（9：33-12：04）

次標題：

雙邊已討論援助清單 C130 運輸機待命

行動航線待美等國同意即刻出發援助海地

海地強震死傷慘搜救持續官方向國際求援

我捐海地 50 萬美金亦準備派遣救難隊

救援鄰國協助要我支援災民安置醫療物資

雙邊已討論物資清單 C-130 運輸機待命

行動航線待美等國同意即刻出發援助海地

　　海地大地震災情持續搜救，目前最新死亡人數 1,419 人，受傷人數 6,900 人，海地政府向我國尋求支援災民安置與醫療救護物資，雙方今天上午也進一步討論各項物資清單，蔡政府也下令空軍 C-130 運輸機待命，等外交部與交通部完成航線申請之後，就能將物資送往海地（張志雄、謝政霖，2021）。

伍、結論

　　本研究根據文化全球化與國際新聞馴化之理論視野，採用量化內容分析與質性文本分析方法，探討具有全球性格的客家電視所製播的帶狀國際新聞節目：「國際新聞－客觀世界」，以及塊狀本地新聞節目：「最夜新聞」，如何再現全球與在地的新聞議題，並分析客家電視臺在全球在地化的趨勢下，如何設定與建構本地與全球新聞的議題框架，以及採用馴化與反向馴化策略，再現具有客家觀點的生活世界與文化視野。

　　本研究發現，「國際新聞－客觀世界」、「最夜新聞」針對阿富汗撤軍的 6

則馴化報導中（A1、A2、A4、A5、A8、A9），「最夜新聞」有 3 則（50%）
（A1 －塔利班兵臨城下阿富汗湧現逃難潮、A4 －塔利班掌控阿富汗各地邊境
湧現逃難潮、A8 －美國防部公告喀布爾恐攻 13 名士兵殉職）；「國際新聞－
客觀世界」亦有 3 則（50%）（A2 －塔利班火速攻入首都阿富汗瞬間變天、
A5 －塔利班接管首都後貨幣重貶物價飆漲、A9 － UN 安理會籲塔利班讓阿富
汗人安全離境）。至於阿富汗撤軍的 3 則反向馴化報導（A3 －撤軍阿富汗美
軍 20 年任務起因 911 事件、A6 －阿富汗爆逃難潮臺灣是否接納難民引關注、
A7 －阿恐攻事件總統譴責外長致電 AIT 慰問）則全數為「國際新聞－客觀世
界」的報導。

再者，海地大地震有一則馴化報導（H2 －友邦總統被暗殺強震），以及
兩則反向馴化報導（H1 －海地規模 7.2 強震已 304 死逾 1800 人受傷；H3 －
海地強震死傷慘重官方向我尋求支援），其中 H1 為「最夜新聞」的反向馴化
報導，H2 為「國際新聞－客觀世界」的馴化報導；H3 為「國際新聞－客觀
世界」的反向馴化報導。本研究發現，「國際新聞－客觀世界」的全部 8 則報
導中，有 4 則是馴化報導（50%），反向馴化報導也是 4 則（50%）。而「最
夜新聞」的全部 4 則報導中，有 3 則馴化報導（75%），反向馴化報導 1 則
（25%）。

此外也發現，針對「阿富汗撤軍」、「海地大地震」新聞事件的馴化報導，
多引用國外媒體或國際組織、國外政府官方、外國組織、國外民眾作為消息來
源。在「阿富汗撤軍」事件報導中，「最夜新聞」、「國際新聞－客觀世界」使
用大量篇幅報導阿富汗當地民眾（許多是女性）受訪者的困境及因應態度，包
括：阿富汗民眾（阿富汗難民、喀布爾機場附近民眾、麵包店老闆、阿富汗女
權人士）遭遇的恐攻情境、經濟困難（物資價格飆漲）及人權問題。在反向馴
化報導方面，「國際新聞－客觀世界」則多會援引臺灣政府官方、人權組織、
政界、學界人士對於相關議題的看法與觀點，包括：本地接收阿富汗難民，以
及美國從阿富汗撤軍對於臺灣的啟示。「最夜新聞」、「國際新聞－客觀世界」
針對「海地大地震」的反向馴化報導，則聚焦在宣示臺灣政府官方決定挺身援
助友邦海地的立場與做法，以及臺灣對於海地震災將提供包括金錢與人力援助

的相關規劃及時間安排。

　　本研究針對臺灣族群媒體領頭羊，客家電視臺所產製的每日國際新聞節目「國際新聞－客觀世界」、週末塊狀新聞節目「最夜新聞」，分析此兩個節目對於 2021 年 8 月中旬到 8 月底期間，美國與北約組織盟友自「阿富汗撤軍」，以及在 8 月 15 日發生的 7.2 級「海地大地震」的國際新聞報導文本，探討各報導所採用的馴化與反向馴化策略，以及報導的時間長度、使用腔調、新聞主題、報導類型、語氣方向、消息來源與媒介框架，希冀能夠累積臺灣族群媒體傳播的系統性研究成果，並能對臺灣客家族群及非族群媒體產製國際新聞節目，在理論深化與實務應用方面有所貢獻。

　　建議未來研究可以分析臺灣的各類型傳播媒體（族群媒體或一般媒體、傳統媒體或新媒體）如何採用馴化與反向馴化的國際新聞報導策略，藉由與本地歷史、文化、政策、社會等面向的連結，再現國際新聞的全球在地化與在地全球化觀點，並探討各類型媒體如何從來源地的視角，針對在地與全球閱聽人報導國際新聞。除了本文針對的客家電視臺，亦須研究探討的臺灣族群媒體包括：公視臺語臺、前身為宏觀電視臺[6]的《僑務電子報》、臺灣新住民媒體，以及原住民族電視臺；新媒體方面則包括網路新聞媒體、數位電視、社群媒體、行動媒體、Podcast 等。

　　再者，本研究探討國際新聞報導文本的內容與策略，並未涉及閱聽人的效應層面。針對國際新聞馴化的閱聽人研究，Huiberts 和 Joye（2018）使用焦點團體訪談方法，探討閱聽人如何使用第二層次的馴化策略（second-level domestication），去理解發生在遙遠地方的苦難新聞事件。以下是一位來自比利時的國際新聞女性閱聽人，講述她觀看發生在 2015 年 4 月 25 日的尼泊爾大

6　臺灣宏觀電視（Taiwan Macroview Television），簡稱宏觀電視、MACTV，前稱宏觀衛星電視（Macroview Satellite Television，簡稱宏觀衛視、MSTV），是 2000 年至 2017 年播出的臺灣衛星電視頻道。全天候向海外華僑、華人播放臺灣電視節目的衛星電視頻道，播放的節目則包含國語、閩南語、粵語、英語、客語廣播。2018 年 1 月 1 日，臺灣宏觀電視停止營運，臺灣宏觀電視新聞節目《僑社新聞》改於僑務委員會《僑務電子報》播出（維基百科，2021c）。

地震 [7] 新聞的感受：

I have difficulty empathizing. It's terrible of me I think, but personally, I've forgotten about it already the next day. Because, well, it's so far away, and it won't happen here anyway, so I don't really feel personally involved. I do think about, like, how they are going to live in the future, with all that poverty and misery. But then I think more about the consequences for them, and well, that disappears, because you're not personally involved or included in any kind of help organization or something. (Huiberts & Joye, 2018: 334)

　　從以上例子可知，由於地理距離與心理距離相當遙遠，許多閱聽人對於國際新聞缺乏興趣或是無感，國際新聞應用馴化與反向馴化策略，就是希望引發閱聽人對於國際政治軍事、社會、經濟、戰爭及災難事件（如：戰爭、天災、經貿、外交等議題），產生切身性或身歷其境的感受。如何應用馴化與反向馴化策略，增進閱聽人對於國際新聞事件的感同身受，並提升其對於新聞事件所植基的知識與背景脈絡的認知及理解，值得未來研究進一步探討。未來研究也可從閱聽人接收分析的理論與研究視角，探討本地國際新聞閱聽人如何詮釋其收視全球與在地新聞報導的馴化與反向馴化效應。

　　回首 2016 年，美國前總統川普任內，推動民族主義（Make America Great Again）與貿易保護主義，部分歐美國家孤立主義當道。世界衛生組織（WHO）於 2020 年 3 月宣布 COVID-19 全球大流行，全球封城鎖國，交通旅遊中斷，經濟蕭條，使全球化有倒退或放慢的態勢（喬蒂・布魯姆，2020），仰賴全球生產鏈與經濟分工的產業進入最寒冷的冬天。在國際間，人們實體交流受到阻隔的期間，全球攜手共同對抗疫情的時節，媒體尤須從馴化與反向馴

---

[7] 發生在 2015 年 4 月 25 日的尼泊爾地震（Nepal earthquake），又稱廓爾喀地震（Gorkha earthquake），強度為麥加利地震烈度表（Mercalli intensity scale）的八級強震，造成近 9,000 人死亡，22,000 人受傷（維基百科，2021d）。

化的視角報導全球新聞議題，且更加顯現其連結國際社會的功能。而作為臺灣族群媒體模範的客家電視臺，透過國際新聞報導觀看世界大小事，立足臺灣，放眼全球（rooted in the local, facing the global, Lee, 2005: 255），以馴化與反向馴化手法，對觀眾娓娓訴說全球新聞故事的脈絡情境及敘事意涵，值得致敬點讚。相信在未來，客家電視臺的國際新聞節目將持續運轉，「以全球視野突顯客家族群的文化多樣化，客家人的全球性格將是對臺灣本土化最大的貢獻」（陳運棟，2011：38）。

參考文獻

BBC NEWS 中文網，2021 年 7 月 8 日，〈海地總統莫伊茲遇刺身亡　政局前景充滿變數〉，《BBC NEWS 中文網》。取自：https://www.bbc.com/zhongwen/trad/world-57760873。

Hakka TV，〈客家電視定位〉。檢索日期：2022 年 9 月 21 日。取自：https://www.hakkatv.org.tw/service/about/article/article1。

Oriana Skylar Mastro，2021 年 9 月 14 日，〈美國從阿富汗撤軍對臺灣意味著什麼〉，《紐約時報中文網》。取自：https://cn.nytimes.com/opinion/20210914/china-taiwan-afghanistan/zh-hant/ 。

Sparks, C.（著）、魏玓（譯），1999，〈全球的傳播・全球的權力—國際傳播理論的再思考與再建構〉。《當代》137：89-99。

王蕙文（編譯），2021 年 8 月 16 日，〈阿富汗變天後總統出逃　人民倉皇搶搭末班機〉，《公視新聞網》。取自：https://news.pts.org.tw/article/540302。

王蕙文（編譯），2021a 年 8 月 29 日，〈美國防部公布喀布爾恐攻 13 名殉職士兵 家鄉親友繫黃絲帶哀悼〉，《公視新聞網》。取自：https://news.pts.org.tw/article/542247。

王蕙文（編譯），2021b 年 8 月 31 日，〈安理會籲塔利班讓人民自由離境 但未採用毀約懲罰與安全區提案〉，《公視新聞網》。取自：https://news.pts.org.tw/article/542616。

自由時報即時新聞／綜合報導，2021 年 8 月 19 日，〈海地地震攀至 2189 死、逾 1.2 萬傷法官斥：政府無任何準備〉，《自由時報電子報》。取自：https://news.ltn.com.tw/news/world/breakingnews/3643652。

李明賢、彭懷恩，2013，《國際傳播與全球媒介 Q&A》。新北：風雲論壇。

李美華，2003，〈臺灣電視媒體國際新聞之內容分析與產製研究〉。《傳播文化》，10：1-29。

李美華，2005，〈從國際新聞流通理論探討臺灣報紙國際新聞報導內容之轉變

（1988-1999 年））。《新聞學研究》85：111-139。

李美華，2021a. 06，〈看見全球原住民部落之 COVID-19 疫情：原住民族電視臺【Ita・看世界】的觀點〉，2021 年中華傳播學會年會：「解封傳播：傳播學的本土化與實踐」。臺北：國立政治大學，2021 年 6 月 25-27 日。

李美華，2021b. 09，〈客家電視全球新聞之馴化：「國際新聞－客觀世界」所再現的生活世界〉。「110 年度客家知識體系計畫成果分享會－北區場」。桃園：中央大學客家學院，2021 年 9 月 10 日。

施慧中（編譯），2021 年 8 月 23 日，〈塔利班接管首都後 貨幣重貶物價飆漲〉，《Hakka TV》。取自：https://www.hakkatv.org.tw/news-detail/1629714847305529。

唐士哲、魏玓，2014，《國際傳播——全球視野與地方策略》。臺北：三民。

徐美苓，1990，〈宣傳架構評析——美國國際新聞報導新解〉。《新聞學研究》42：171-186。

張志雄、謝政霖（臺北報導），2021 年 8 月 17 日，〈海地大地震死傷慘重 我空軍準備運輸物資到當地〉，《公視新聞網》。取自：https://news.pts.org.tw/article/540364。

莊克仁，2019，《圖解國際傳播》。臺北：五南。

陳詩童（編譯），2021 年 8 月 16 日，〈海地強震後又有熱帶風暴將襲 聯合國籲建「人道走廊」加快救援〉，《公視新聞網》。取自：https://news.pts.org.tw/article/540285。

陳詩童（編譯），2021a 年 8 月 21 日，〈阿富汗各地邊境湧現逃難潮 13 個國家同意有條件暫時收容難民〉，《公視新聞網》。取自：https://news.pts.org.tw/article/541067。

陳運棟，2011，〈源流篇〉。頁 19-41，收錄於徐正光主編，《臺灣客家研究概論》。臺北：南天書局。

陳韜文、李金銓、潘忠黨、蘇鑰機，2002，〈香港新聞的「馴化」：香港回歸報導比較研究〉。《新聞學研究》73：1-27。

喬蒂・布魯姆（Jonty Bloom），2020 年 4 月 3 日，〈肺炎疫情：新冠病毒會令全球化倒退嗎？〉，《BBC NEWS 中文網》。取自：https://www.bbc.com/

zhongwen/trad/business-52148560。

游美惠，2003，〈內容分析、文本分析與論述分析在社會研究的運用〉。《調查研究》8：5-42。

黃子杰、張梓嘉（臺北報導），2021 年 8 月 27 日，〈阿恐攻事件 總統譴責．外長致電 AIT 慰問〉，《Hakka TV》。取自：https://www.hakkatv.org.tw/news-detail/1630060250731167。

楊幼蘭，2021 年 4 月 14 日，〈阿富汗難救 拜登決定美 911 完全撤軍〉，《中時新聞網》。取自：https://www.chinatimes.com/realtimenews/20210414001083-260408?chdtv。

靳元慶（編譯），2021 年 8 月 14 日，〈塔利班攻勢猛烈阿富汗湧逃難潮 聯合國：局勢瀕臨失控〉，《公視新聞網》。取自：https://news.pts.org.tw/article/540065。

廖經庭，2007，〈BBS 站的客家族群認同建構：以 PPT "Hakka Dream" 版為例〉。《資訊社會研究》13：257-293。

維基百科，2021a，〈美軍撤出阿富汗〉。檢索日期：2021 年 9 月 20 日。取自：https://zh.wikipedia.org/zh-tw/%E7%BE%8E%E8%BB%8D%E6%92%A4%E5%87%BA%E9%98%BF%E5%AF%8C%E6%B1%97。

維基百科，2021b，〈奧薩瑪・賓・拉登〉。檢索日期：2021 年 9 月 20 日。取自 https://zh.wikipedia.org/zh-tw/%E5%A5%A5%E8%90%A8%E9%A9%AC%C2%B7%E6%9C%AC%C2%B7%E6%8B%89%E7%99%BB 。

維基百科，2021c，〈臺灣宏觀電視〉。檢索日期：2021 年 9 月 25 日。取自：https://zh.wikipedia.org/zh-tw/%E5%8F%B0%E7%81%A3%E5%AE%8F%E8%A7%80%E9%9B%BB%E8%A6%96。

維基百科，2021d，〈April 2015 Nepal earthquak〉。檢索日期：2021 年 9 月 4 日。取自：https://en.wikipedia.org/wiki/April_2015_Nepal_earthquak。

臧國仁，1989，〈國際新聞傳播研究的系統觀〉。《新聞學研究》41：159-200。

蔡亦寧，2018 年 8 月 5 日，〈媽媽視角〉一個害羞乖巧的孩子，如何成為全球頭號恐怖分子？賓拉登母親揭露愛子轉變歷程〉，《風傳媒》。取自：

https://www.storm.mg/article/472378?page=1。

韓瑩、彭耀祖（臺北報導），2021 年 8 月 26 日，〈台灣是否接納阿富汗難民？難民法未完成外交部將在能力範圍內協助〉，《公視新聞網》。取自：https://news.pts.org.tw/article/541799。

轉角 24 小時，2021 年 8 月 16 日，〈厄運連鎖之國：海地大地震與颶風夾擊的災難效應〉，《轉角國際》。取自：https://global.udn.com/global_vision/story/8662/5677201。

魏玓，2017，〈跨國文化流動的理論裝備檢查：拆解與修整「文化接近性」〉。《中華傳播學刊》31：17-48。

羅文輝，1993，《新聞理論與實證》。臺北：黎明文化。

Alasuutari, P., Qadir, A., & Creutz, K., 2013, The domestication of foreign news: News stories related to the 2011 Egyptian revolution in British, Finnish and Pakistani newspapers. *Media, Culture & Society*, 35(6): 692-707.

Atad, E., 2017, Global newsworthiness and reversed domestication: A new theoretical Approach in the age of transnational journalism. *Journalism Practice*, 11(6): 760-776.

Berelson, B., 1952, *Content Analysis in Communication Research*. New York: Hafner Press.

Bird, S. E. & Dardenne, R. W., 1988, Myth, chronicle, and story: Exploring the narrative equalities of news. In J. W. Carey (Ed.), *Media, Myths, and Narratives: Television and the Press* (pp. 67-86). Newbury Park, CA: Sage.

Boyd-Barrett, O. & Rantanen, T. (Eds.), 1998, *The Globalization of News*. London: Sage. 馮復華、李美馨（譯），2004，《新聞全球化》。臺北：韋伯。

Braun, V. & Clarke, V., 2006, Using the matic analysis in psychology. *Qualitative Research in Psychology*, 3: 77-101.

Carey, J. W., 1975, A cultural approach to communication. *Communication*, 2: 1-22.

Chomsky, N., 1989, *Necessary Illusion: Thought Control in Democratic Societies*. Boston: South End Press.

Clausen, L., 2004, Localizing the global: 'Domestication' processes in international news production. *Media, Culture & Society*, 26(1): 25-44.

Cohen, A. A., 2002, Globalization Ltd.: Domestication at the boundaries of foreign television news. In J. M. Chan & B. T. Mcintyre (Eds.), *In Search of Boundaries: Communication, Nation-State and Cultural Identities* (pp. 167-180). Westport, CT: Ablex.

Deacon, D., Pickering, M., Golding, P., & Murdock, G., 2010, *Researching Communications: A Practical Guide to Methods in Media and Cultural Analysis* (2nd ed.). New York, NY: Bloomsbury Academic.

Dupree, J. D., 1971, International communication: View from a window on the world. *Gazette*, 17: 224-235.

Epstein, E. J., 1973, *News from Nowhere: Television and the News*. New York: Vintage.

Fishman, M., 1980, *Manufacturing the News*. Austin: The University of Texas Press.

Gans, H. J., 1979, *Deciding What's News*. New York: Pantheon.

Gerbner, G. & Marvanyi, G., 1977, The many worlds of the world's press. *Journal of Communication*, 27: 52-66.

Gitlin, T., 1980, *The Whole World Is Watching*. Berkeley: The University of California Press.

Golding, P. & Elliot, P., 1979, *Making the News*. New York: Longman.

Gurevitch, M., Levy, M. R., & Roeh, I., 1991, The global newsroom: Convergences and diversities in the globalisation of television news. In P. Dahlgren & C. Sparks (Eds.), *Communications and Citizenship: Journalism and the Public Sphere in the New Media Age* (pp. 195-216). London: Routledge.

Hayes, A. F. & Krippendorff, K., 2007, Answering the call for a standard reliability measure forcoding data. *Communication Methods and Measures*, 1: 77-89.

Hjarvard, S., 2002, The study of international news. In K. B. Jensen (Ed.), *A Handbook of Media and Communication Research: Qualitative and*

Quantitative Methodologies (pp. 91-98). London: Routledge.

Huiberts, E. & Joye, S., 2018, Close, but not close enough? Audience's reactions to domesticated distant suffering in international news coverage. *Media, Culture & Society*, 40(3): 333-347.

Innis, H. A., 1951, *The Bias of Communication*. Toronto: The University of Toronto Press.

Ishii, K., 1996, Is the U.S. over-reported in the Japanese press? *Gazette*, 57: 135-144.

Jensen, K. B. (Ed.), 2002, *A Handbook of Media and Communication Research: Qualitative and Quantitative Methodologies*. London, UK: Routledge. 陳玉箴（譯），2005，《媒介與傳播研究法指南》。臺北：韋伯。

Johnson, M. A., 1997, Predicting news flow from Mexico. *Journalism & Mass Communication Quarterly*, 74(2): 315-330.

Kariel, H. G. & Rosenvall, L. A., 1983, Cultural affinity displayed in Canadian daily newspapers. *Journalism Quarterly*, 60: 431-436.

Kariel, H. G. & Rosenvall, L. A., 1984, Factors influencing international news flow. *Journalism Quarterly*, 61: 509-516.

Kerlinger, F. N., 1986, *Foundations of Behavioral Research* (3rd ed.). New York: Holt, Rinehart and Winston.

Kim, K. & Barnett, G. A., 1996, The determinants of international news flow: A network analysis. *Communication Research*, 23(3): 323-352.

Krippendorff, K., 2004, Reliability in content analysis: Some common misconceptions and recommendations. *Human Communication Research*, 30, 411-433.

Lee, A. Y. L., 2005, Between global and local: The glocalization of online news coverage on the trans-regional crisis of SARS. *Asian Journal of Communication*, 15(3): 255-273.

Lee, C-C, Pan, Z., Chan, J. M., & So, C. Y. K., 2001, Through the eyes of

U.S. media: Banging the democracy drum in Hong Kong. *Journal of Communication*, 51: 345-365.

Lee, F. L. F., Chan, J. M., & Zhou, B., 2011, National lenses on a global news event: Determinants of the politicization and domestication of the prelude to the *Beijing Olympics. Chinese Journal of Communication*, 4(3): 274-292.

McLuhan, M., 1964, *Understanding Media: The Extension of Man*. New York: McGraw-Hill.

McPhail, T. L., 2010, *Global Communication. Theories, Stakeholders, and Trends*. Malden, MA: Blackwell Publishing Ltd.

Meyer, W. H., 1989, Global news flows: Dependency and neoimperialism. *Comparative Political Studies*, 22(3): 243-264.

Postman, N., 1979, *Teaching as a Conserving Activity*. New York: Delacorte.

Robertson, R., 1995, Glocalization: Time-space and homogeneity-heterogeneity. In M. Featherstone, S. Lash, & R. Robertson (Eds.), *Global Modernities* (pp. 25-44). London: Sage Publications.

Rosengren, K. E., 1977, Four types of tables. *Journal of Communication*, 27(1): 67-75.

Schiller, H. I., 1976, *Communication and Cultural Domination*. New York: M. E. Sharpe.

Skurnik, W. A. E., 1981, Foreign news coverage in six African newspapers: The potency of national interests. *Gazette*, 28: 117-130.

Tomlinson, J., 2001, *Globalization and Culture*. Chicago, IL: The University of Chicago Press.

Tuchman, G., 1978, *Making News*. New York: Free Press.

van Dijk, T. A., 1985, Structure of news in the press. In T. A. van Dijk (Ed.), *Discourse and Communication: New Approaches to the Analysis of Mass Media Discourse and Communication* (pp. 69-93). New York: Walter de Gruyter.

Wimmer, R. D. & Dominick, J. R., 2014, *Mass Media Research: An Introduction*，10[th]edition. Wadsworth: Cengage Learnin. 黃振家、宗靜萍、林妙容、吳蕙芬（譯），2014，《大眾媒體研究導論》。臺北：學富。

第 4 章

臺灣客家菜系開展與新移民口味遷移的交會：桃園印尼女性新移民參與客家料理烹製的初探

賴守誠

壹、緒論

客家飲食在臺灣，自 1980 年代起展開其成就斐然的「菜系化」發展旅程，歷經近四十年的發展，已開展成為中式料理中的特色菜系。菜系，是指在選料、刀工、切配、火候和調味等烹飪技藝方面，經長期演變而相對自成體系，具有鮮明的地方風味特色，並為社會所公認的飲食的菜餚流派或是被各地所承認的地方菜餚。當今飲食社會文化的菜系理論指出，特定群體的料理或菜系的形成都具有五個元素：有限的「基本食物」、重要的「操作技法」、區分的「風味原則」、規定的「禮節符碼」、獨特的「基礎設施」或「食物鏈」（Belasco, 2008）。

同樣是 1980 年代起的臺灣，來自全球各地（特別是東亞與南亞地區）的移民，帶動戰後以來持續進入臺灣地方社區的新一波住民，也隨之將新住民的飲食口味以身體化習性型態進行遷移。隨著人們的遷移，他們的食物口味、飲食習慣和烹飪傳統也在移動。

本研究運用美國學者沃倫・貝拉史柯（Warren Belasco）的菜系理論與飲食涵化理論將探索以下核心議題：臺灣客家飲食經歷初階的菜系化發展後，在與新住民口味遷移的交會新階段發展中，將會如何對各種新來烹飪飲食傳統開展出調適轉換或交纏融合的應對，進而開展客家菜系在融入新住民成員之新階段的發展轉型。

本研究將採取質性取向的研究方法：以深度訪談與內容分析為主，並輔之以系統化的文獻資料分析。針對近年實際參與在客家家庭菜餚烹煮與客家餐館

菜餚烹製的桃園市的女性新移民，依據構成客家菜系的五大主軸元素——基本食物、操作技法、風味原則、禮節符碼、基礎設施——等構成菜系發展的關鍵層面，進行有關烹製客家菜餚的質性深度訪談與內容分析。

貳、菜系與飲食涵化

一、菜系理論

菜系（cuisine）是一個術語，可以指某種精英或優質的烹飪與飲食系統，或是可以指在特定環境中共享的一組特定協議／禮儀／禮節（protocols）（Belasco, 2008）。華人飲食文化的菜系，是指在選料、刀工、切配、火候和調味等烹飪技藝方面，由於氣候、地理、歷史、物產及飲食風俗的不同，並經長期演變而相對自成體系，具有鮮明的地方風味特色，並為社會所公認的飲食的菜餚流派。西式概念中與菜系概念接近的正是「料理」（cuisine）此概念。當採取一種更寬廣的視野來界定「料理」時，所有的群體都擁有可以辨別出來的「料理」，那是一組共享的「規矩」、習俗、交流、習慣等。

美國飲食人類學家，Sindney Mintz 強調，「並非把一些食譜湊成一本書，或者有了一系列跟某特定背景有關的特定的食物，就能構成一個自成一格的菜餚」，其中還有別的要素。他認為：「自成一格的菜餚之所以自成一格，必須要有某個族群長久以來都吃這種菜，以至於他們認為他們是這方面的專家。他們都相信、也在乎自己相信他們知道要用什麼材料、怎麼煮、嚐起來應該是什麼味道。簡言之，真正自成一格的菜餚有共同的社會根源；它是某個族群的食物——雖然這個族群通常非常龐大」（Mintz, 1996: 96）。

本研究的主要關注是針對作為一套協定的菜系以及描述某些組成部分如何共同捕捉獨特而特定的烹飪實踐的理論。透過這樣的理論，可以更深入地了解族群飲食的發展與轉型。此外，菜系是一般用來指稱帶有特定食物、準備方法與食用技巧的烹飪風格，一個國族菜系是指一個特定國家的——或被認為是

——常態或典型食物；正因為它是「常態的」，菜系不會被認為是一種個人特性的表現，而會被認定為是群體認同的一個側面（Fieldhouse, 1998: 53）。

Elisabeth Rozin（2000）已經發展了對菜餚或烹飪系統的通用組成部分的理解。她提出了三個這樣的普遍成分：（1）基本食物，（2）烹飪技術，以及（3）風味。Rozin（2000）解釋說，基本食物是在一個群體中最常選擇的食物，它們往往被保守地保存。……我們選擇什麼作為基本食物取決於許多變量。例如氣候、生產的便利性、進口成本、營養效益、可得性或社會制裁。

Rozin 認定為菜系一部分的第二個組成部分是烹飪技術。這些是我們選擇將基本食物轉化為我們認為適合食用的食物的操作方法。Rozin 將這些技術分為三大類：（a）改變食物物理特性的過程（例如切碎），（b）改變食物含水量的過程（例如醃製），以及（c）以化學方式改變食物（例如通過加熱）。最初，每種文化都根據環境因素、待加工成分的性質和一般技術水平選擇了基本的烹飪技術。

Rozin 認定的菜系的最後一個組成部分是風味：「除了食物本身和製備食物的烹飪技術所提供的任何風味外，還故意改變熟食的味道」（Rozin, 2000: 135）。關於基本食物和烹飪技術，Rozin 認為風味原則是最有能力為任何群體的食物提供文化標籤的原則。例如，相同的基本成分和技術可能用於不同的文化，它們的區別在於它們使用的風味。Rozin 將風味系統分為四類：（a）脂肪和油（例如橄欖油或黃油），（b）液體成分（例如湯汁或牛奶），（c）提供額外風味的成分（例如洋蔥、西芹或香料），以及（d）調味品（例如芥末）。根據 Rozin 的理解，風味成為文化上最重要的組成部分，她認為在很大程度上依賴植物或植物性食物的文化比大量食用動物性食物的文化有更明顯的調味料，例如在北歐，有更多被低估的調味原則。

透過結合 Peter Farb 和 George Armelagos（1980）以及 Elisabeth Rozin（1982, 2000）提出的菜系理論，Belasco（2008）為菜系理論添加了另外兩個組成部分：（4）禮儀和（5）食物鏈。與食物有關的可接受行為是一套與社會建構的原則有關的禮儀。例如，是在地板上還是在桌子上吃飯，是用手指還是叉子吃飯，是用砂鍋還是盤子吃飯，是一起吃飯還是分開吃飯。Belasco 提出

的第五個組成部分是食物鏈，與特定人群的食物如何從農場轉移到餐桌有關。

　　將菜系建構為一組特定於特定人群的禮儀，可以理解為與人們所做的分類和選擇密切相關，其中分類可以看作是一個過程，而菜系則是分類過程發生的框架。菜系確實提供了一個有潛力的框架來討論客家飲食傳統的發展型態的建構與轉型的可能分析。

二、飲食涵化理論

　　飲食涵化理論則是來自涵化理論在移民飲食的適應與變遷相關研究之發展。美國社會科學研究委員會 SSRC（Social Science Research Council）將涵化視為一種社會化的現象，是兩種或三種以上文化的自我轉移，它並非單面向的改變，而是一種多元面向的改變（楊詠梅、王秀紅，2011；Jacob, 2020）。關注移民的文化研究與心理研究的學者，將涵化定義為個人或族群對於兩種文化的接觸與協調的複雜過程，並認為涵化是一種極其抽象及寬廣的概念，除了包括移民者的個人行為、價值信念、態度的改變，也蘊含了移民群體在社會、經濟以及政治型態的改變。涵化的要素通常包括：（1）兩種或多種文化的接觸與互動；（2）個人因接觸而產生文化或心理層次的改變；（3）一種動態且持續的過程（楊詠梅、王秀紅，2011）。

　　飲食涵化（dietary acculturation）原指作為少數族裔的移民融入在地飲食的方式與實踐的程度。此理論陳述，在遷移之後，移民逐步地採納地主國的飲食習慣，通常會先從較不重要的食物或餐點開始（Satia-Abouta, 2003）。在全球化和地方化富有張力的相互作用下，跨國移民的在地涵化呈現出同化、融合、隔離或邊緣化的複雜面貌。在流動過程中，由於文化差異和可利用資源的不同，跨國移民群體需要面對巨大的文化衝擊以及截然不同的飲食環境和生活方式，其原有的飲食文化受到不同程度的挑戰，與在地飲食文化發生碰撞融合，往往陷入維持源地文化與融入在地飲食的兩難境地，面臨著嚴峻的飲食涵化問題（鐘淑如等，2021）。

　　相關研究已經指出，飲食涵化理論似乎是基於對地主國食物習慣的「漸

進」調適此一假設。然而，當食物可及性與食物消費形式等諸多條件不同時（例如，在學校或工作地點用餐，族群雜貨商店的存在與可及等），不一定始終是這種「漸進」調適的情況。此外，採納此理論的研究傾向於聚焦在發生在移民社區內的飲食習慣變遷。遷移對地主國飲食文化的影響比較少被探究。檢視食物消費作為成為新社會的部分的方式，或是對朝向強迫式的同化表達抵抗的研究也同樣是相對稀少（Terragni & Roos, 2018）。

目前跨國移民的飲食涵化問題引起了學術界的廣泛關注，國際上的相關研究主要集中在營養學和公共衛生領域，側重於對從發展中國家到發達國家的移民群體的飲食涵化水準的直接測度及其伴生的營養和健康問題。營養學領域的移民飲食涵化研究關注的是與飲食涵化相伴產生的結果，學者還聚焦於跨國遷移對移民飲食行為變化的影響。除了飲食行為本身的變化，影響飲食行為的因素也是營養學和消費者行為學研究的主要物件（Terragni & Roos, 2018；鐘淑如等，2021）。

過往研究把食物和記憶、身分認同的關係表面化、象徵化，而相對忽略了移民身體的主動調節和處於在地環境中的積極創造。換言之，既有研究未充分理解跨國移民在地日常生活中對當地食物的感官體驗，以及主體性如何塑造這些體驗。並且由於觀測尺度較為宏觀，現有研究過度關注對流動前後飲食分異的淺層分析，未能完全勾勒個體在持續的生活中不斷地衝突和調適的動態涵化過程（鐘淑如等，2021）。

Bourdieu（1984）以身體習氣為基礎（habitus-based）的品味概念，可以幫助我們理解在愈趨全球化的飲食場域空間中，特定社會群體成員其飲食選擇與實作的傾向與邏輯。我們吃什麼取決於我們基於自己社會文化與社會實踐的態度，並由消費者所處的社會位置定義。場域是社會實踐的空間，是社會行動的結構化框架。每個場域，包括飲食場域，都有其獨特的規則和參考點。消費者與被其所消費的食物不斷變化和協商，圍繞生產、分配和消費的關係、網絡和制度也是如此。

三、遭遇異域菜系發展的移民飲食涵化

現今食物以獨特的方式被運用作為探索新文化與反思我們自身文化的關鍵載體。遷移對了解此種食物之道具有根本的重要性。研究在新地區的食物涉及無窮盡的主題與觀點，在遷移人口群體、他們所屬的飲食文化與他們會遭遇的飲食文化等各方面，也都存在許多的差異。此外，原籍國與地主國並非是靜態實體；各種社會是處在持續的轉型狀態中——無論是社會性層面或是政治性層面——也因此，食物的角色在遷移的脈絡中是動態的（Terragni & Roos, 2018; Schuster, 2021）。

當人們移動時，不僅帶著食物，同樣也帶著有關「好」吃食物的再現與理想。來自家鄉食物的記憶、好食物的理想，以及在新地區可得的食物都會形塑移民之食物相關的經驗。移民在其自身內承載二個世界：原有的與新到的。所以，在食物與其諸種文化間存在著關聯性（Terragni & Roos, 2018）。

在移民的生活世界裡，食物全面性地滲透在日常生活中——從那些尋常的普通時刻到所有的節慶慶祝。也因此，食物所承攜的諸種烹飪傳統，它們是深深鑲嵌在每日實踐之中。身體習性強調跨國移民如何利用主體性，調適身體的感受，透過嘗試在地食材、飲食方式去建立和地方的聯結，從而協商自身的飲食記憶和身分認同（鐘淑如等，2021；Schuster, 2021）。

在跨國情境下，作為社會身分象徵的食物被賦予了更深刻的意義，它不僅僅是理解和認同在地文化的媒介，還是維護種族身分維繫與故地關係的紐帶，食物的選擇成為兩種身分的象徵，移民在飲食涵化的過程中透過對傳統飲食和在地飲食的選擇來平衡原身分的維繫和新身分的構建。移民源自地和遷入地的文化距離也影響飲食涵化的過程，文化距離越小，移民越傾向接納在地飲食方式（鐘淑如等，2021）。

迄今移民飲食涵化的相關文獻中，涉及烹飪技術的適應或調整此議題的研究相對稀少，但烹飪操作技法在移民飲食涵化與異地菜系發展的遭遇歷程中，仍然是不可忽視的重要議題。這特別是因為，儘管不同的原因可能會驅動移民並定義遷移，但食物和烹飪實作會定錨（anchor）且中介結果（Schuster,

2021）。

　　烹飪實踐和圍繞它們的感官體驗，展現了它們所占據的位置與空間，以及它們所具有的重要性。移民的烹飪習慣和實作對身分認同至關重要。在許多目的地，移民在引入新菜式、新烹調技術、新食用方式與在地食物的新用途時，無意中影響並改變了當地料理（Schuster, 2021: 386-393）。然而，目前關於遷移流動與族群食物的學術討論往往集中在消費者的態度和飲食模式上，而不是這些菜餚的創造者和生產者。

　　在遷入地，跨國移民的飲食涵化過程即身體透過進食在地食物，產生具身體性的、基於身體習性的飲食體驗的過程。例如用不熟悉的食材製作熟悉的食物，透過傳統食物的烹飪維繫對源地的情感；或者因為味道更好、更容易製作，以及覺得更健康而迅速接受在地的食物（鐘淑如等，2021）。移民獲得新接納故鄉的傳統，並帶來接收社會經常採用的新食物和傳統。與同族群或同國族人的共食聚餐導致了更大的社群意識並建立了情感紐帶。在這些社會場域內，食物、飲食實作、食譜、烹飪技巧和故事的交流創造了一種歸屬感和存在感，跨國族界線變得模糊（Schuster, 2021）。

　　習性化身體的飲食涵化強調主體性，即文化、情緒和記憶參與到人們的飲食體驗中，影響他們對食物味道的偏好，以往的飲食經歷、知識和心理也影響著當下的食物選擇。食物行為是密切聯繫著習性化身體，人們這種習性化的身體是連接食物的物質性和文化意義的直接中介。進食過程中，身體切實感受著食物的味道、質地和營養，經過消化吸收，食物轉化為身體的一部分（Bourdieu, 1984；鐘淑如等，2021）。

　　食物的紋理、香味、味道能夠創造和觸發相關的情緒和文化記憶，以往研究表明，因為人們往往將美食和某種菜系與某個種族、民族或者國家聯繫在一起，所以飲食習慣和口味偏好能夠產生和維持他們的種族或民族認同。在跨國流動的特殊情境下，食物的空間屬性被打破，原屬於家庭的或者社區的食物在異域被貼上國家和民族的標籤，喚起和重構了移民的身分認同（鐘淑如等，2021）。

　　移民經常被他們的新環境和文化所淹沒。他們將國族料理視為一種憂鬱、

懷舊的方式來捕捉失去的家鄉與童年，並經常在其熟悉和舒適的氣味與品味中找到慰藉，移民也經常會攜帶並且要求其他人寄送他們不能在當地找到的食物。就移民在異域的飲食涵化歷程，值得進一步關注的是：移民如何在新地方定居並創造家鄉的味道，同時透過日常互動影響在地飲食文化。對遷移者的飲食經驗來說，經常會出現的困難與挑戰是：並非所有必要的原料都可獲得以用於製作傳統菜餚，因此需要進行調整。因此，故鄉的品味和風味發生了變化，且料理一定程度是由當地品味形塑的。吃在地自產或在地種植的食材成為社會纖維構造（the fiber of society）的一部分（Schuster, 2021）。

　　無論移民是在享受國族料理或是為家人做飯的同時進行共食社交活動，他們都會參與並援引社交網絡（Portes, 1997）。當移民品嚐其他料理時，他們經常會將注意力轉向道地性和挪用（appropriation）的問題（Ariel, 2012），這有助於理解和欣賞其他富有國族經驗的烹飪傳統。食物和飲食的敘事表達了對移民自己獨特的味覺、記憶和其他感官體驗的覺察。隨著移民逐漸適應並表達對一個地方的歸屬感，在跨國空間中的飲食也發生了變化。這樣的案例經驗凸顯了當代日益國際化的發展，所可能隱晦不顯的重要飲食現實：我們吃的食物是由一系列複雜的文化、社會、經濟和政治因素的網絡決定的（Fieldhouse, 1998）。

　　透過社區形成的社交網路與在地主流文化進行互動或者進行移民群體內的交流，移民也呈現出不同的飲食涵化模式（Portes, 1997）。與源地移民組織有密切聯繫的移民更容易獲得源地食物，從而更多地保持原有的飲食習慣。在遷入地結交了更多朋友的移民會更願意嘗試和接受在地食物（鐘淑如等，2021）。

　　有長期生活國際化都市生活經驗的移民會產生全球化的食物熟悉感，能夠在異國環境中無縫銜接，能同時從遷入地的民族餐館和麥當勞之類的全球化餐飲中找到認同。除了民族餐館和全球化餐飲的跨國飲食景觀外，移民群體亦可能催生在地飲食系統的改變。地方飲食系統涵蓋了食物生產、加工、流通、消費、廢棄等諸多環節，作為流動群體的跨國移民對在地飲食系統有天然的知識鴻溝，其在地飲食消費更加難以建立身體和地方相契合的關係，地方飲食系統的食物安全、多樣性、可達性和環境等因素，也會影響流動群體的飲食體驗以

及和地方的聯繫。因此跨國移民需要根據自身的飲食需求創造一些便利條件，重塑地方飲食系統，調節跨國飲食與地方的關係（鐘淑如等，2021）。

參、研究方法與個案概述

一、研究方法

本研究將採取質性取向的研究方法：以深度訪談與內容分析為主，並輔之以系統化的文獻資料分析。質性取向的方法學，讓研究者得以深度探究人們的信念系統，以及他們使用特定的論述對他們的想法或理念給出意義及提供表達的各種不同方式。這種社會建構主義與論述分析的研究取向，認知到任何有關世界的知識是透過諸種社會與文化過程而被中介促成，而論述——也就是對有關現象（在此為族群飲食文化的發展與轉型）組織化的思考、再現與給出意義的方式——對此過程的具有關鍵的重要性。

本研究對近年實際參與在客家家庭菜餚烹煮與客家餐館菜餚烹製的桃園市的女性新移民進行質性深入訪問。核心提問內容將以構成菜系發展的關鍵層面——基本食物、操作技法、風味原則、禮節符碼、基礎設施等——為基礎，並以進入臺灣客庄之時為時間軸線區分點，分成前後期所接觸或熟悉的飲食烹飪傳統進行探究，訪談主要問題內容包含：常用食物、食材來源、食用對象（或消費客群）、主要菜色、準備方法、料理知識、烹飪技能、烹調方式、分工安排、烹煮設備、口味定位、味道處理、菜色開發、食用規則、用餐禮儀、取得方式（或供應管道）等。

二、研究個案概述：桃園客家與新住民

桃園市 2016 年的設籍人口約為 213 萬人，而活動人口約 250 萬人、外籍居民約 12 萬人，為閩、客、外省、原住民族等多元族群交錯之貌，其中客家

人口約占四成；桃園市全市行政區域劃分為 13 個行政區（包含直轄市山地原住民區的復興區），一般習慣依族群分布及生活圈分為「北桃園」和「南桃園」，北桃園以桃園區為發展軸心，南桃園以中壢區為發展核心（王保鍵，2016）。北桃園為閩南人為主的聚落，此區估計人口數約為 107 萬人口；南桃園則主要居住客家人，居住人口數約為 97 萬人；原住民聚落則是位於復興區，人口大約 1 萬人。桃園市之客家人口為全國各地客家人口數中之最，全市客家人約有 80 萬，客家人口大約占全市人口 38%。另外，客委會根據客家文化重點發展區域之定義：「客家人口達三分之一以上之鄉（鎮、市、區），應列為客家文化重點發展區」，將桃園市（共 13 個區）其中八個區鄉鎮市列為客家文化重點發展區，分別為：中壢區、楊梅區、龍潭區、平鎮區、新屋區、觀音區、大園區、大溪區。其中，前六個區鄉鎮市更是客家人口占全區人口 60% 以上的高密度客家人口分布地區，今日中壢區更是南桃園地區之重要都會區。

就全臺新住民人數整體趨勢來觀察，近十年桃園市新住民人數及占比皆穩定成長。截至 2019 年 10 月底止，全臺新住民人數計 554,706 人，其中六都合計 387,531 人，占 69.86% 逾半，各縣市以新北市 107,874 人為最多，桃園市 61,774 人居第 4。另以新住民人數占該縣市人口數之占比觀之，連江縣占 4.55% 最多，基隆市 2.81% 次之，桃園市 2.75% 則居第 3。又觀察近十年桃園市新住民人數及占桃園市總人口數占比，由 2010 年底之 47,695 人及 2.38% 增至 2019 年 10 月底之 61,774 人及 2.75%，逐年上升（內政部戶政司及內政部移民署，2020）。

就桃園市新住民（61,774 人）國籍組成來觀察，占比最高至最低的國家／地區依序為：大陸地區 59.67%、越南 18.29%、印尼 7.91%、泰國 3.87%、菲律賓 3.04%、港澳地區 2.65%、日本 0.68%、柬埔寨 0.49%、韓國 0.22% 及其他國家 3.20%。前三者合占 85.87%。與 2010 年底相較，越南、菲律賓、港澳地區、日本及韓國皆呈增加，其中越南增加 1.98% 最多，而大陸地區、印尼、泰國及柬埔寨皆呈減少，其中以大陸地區減少 2.18 個百分點為最多（內政部戶政司及內政部移民署，2020）。

肆、臺灣客家飲食的菜系化

　　臺灣客家飲食的菜系化，是客家飲食在戰後臺灣飲食文化的發展中最值得關注的成就之一。客家飲食運動歷經近四十年的發展，臺灣客家飲食已逐漸開展成為中式料理中的特色菜系。

　　研究飲食文化的 Belasco，主張特定群體的料理或菜系都具有五個元素（Belasco, 2008）。有限的「基本食物」、重要的「操作技法」、區分的「風味原則」、規定的「禮節符碼」、獨特的「基礎設施」。

　　首先，每一種料理都會推崇一套有限的「基本食物」，那是從廣大的潛在食物環境中挑選出來的最重要「可食」物品。這些選擇混合了便利、認同和責任的考量。客家人緣於歷史性的依山而居及不斷遷徙的生存經驗，因而發展出獨特的食材選用型態。客家食材多半為易於山林間取得的野菜生蔬，例如：蔥、薑、蒜、蘿蔔、紫蘇、芥菜、竹筍與九層塔。此外，功能取向的說明主張，為了應對頻繁的遷徙及存藏食物與多元利用，客家族群除發展出方便攜帶、適宜保存的加工技術外，並累積出高水準的醃漬技巧，締造了如福菜、黃豆醬、醬蘿蔔、酸菜、醃肉、菜脯、鹹菜乾等各式各樣客家經典食材。同時客家族群也善用自然資源，創造出大量的調配醬料，如以北部客家以酸桔子加工做成桔醬，具有濃郁果香的味道，可平衡客家菜原有的油膩感，也減少調味料的消耗。客家飲食產品的材料選擇，傳統上著重以多樣、深度、可續的方式選取運用客庄在地農業環境下的各種材料。

　　其次，特殊料理偏好以獨特方式來準備並烹煮食物。幾種重要的「操作技法」，包括分割（以切、片、剁等刀法切成小塊）、合併（將兩種物質混和變成第三種）、醃漬、乾烤或水煮的應用、日曬醃燻、煎炒油炸，以及發酵，這些技法變化多端，取決於個別廚房裡的能源、時間、技巧、能源以及技術。客家菜餚的烹飪手法，傳統上擅長以質樸、省簡、實用的手法烹製出耐久、多功、存味的農家鄉村風味產品。煎、煮、炒、炆、封是被客家人著重使用的烹調技法。「煎」指用少量的油傳熱，使食物熟透；「煮」是指投料湯，加熱至熟；「炒」被視為是經典的客家烹飪技法之一（「四炆四炒」），是指在鍋內加微量的

食油，以旺火加熱，放入原料後急速顛翻至熟而沒有汁液；「炆」也被視為是典型的客家烹飪技法，是指用大鍋加水烹煮，小火慢燉、持久保溫；「封」同樣是客家菜常用的烹飪技巧，是指烹煮時，不掀鍋蓋，將食物密封在容器內，一直煲到爛為止。

再者，料理還可以以其各自的「風味原則」（flavor principles）來區分，也就是調味料的特殊手法。這些獨一無二的調味組合就成為重要的群體「標記」，臺灣客家飲食運動歷經約十五年的發展，在 2001 年客委會成立之時，用來評判客家飲食的適切準則與評價方法，已多所進展而趨於明確。在口味特色、食材選擇與烹製手法這三方面，體現客家飲食作為一個特色飲食傳統最為鮮明的特質。儘管整體而言，對臺灣客家飲食文化其評準形成的認識，多採取功能性的觀點，因此在動態發展的理解顯得相對薄弱。一般傳統客家飲食的味道被認為是以鹹、香、油、酸為主要的口味特色，功能取向的緣由說明往往宣稱：「鹹」是為了容易保存食物，也可以補充因辛苦農作流汗以後所需之鹽分；「香」因能增加食慾並耐飽，所以在料理時特別注重香味的處理；「油」也是因為客家人粗重的工作，需要補充大量體力；「酸」則是透過醃漬，延展食物保藏並可以開胃、提味。

第四，料理同時也規定了飲食的方式，也就是一組「禮儀」，禮節的符碼。這些透過社會傳達的行為規範，建立了可接受言行的邊界。此外，某個文化規範其用餐方式的特定風格，能協助表達、辨識，並戲劇化該社會的理想及美學風格。第五，獨特的基礎設施（infrastructure），或者食物鏈（food chain），即某個群體的食物從農場移動到餐桌的憑藉。現代料理具有高度片段而又漫長的食物鏈結，僅是一小口料理，也可能移動了好幾千里的「食物里程」（food miles），在送進嘴巴以前，有無數的中間商可以趁機「增值」（利潤）。

自 1980 年代中期起，用來評判客家飲食的適切準則與評價方法，已多所進展而趨於明確。在口味特色（鹹、香、肥等）、食材選擇（芥菜、竹筍、與蘿蔔等）、烹製手法（炆、炒、煎、煮、封等）與典型菜色（粄條、客家小炒、梅干扣肉、薑絲炒大腸等）這幾方面，最為鮮明的體現客家飲食作為一個

特色飲食傳統。綜觀而言，臺灣客家飲食菜系化的發展，臺灣客家飲食在實作、制度與呈現等層面逐步開展成為具備充分的連貫一致性，進而得以維持自身為一個特殊的飲食體系且廣為認知是一套有族群特色的地方菜餚。

伍、客家菜系開展與印尼女性新移民口味遷移的交會

本研究完成的質性訪談，含受訪新移民的伴隨親屬或雇主家人，一共訪問了九人次的桃園女性新移民及伴隨人員。受訪者來自的原國家／地區組成：三位印尼（兩位伴隨人員）、一位越南（一位伴隨人員）、一位中國大陸湖南（一位伴隨人員）。印尼相關受訪人員共五人。本論文將先集中在對來自印尼的新住民其參與客家料理烹製的經驗來進行分析。三位印尼的新移民，二位是印尼的客家華裔（代碼為印尼1與印尼2），已經來臺二十年以上；另一位是印尼的穆斯林，是以社福移工的身分來臺，在臺已經有九年。

一、基本食物

（一）印尼菜的特色
1. 東南亞的飲食文化的文獻指出，印尼菜自古以來受到印度、馬來西亞、泰國、中國影響最多；爪哇保留較多原住民風味，而印尼東部則有美拉尼西亞料理的影子。荷蘭與葡萄牙等殖民者對印尼菜也有影響。米飯是印尼的主食，而複雜且多層次的香料幾乎是印尼菜最明顯的表現（王瑞閔，2019：108）。但相對臺灣客庄家庭較常見的一天烹煮三餐，印尼鄉村農家一天烹煮餐餚的主力一般是放在早餐。

　　印尼跟臺灣一樣，經常吃肉，但煮的方法不一樣。（印尼1）

　　臺灣的椰子跟印尼的椰子吃起來不一樣，印尼的椰子有那個椰香吃起

來很好很舒爽，臺灣的椰子吃起來淡淡的，品種水土氣候不一樣。咖哩做好會冰起來，要吃就弄一小湯匙，放進去就夠了，那就是香料。（印尼1）

椰子油，印尼就吃這種，沒有沙拉油，我們以前從小就吃到大。椰子油煮菜的風味不一樣。咖啡一直都有在喝，沒有地的就沒有在種，有地的人才會種。（印尼1）

我們早上有煮飯，早上中午晚上都會吃飯，很少在中午、晚上煮，因為以前用柴燒。早上4點起床，洗澡、拜拜、煮飯吃，小孩去上課，爸媽是農夫去菜園種菜。早餐煮飯，一定要弄辣椒，炒菜、魚、蛋，吃得比較簡單。（印尼3）

2. 由於伊斯蘭信仰的緣故，除了峇里島外，印尼較少吃豬肉，肉類以牛、羊、雞、鴨、魚為主（王瑞閎，2019：108）。但是，兩位來自印尼客家背景的訪者，他們受到華人飲食文化傳統的影響是比較明顯的。三位印尼移民對客家常用的食材皆已經相當熟悉，且會傾向於以直接引用或試探實驗的方式，帶進自己飲食系統中所熟悉的各項食材。

我有四個小孩，他們喜歡吃我做的東西，像樹薯葉煮咖哩。像雞腿，我炸黃薑雞，整顆切一刀一刀那味道會進去，拿來炸他喜歡吃。（印尼2）

我們的控肉跟臺灣不像，煸到乾乾的，放紅蔥頭、蒜頭、蝦米、梅干菜、菜脯，切碎一樣一樣放進去炒一鍋。像我過年我做一鍋年菜，放著慢慢吃，要吃多少就拿出來蒸一下，常常做很辛苦。兒子很喜歡吃，我老公的姐妹有時候來打牌，煮給他們吃，味道調得拌飯好吃，釀豆腐、苦瓜肉，自己煮一大桌。（印尼2）

3. 受訪印尼新住民表示，在結婚與生日等重大的節日，原本家鄉的家中會準備比較特殊高級的食物，如雞肉與海鮮；他們也提到，有些在他們家鄉相當尋常普及平凡的食物，近年來在臺灣變成高檔特殊的養生健康食品（如黃薑、角豆等）。

> 結婚就會有比較特別的食物，雞肉魚肉，還有比較高級的鮑魚魚翅海參。海產在印尼當地也是比較高級的東西。（印尼 1）

> 生日從來沒有出去吃，不像臺灣。會煮比較好一點，有豬腳、滷蛋、咖哩雞、中藥坐月子的出生一定會吃那個，生日一定要吃麻油雞麵線，海鮮很少，會有鴨、控肉。（印尼 2）

> 臺灣咖啡現在很流行，我們以前從小就喝到大。黃薑現在很流行，我們以前從小就吃到大，現在是養生食品很貴。那邊很平常的東西這邊都叫養生。角豆在印尼是很平常的東西，這裡說可以抗氧化，之前送給人家都沒有人要，後來大家搶。（印尼 1）

（二）操作技法

1. 文獻指出，印尼菜的主要料理方式包括炸、火烤、烘烤、炒、煮、蒸（王瑞閔，2019：107-8）。印尼客家的新住民表示，炒、蒸、燜這些臺灣客家常用的烹飪技術，他們在原居地都已經熟悉，但印尼穆斯林移工則表示，在其原來的生長的環境中，並沒有蒸與烤的技術。醃漬的技術在印尼相對來說沒有臺灣客庄如此的普遍。

> 從印尼剛來臺灣的時候，煮菜技術……當然不一樣。主要會用比較多的調味料，會放辣的東西，會煮咖哩，這邊就沒有。咖哩全部自己做。放薑黃，很多材料。……印尼煮菜有炒、蒸、燜煮，這些技術在都有。（印尼 1）

在印尼的烹飪料理技術上，有炒，沒有蒸、烤。（印尼 3）

客家人重鹹，因為臺灣不缺鹽，東西都煮很鹹，放鹽巴醬油。鄉下保
存食物都是用鹽來醃製，比較耐放。……一般我們臺灣會把吃不完的
蔬菜拿來醃製。印尼沒有像我們客家地區這麼普遍（在進行醃製），
什麼東西吃不完都拿來醃製。印尼的東西長期就有，物產豐富。（印
尼 1 的臺灣客家丈夫）

印尼的肉類也有醃製，但是相較於臺灣比較少。印尼醃製的肉類大多
是從外國進口的，醃製的魚類好像都不是（印尼）他們那裡本地就有
的。本地有醃製的只有山豬肉和羊肉。魚類水產類蔬菜水果都沒有醃
製。（印尼 1 的臺灣客家丈夫）

我自己做坐月子吃的雞酒，中藥又不一樣，很香，有人拿過來這種，
切好拿來曬，炒雞。坐月子不一樣，跟臺灣煮麻油雞不一樣。煏過那
雞，煏乾了再放薑、中藥粉，再來燉酒。（印尼 2）

2. 傳統印尼菜料理過程，比臺灣客家菜更為重視擺盤，與各種菜餚的色澤搭
   配；在烹飪設備方面也逐步更接近臺灣客庄的條件，從二、三十年前以大鍋
   燒材為主，今年多已經轉變成為瓦斯爐。

已經習慣擺漂亮了，但是我們不是一定要漂亮，我們是這樣很整潔，
不會亂七八糟。……我只記得鄉下，有時候我們都會自己擺漂亮，很
有食慾啊，你弄得亂七八糟，不可能都會吃啦。看起來就比較賞心悅
目。（印尼 3）

印尼做菜的設備鍋子鏟子跟臺灣差不多。以前傳統做年糕也是自己
做，現在小家庭了。現在印尼那邊沒有用大鍋燒柴，黑黑的洗不乾

淨，現在都用瓦斯爐了，不過是柴火煮飯比較香。（印尼 2）

3. 來臺之後，新住民學得或精進烹飪技藝的方式，除了家中親人的親自指導外，透過在臺的印尼籍親友的社群媒體的網絡，或是 YouTube、Facebook 之相關主題的影片，參考學習做好臺灣料理。學習廚藝技術的軌跡，會受到家裡小孩口味喜好變化的影響。

> 以前來特別不習慣，吃的我老公不會挑，他會煮他也會教我，他也是客家人。我也不會挑食，（現在）蠻習慣臺灣這邊的食物。我去新加坡住三、四年也是這樣，本來就有比較多不同地方的經驗。現在也會做客家的料理。（印尼 2）

> 做菜技術，很多是來臺灣學的，很多朋友彼此交流。（印尼 2）、她在家裡會去看老闆娘煮菜，之後就看影片學做菜。（印尼 3）、Facebook有一個分享的社群，大家分享一下那些菜怎麼做。（印尼 3）

> （在臺灣）喜歡吃就多學多做，小孩子喜歡吃，都是以小孩子為主，小孩子喜歡南洋口味我們就偏向南洋口味。（印尼 2）

（三）風味原則

1. 印尼料理特色是辣、甜、鹹、酸、苦（王瑞閔，2019：108）。對照而言，臺灣客家菜在本地被認定為重口味的鹹香肥的主要特質，在印尼新住民的感受與評價中，轉變成清淡簡單的口味特質認定。剛進入臺灣客庄的印尼新住民，經常會強烈感受到臺灣客庄飲食平淡無味的不適應，但有更多異國或跨域飲食經驗的新住民，似乎表較容易來適應進入臺灣客庄之後的飲食料理的口味不同。

> 印尼吃酸酸辣辣的，臺灣煮東西比較淡，簡單煮，印尼放比較多香料

調味料。（印尼 1）

我不習慣臺式雞腿便當，沒有什麼味道。印尼吃東西會放很多香料。
（印尼 3）

印尼的東西普遍酸辣甜，不像臺灣的蔗糖甜，印尼是果糖甜。臺灣的
口味比起印尼來說比較淡。（印尼 1 的臺灣客家丈夫）

印尼多火山，盛產水果，有很多臺灣沒有的水果，物產豐富。……做
甜的東西幾乎都有加椰奶。（印尼 1 的臺灣客家丈夫）

我去新加坡住過，因為印尼吃很鹹。我去新加坡帶老人家看醫生，醫
生講不能吃太鹹了，我學到了，回去煮很淡，我叫我媽不要吃太鹹，
她說你煮的吃不下飯，不好吃，我說會傷到你自己的身體，後來有糖
尿病高血壓，後來我慢慢改淡淡。（印尼 2）

2. 辣味是印尼飲食文化中主要口味，但在 1990 年代以前，受訪新住民指出自
己嫁入苗栗客庄的長輩不吃辣。換言之，1990 年代或更早之前，辣味並非
是傳統臺灣客家族群接受或熟悉的口味，似乎是直到最近的三十年，辣味才
成為在客庄普及與廣泛接受的特定新口味，進入客家菜系成為口味選項之
一，而且來自印尼的新住民可能是把辣味帶入客庄並加速普及的重要導入
者。

我帶頭吃辣，我兒子也吃。像小魚乾我自己做辣的，煸乾來，放番茄
去燜熟，蔥頭蒜頭炒香。兒子每次叫我做，他要拿去給他同事，他說
配飯好吃。我老公不挑食，我煮什麼他就吃什麼。（印尼 2）

像她（在臺灣的印尼朋友）種辣椒拿給我我自己做辣椒醬，放多一點

蒜頭。泰國店賣打拋豬不好吃，煮出來白白的，我們自己又改變一下，稍微又放九層塔，辣椒再放多一點，番茄放多一點，放蠔油一點有一點顏色。同一道菜，每個人煮出來的口味都不一樣。（印尼 2）

3. 道地客家口味的概念，它既是社會建構的，也是關係性的。客家道地口味並非與生俱來，而是透過食物生產者與消費者的感知而建構的。人們認為道地口味的食物，乃是和其他食物（尤其是不道地的食物）相比，進而以某些方式凸顯其特徵的結果。

（四）禮節符碼

1. 印尼客家華人的進餐儀式仍然保持尊重長輩的傳統，但在現代飲食消費模式的影響下可能逐漸式微中。但某些印尼客家華人飲食文化的節慶時期的分享菜餚方式，保持了某種集體分享的公開邀宴的形式。餐飲儀式的重要差異，來自於印尼某些地區，建築構造與交流分享方式的重要不同。然而，女性擔任家庭烹飪活動主要承擔者的角色責任，無論是在早期的大型家族或是近期的小型家庭的情境中都沒有被質疑，而被視為理所當然。

吃飯的時候，我們客家莊都是要等長輩到了才能開動，座位也要長幼有序，印尼也有這樣的習慣，老人家不在也要等他回來，你先吃等一下修理你罵死你。老人家先吃後來你們慢慢吃沒關係。我們沒有坐地上吃飯，坐桌子，用湯匙筷子，不會用手吃飯，真正印尼人才會用手。（印尼 2）

印尼那邊的客家現在已經沒有像臺灣這樣長輩要先入座才能吃飯，每個人都是端一碗，隨便坐，菜都在廚房裡面，自己去夾菜，這裡一堆人那裡一堆人，有時候端到隔壁去吃。印尼（家鄉老房）的後面都是通的，四通八達，我在這裡夾菜等一下到那邊去夾菜，大家都會到處亂竄，互通有無，你今天煮的東西跟她家煮的東西不一樣，他的後門

全部都是通的，居住條件跟臺灣差異很大。（印尼 1）

我們以前的大家庭是那個大曬穀場，他的全部都是屁股在後面，中間
有一個空地，他是全部散出去，屁股那裡就是廚房，這裡夾菜，夾完
去那裡夾一夾，跟臺灣不一樣，剛好相反。那裡房子的屁股連在一
起，後院都是連在一起。我今天煮兩三樣菜，我都可以吃到十幾樣
菜。大家很習慣交流，互相吃。……現在（新的住宅）也像臺灣這樣
一排一排新式的建築，舊的老宅很多都是這種屁股連在一起的模式。
大家都很有機會吃到隔壁鄰居或是親戚的東西，很容易知道彼此的口
味。（印尼 1）

2. 印尼人的傳統進餐方式，是以手取食或是借助湯匙。有些印尼人進入客庄生
   活，依然持續維持這種進食方式。近年來年輕世代已逐漸改為以湯匙盛食。

東南亞他們吃飯習慣不會像我們，一個盤子就有飯有菜，跟快餐一
樣。就不會像臺灣，在餐桌中間比較大的菜會大家一起去分，所有的
菜都煮好，是自己拿著一個碗，我們不會這樣子（印尼 3 的雇主家
人）。

比較多人還是用手，（現在）小朋友用手是很少啦，都是用大湯匙。
超級少用筷子，來到臺灣才學的。（印尼 3）

3. 有些印尼女性新住民，仍有維持以各種方式或多重管道維持分享烹製菜餚的
   做法。印尼菜餚在 1990 前臺灣客庄的接受程度不高，約略在進入 2000 年後
   臺灣客庄對印尼或其他外國菜餚的接受程度都大為增長。伴隨受訪的客家家
   庭成員，也多表示，近年來經常會接觸並嘗試由印尼新移民所烹製的各種印
   尼風格的料理，反倒是會吃到典型客家菜的機會少很多了！

（五）基礎設施等

1. 取得食材的方式與管道，幾位印尼新住民表示是在原來家鄉，主要是自家種植、移動攤販、偶爾有稍遠的附近市場，來臺灣之後，從稍早之前需要有人引導協助，逐步能夠使用臺灣的市場與超市等管道，然後可以在臺灣客庄中，挪用或調製出自己期待口味的食品。

> 取得食物的管道……在印尼是自己種比較多還是靠周邊的市場。自己沒有這種的東西，親戚朋友有種，我們有地就自己種，沒有地就會給一些給你。所以大部分是自己種，也會互換有無。現在比較沒有地了，幾乎都開發掉了，慢慢也要市場來拿到食物。以前有地的時候大部分都是自己種自己養，現在變成市場超市的管道比較多。他們現在種橡樹比較多，經濟性的作物，之前都是有椰子，現在慢慢砍掉。（印尼1）

> （在印尼老家）大部分東西都是自己弄出來。像我爸爸做年糕每年自己磨粉。我媽媽生12個，我們耕田一年吃剛好不用買，自己種自己吃。（印尼2）

> （在印尼家鄉）早上有菜販過來家門口賣菜、肉、魚，買了就煮好一整天的份量。那時候沒有冰箱。家是在農村，離市區很偏遠的鄉下。……家裡有自己種米、菜、香蕉，養牛、羊、雞、鴨，有很大的土地，是農家。（印尼3）

> 臺灣比較方便，要買什麼都很近，印尼那邊買東西很遠，找食材不容易。這裡要做粄，買粉很方便，我們那邊要坐車子出去買很麻煩。在這裡買幾包粉回來，要做什麼隨時想做就做。（印尼2）

2. 但是，自己最熟悉但臺灣不易取得的食材或調味品，經常還是得自己從印尼

帶回來（甚至有些是帶種子來臺灣自己種），或是前往特別的東南亞商家購買。印尼新住民取得食材的管道，許多的調味料會從印尼帶過來，或是請親戚朋友寄過來，也有一些是在臺灣的族裔商店購買，更有一些食材是取得種子自己種、自己養。

會自己做咖哩，放紅蔥頭、蒜頭、辣椒、薑黃，自己調比例搭配，但臺灣還缺一樣東西調不出來，每次回去印尼都會帶這個東西回來。我帶冷凍的椰漿過海關比較不會被攔住。……椰漿新鮮擠出來就拿來做甜點，不會去買包裝的有防腐劑。臺灣是商業的市場，印尼完全是自己來。我們都用原料，很少去買。（印尼 1）

我在網路上訂購印尼的鹹魚回來吃。這裡的黃薑有冬天不好吃，有一個味道。現在我叫他們（印尼原鄉親戚）寄過來兩斤，其實黃薑很便宜，運費還比較貴。……我們那邊的黃薑很香很紅。（印尼 2）

臺灣炒高麗菜很簡單，用蒜頭、鹽巴炒就可以了。印尼比較麻煩，放很多香料。（印尼 1）

我請媽媽從印尼寄過來，因為臺灣的東南亞商店賣的香料很貴，臺灣有種植但稀少。（印尼 3）

我們也引進一些品種，香蘭自己有種，香料，角豆，豆薯，多少種。（印尼 1）

陸、結論

在全球化和地方化的相互作用下，在全球尺度上呈現出人群與物品之快速而頻繁的流動。在此流動過程中，由於文化差異和可利用資源的不同，印尼女性新移民群體需要面對巨大的文化衝擊，以及截然不同的飲食環境和生活方式（涉及食物選擇、烹飪模式、適當口味、用餐儀式、食物體系等的諸多不同層面），其原有的飲食文化受到不同程度的挑戰，與在地客家菜系主導的飲食文化發展發生碰撞融合，往往陷入維持源地文化與融入在地飲食的兩難境地。進入桃園客庄的印尼女性新移民確實遭遇嚴峻的飲食涵化的問題。

人們吃不同的食物，但也依照他們不同的生活體驗而以不同的方式來吃。不同的國族食品和料理由移民自己以固定的術語定義。源自原籍國在實體上的遷移流動，經常迫使移民根據目的地國家當地遭遇的飲食體系的發展來決定或協商他／她必須烹調什麼與食用吃什麼。飲食作為一種重要的文化類型，深刻編織在跨國移民身體和在地環境協商的互動中，是二者聯繫的媒介。對參與訪談的桃園印尼女性新移民而言，維持印尼源地飲食方式和接受在地客家菜系飲食方式是兩個可以交叉融合的維度，而不是非此即彼的選項，因而需要探討不同程度和模式的飲食涵化情況下身分認同的協商轉化。

隨著世界變得更加全球化和互聯互通，獲取來自不同文化的料理並調整和重新組合它們變得比以往任何時候都更容易，而且通常是不同傳統的融合。進入桃園客庄的印尼女性新移民帶來了不同的食物選項、烹飪技術、口味特色、交流儀式與取得管道。她們經常相當重視食物呈現與飲食實作，建立分配網絡並形成虛擬社群，同時協商她們的歸屬。以及隨之而來的移民與在地人們之間的社會互動在整合社區、賦予地方新的意義以及創造受當地特質和文化影響和形塑的機會方面發揮著重要作用。進入桃園客庄的印尼女性新移民所開啟的新型飲食的生產與消費實踐，對臺灣客家菜系在下個階段的發展，提供了具有族群交流融合且富有地方特色創發的新型機會空間。

參考文獻

王保鍵，2016，〈論桃園客庄型態與客家政策〉。《臺灣民主季刊》13（4）：93-
　　125。

王雯君，2005，〈客家邊界──客家意象的詮釋與重建〉。《東吳社會學報》
　　18：117-156。

王瑞閔（胖胖樹），2019，《舌尖上的東協──東南亞美食與蔬果植物誌：既熟
　　悉又陌生，那些悄然融入臺灣土地的南洋植物與料理》。臺北：麥浩斯。

行政院客委會，2005，《客家美食嘉年華輯錄》。臺北：行政院客委會。

行政院客家委員會，2008，《97 年度全國客家人口基礎資料調查研究》。臺
　　北：行政院客家委員會。

周錦宏、吳宛樺，2013，〈年輕世代客家飲食意象之探討：以中壢地區大學校
　　院學生為例〉。《客家公共事務學報》8：27-52。

邱彥貴、吳中杰，2003，《臺灣客家地圖》。臺北：貓頭鷹出版。

客家委員會，2015，中華民國客家委員會全球資訊網。取自：http://www.
　　hakka.gov.tw/mp1.html 。

莊英章，2003，〈客家社會文化與飲食特性〉。頁 10-16，收錄於楊昭景編，
　　《客家飲食文化特質》。臺北：行政院客家委員會。

楊昭景、邱文彬，2005，〈生存、覺知與存在：客家飲食內涵與發展〉。《餐旅
　　暨家政學刊》2（1）：71-81。

楊詠梅、王秀紅，2011，〈涵化概念與新移民婦女健康：護理實務應用〉。《高
　　雄護理雜誌》28（2）：33-42。

賴守誠，2006，〈現代消費文化動力下族群飲食文化的重構：以臺灣「客家菜」
　　當代的休閒消費〉。《國家與社會》1（1）：167-213。

賴守誠，2008，〈食物的文化經濟與農鄉發展：義大利慢食運動及臺灣客家飲
　　食運動個案比較〉。《農業推廣學報》24：45-72。

鐘淑如、張小萱、曾國軍，2021，〈文化地理學視角下跨國移民飲食適應研究

進展與啟示〉。《人文地理》36（6）：1-8。

Appadurai, A., 1988, How to make a national cuisine: Cookbooks in contemporary India. *Comparative Studies in Society and History*, 30 (1): 3-24.

Ariel, Ari., 2012, The hummus wars. *Gastronomica: The Journal of Critical Food Studies*, 12(1): 34-42.

Bailey, Ajay., 2017, The migrant suitcase: Food, belonging and commensality among Indian migrants in The Netherlands. *Appetite*, 110(1): 51-60.

Beardsworth, T. & Alan, K., 1997, *Sociology on the Menu: An Invitation to the Study of Food and Society*. London: Routledge.

Belasco, Warren James, 2008, *Food: The Key Concepts*. Oxford: Berg.

Bojanic, David & Xu, Yueying, 2006, An investigation of acculturation and the dining-out behavior of Chinese living in the United States. *International Journal of Hospitality Management*, 25(2): 211-226.

Bourdieu, Pierre, 1984, *Distinction: A Social Critique of the Judgement of Taste*. Cambridge, Mass: Harvard University Press.

deVault, Marjorie L., 1991, *Feeding the Family: The Social Organization of Caring as Gendered Work*. Chicago: University of Chicago Press.

Farb, Peter, & George Armelagos, 1980, *Consuming Passions: The Anthropology of Eating*. Boston: Houghton Mifflin.

Fieldhouse, Paul, 1998, *Food and Nutrition: Customs and Culture*. London: Chapman and Hall.

Höijer, Karin, 2013, *Contested Food: The Construction of Home and Consumer Studies as a Cultural Space*. doi:10.13140/2.1.3071.2644.

Ichijo, A., V. Johannes & R. Ranta, 2019, *The Emergence of National Food: The Dynamics of Food and Nationalism*. London: Bloomsbury Academic.

Jacob, L. M., 2020, Acculturation. *Salem Press Encyclopedia*.

Levitt, P. & N. Glick Schiller, 2004, Conceptualizing simultaneity: A transnational social field perspective on society. *International Migration Review*, 38(3):

1002-1039.

Mintz, Sidney, 1996, *Tasting Food, Tasting Freedom: Excursions into Eating, Culture, and the Past*. Boston: Beacon Press.

Portes, A., 1997, Globalization from below: The rise of transnational communities. In A. Rogers (ed.), *Transnational Communities Programme*. Working Paper Series. UK: Economic and Social Research Council.

Rozin, Elisabeth, 1982, The structure of cuisine. In Lewis M. Barker (ed.), *The Psycho-Biology of Human Food Selection* (pp. 189-203). Westport, CT: AVI Publishing.

Rozin, Elisabeth, 2000, The role of flavor in the meal and the culture. In Herbert L. Meiselman (eds.), *Dimensions of the Meal: The Science, Culture, Business, and Art of Eating* (pp. 134-142). Gaithersburg, Md.: Aspen Publishers, Inc.

Satia-Abouta, Jessie, 2003, Dietary acculturation: Definition, process, assessment, and implications. *International Journal of Human Ecology*, 4(4): 2109-2117.

Schuster, Paulette K., 2021, Interconnectivities: mobility, food and place. In Jeffrey H. Cohen & Ibrahim Sirkeci (ed.), *Handbook of Culture and Migration* (pp. 386-395). Cheltenham, UK: Edward Elgar Publishing.

Social Science Research Council (SSRC), 2001, Migration and development. Retrieved October 18, 2003, from http://www.ssrc.org/publication

Terragni, Laura & Roos, Gun, 2018, People moving with food from and to Northern Europe: Food, migration and multiculturalism. *Anthropology of Food S12*. http://journals.openedition.org/aof/9123.

Warde, Alan, 1997, *Consumption, Food and Taste: Culinary Antinomies and Commodity Culture*. London: Sage.

第 5 章

同源、移借與異境發展——
以虛詞「啊」為例

賴維凱

壹、前言

筆者曾在 2006 年發表過〈從虛詞「啊」的用法探討客家移民間語言之變化〉，文中所調查或引用的語料至今都仍有學者將其重新探討並深入研究，大部分已被考證為本字為「下」或「話」的語法化與詞彙化。如今，筆者認為虛詞「啊」不僅在兩岸，甚至在同源異境下，都有重啟調查與研究的必要：一方面可從語言保存者的角度進行田野調查與訪問，以獲得更多有關虛詞「啊」的用法與功能；二方面是虛詞「啊」在閩南語也有許多相同之處，進行觀察與比較是必須的，可以釐清同源或移借的關係；三方面則是將調查範圍擴及同源異境下的東南亞客家移民，可藉此觀察虛詞「啊」在客家移民後代的延續與發展。本文先從第三方面直接做同源異境的比較，觀察「延續」、「斷裂」、「重組」與「創新」四個變貌在語言接觸和變遷下，產生著什麼樣的變化。

印尼「坤甸」和「山口洋」是位於西加里曼丹省的城市，前者是第一大城，後者是第二大城。當地華人各占三分之一和三分之二左右，「坤甸」客家人以梅縣和陸豐口音為主，而「山口洋」則是以惠州（海豐腔）和揭西（河婆腔）為主，本次主要發音人正好是「坤甸」的梅縣口音和「山口洋」的海陸口音。

當時筆者（2006：287-304）一共列了 14 種「啊」的語法功能，這其中包含了與嘗試、短時、緊密先前貌等有關的動詞體標記，像是嘗試體標記、暫時

貌標記（另可細分為 2 種）[1]、（反覆／重複貌）[2]、位移終點標記和程度或狀態補語標記。江敏華（2013a、2013b）透過東勢、海陸客家話考證具有嘗試、短時和緊密先前貌的「啊」的本字為「下」，當筆者在訪問兩位印尼發音人時，也得到了即時的印證：

嘗試貌：

(1) 秤看啊還有幾多斤？

　　秤秤看還有幾斤？

短時貌：

(2) 愛食飯吔，好去洗洗啊[3]。

　　要吃飯了，快去洗一洗澡。

以上 2 句，當「坤甸」梅縣發音人說〔a[55]〕時，「山口洋」海陸腔發音人就會說〔ha[55]〕。這和臺灣的情形正巧一樣，在「海陸腔」確實保留了〔ha[55]〕的音，也就是嚴修鴻（2001）、江敏華（2013a、2013b）從各種方言和文獻證明的本字「下」語法化的結果。

---

[1] 江敏華（2010：860），作為暫時體標記的有「V V 啊」和「V 啊 V」，前者像是「看看啊」（看一看）、「收收啊」（收一收）；後者則有 2 種，1 種是「想啊想」（想一想）、「看啊看」（看一看），另 1 種則是南四縣腔特有，限定在「方位移動詞」的，如：「來啊來」（剛來）、「去啊去」（剛去）……。

[2] 江敏華（2013：16-17）、余秀敏（2015：101-104）對「反覆／重複貌」構式有深入的分析，筆者（2006：50）雖然也有提及，但這種體貌標記和華語「V 啊 V 的」極為相似，某種程度上較不具客語特色，故以括號表示。

[3] 在六堆說「V1＋V1＋啊[53]」時，「啊」的聲調比上聲（31）高，對應北部說的「V1＋V1＋啊[55] 咧[31]」，應可合理判斷六堆的「啊」為合音詞的音讀。

貳、虛詞「啊」的定義

在臺灣，不管是習慣哪種本國語言的人，只要聽到「啊」字，都會想成發語詞或語尾助詞，而在中文的表達上，對於「啊」字的使用並不陌生，主要是作為句子後方的語氣詞，其核心意義是它的表情作用與功能（張小峰，2003：69）。如：「你要去哪啊？我要去給醫生看啊！」這當中出現的「啊」字，使得前面的疑問句在語氣上較委婉或隨便，而後面的陳述句中則有申明的意味。故李柏毅（2003）認為「語尾助詞『啊』僅有標示出談話者間知識狀態的差異之功能，且出現的時機取決於使用者對另一談話者知識狀態的判斷。」有時「啊」字出現在兩個相同的動詞之間，如：「他每天就是吃啊吃的，一點也不在意體重。」則表示了動作的持續不間斷，「啊」字當連接詞使用。除此，「啊」字似乎別無其他特殊的用法，不出於虛詞在句意上扮演的功能。

漢語虛詞的範疇，早在羅杰瑞的《漢語概說》（1992：142-143）一書中，就明白指出有副詞、介詞、連詞、助詞、嘆詞、擬聲詞，「啊」字則歸類為助詞與嘆詞。而在陳述句、疑問句、祈使句、感嘆句中所扮演的語氣詞功能，總體來說，它是「表情語氣助詞，表示說話人的感情，具體色彩隨說話內容和語言環境而定」（張小峰，2003）。至於客語中虛詞的定義，羅肇錦（1988：169）的定義如下：「凡在語言結構中不表示意義或概念，而擔任某種功能的詞叫做虛詞。虛詞的分類當以它在句中的職務為根據，因為虛詞只是語法的成分，離了句子它們就不存在」。故虛詞並不表示實際的意義，一般是不作短語或句子成分的，而虛詞的種類則包含了副詞、助詞、介詞、語氣詞、連接詞、狀聲詞等六種功能，同漢語虛詞。

然而若不從單一聲調與字面意思考證，「啊」字在客家話裡雖然主要是以虛詞功能的角色為主，但在句構上，卻有許多形式出現；而在意思上，更有無法省略的重要性。羅肇錦（1988：146）將 a^{55} 歸類為表「剛剛」的時態助詞；鍾榮富（2004：208）說明「-a^{55} 相當於國語的『得』，其後的語詞都用以表結果的情形」；張雁雯（1998：42-91）將動詞後加「a^{55} e^{31}」表示試一試的動作，若將「a^{55}」加在動補結構之間，則強調動作的進行，似有停頓、補足

音節的作用，但非中綴。至於「$a^{31/53}$」加在可持續的動作之後，當謂語用，表示嘗試與動作輕微。大陸學者對於「啊」的研究，因為有更進一步的分類與比對，將置於後文討論。

參、語料取得及訪談人說明

虛詞「啊」在六堆客語語句中所扮演的功能，可以見微知著，可與北部苗栗四縣腔甚至陸原鄉用語作為比對。在蒐集語料的過程中，發現〈屏東李文古客家笑科劇〉中演員的對話，就有許多虛詞「啊」字實際的功能，究其原因，可以從祖籍上的連結產生：皆與廣東梅縣有關。曾喜城（2002）認為李文古是臺灣客家原鄉廣東梅州的真實人物，而當年主演李文古的李龍麟（藝名李文光）先生，其雙親亦是從廣東梅縣移民臺灣的，在語言的共通性上，自然就承襲了廣東梅縣的口音。

從吳餘鎬（2002）整理的〈屏東李文古客家笑科劇〉的文字稿中，可以使研究者更方便處理逐字逐句比對的工作，唯或許因為研究者的生長背景之故，有時對於「a^{55}」音的擷取聽不出來或覺得有特別意涵，故而省略，如笑科劇第一卷中，李文古怕豬哥榮出爾反爾，便說了這麼一段：「倕斯驚你講啊你添放核啦！」研究者於文字整理稿中未發現「啊」，而在聲音檔中確實有「啊」的語音，如今還原到句子中，便能從其中作更進一步的分析。

本文擬從兩方面作為研究六堆地區虛詞「啊」字的語料，一是筆者自小到大耳濡目染的生活用語，將之比對於家鄉內埔，將可勾勒出「啊」的分類。其次，本文將民國五十年代風行高屏地區一時的廣播劇〈李文古客家笑科劇〉作為另一研究語料，因其內容不僅生活化，更貼切表達了六堆地區有別於北部四縣腔的口語。通篇論文除了將笑科劇內在對話中與筆者生活中出現的「啊」音進行功能與用法的分析外；其次還就筆者者所蒐集的三篇討論「啊」字的專文中，進行文獻探討，重新歸類「啊」的詞性與功能；末了，提出虛詞「啊」的功能在原鄉梅縣臺灣各腔與印尼坤甸、山口洋的比較。

為使本文所使用的例句合於情境與語法，特別找出了六堆（以內埔為代表）、苗栗及新竹的發音代表，三位發音人皆有該腔較為道地的客家口音。

肆、虛詞「啊」的功能與用法

一、功能與用法析究

我們在研究虛詞這樣的詞類時，並無法單獨分析，常要用與其他詞類結合甚至是整個完整的句子來探討，除了前述臺灣學者的分析，大陸學者林立芳（1997）認為「啊」有介詞和動詞體的用法；饒長溶（2001）則將之稱為體貌助詞；至於侯復生（2002）則有較全面性的看法：除了動態助詞，「啊」還可當作語素、結構助詞、介詞和實詞趨向動詞。

關於作為實詞趨向動詞的部分，侯復生還特別解釋與介詞的不同：主要差別在於動作行為「發生」或「到達」的地點和句子中帶不帶「去」字，如果是動作行為發生的地點且不帶「去」字，「啊」當介詞用，相當於普通話的「在」；如果是動作行為到達的地點且帶「去」字，則「啊」當實詞趨向動詞用，相當於普通話的「到」，有關於這樣細微的比較論述，筆者認為應該以更多的例子方能證明，而且是否受普通話與習慣用法影響，不得而知。

為完整找出虛詞「啊」除了語氣詞或語尾助詞外還有哪些用法，本文並不限定於搜集去聲調來進行語料的分析，只要有功能化的意義，就在分析範圍內，以下就針對虛詞「啊」在〈李文古客家笑科劇〉裡與目前六堆客語區口語上的用法分析出句子的結構及其中文表達的意思。另外，本文亦嘗試對於「啊」字能不能省略或替換做初步的判斷作為虛詞實用的區別。句子內若有兩個「啊」字，將以劃線的作為分析字。如果在「啊」字前面的詞可以用兩種以上的詞取代，將用 A 來表示，若只有一種，該詞一律用英文簡寫代替。以下 (1) 到 (8) 的本字，江敏華（2013：863）考證為「下」本字的語法化及詞彙化。

羅肇錦（1988：181）認為：介詞可以說動詞的一種，當放在名詞前面，表示事物的行為、狀態以及性質等關係，所以又叫做「輔動詞」，它和一般動詞最大的不同是它沒有結構變化……。其次介詞不做謂語的中心，因此也不作主要動詞，也不能夠成簡單句，在結構上只是一個功能詞，所以列入虛詞。所謂「輔動詞」也就是「助動詞」，根據它的功能，可以表時間、處所、方向、依據、方式、原因、目的、被動、對象、比較、排除等，本文根據表時間、處所、方位的功能，將下面的「啊」字歸為介詞：

(1)　V ＋啊[55] ＋（在）＋處所／方位／時間。中文表時間、處所、
　　　方位的介詞，與「在」同義。在沒有介詞「在」的情況下，「啊」
　　　字不可省。

i　研討會改啊拜六朝晨吔。
　　研討會改在星期六早上了。
ii　索仔仰又同𠊎攀啊在樹頭頂項呢？（李）
　　怎麼又把繩子給我吊到樹上去呢？
iii　佢同電話號碼寫啊紙項。
　　他把電話號碼寫在紙上。

「啊」在沒有介詞的情況下，等同介詞「在」的功能，故不能省，就南部六堆地區而言，沒有介詞「在」沒關係，但不能沒有「啊」字，不過像「遠遠看啊（過）去」、「巴掌盪啊（過）來」，我們會認為「啊」字似乎有介詞的功用，但在時間狀態上，不僅有接續的意義，更有動詞補語的形式存在，所以我們當作助詞用。此外，我們也可進一步討論中文的「於」是否與客語「啊」的用法更像，至少在接觸型式或是語意上都來得自由些，限於篇幅與研究範圍，將不在此贅述，苗栗四縣腔有此講法，但一般都用「仔」。

「助詞是一種特殊的虛詞，附著在詞、詞組或句子上，表示某種附加意義。它和嘆詞的差別是，語助詞不帶重音，嘆詞有不同型的語調，語助詞與前

面的詞連用，附屬於前一個音節連著發音，且與前面詞組有不可分的關係，而嘆詞卻可以獨用。」（羅肇錦，1988），其中「附屬於前一個音節連著發音」即所謂「韻尾延展」的現象；而「與前面詞組有不可分的關係」就是所謂「獨立性差、附著性強」，以上兩點可於小結時一併論述。以下就「啊」字與各類動詞結合的狀況做一分類：

(2) V ＋啊[55] ＋ C（結果）／D（趨向）。中文表「（一、才）……（就）……」的意思，表示動作剛完成或是接續貌。「啊」不可省略，會失去短暫時間的意義，其結構為述補結構。

i 行前去，細妹仔看啊著你會驚死唷！（李）
走向前去的話，女生一看到你會嚇死喔！

ii 運動啊核毋好馬上啉冷个，氣管會縮著。
運動完不要馬上喝冰的，氣管會收縮。

iii 同門關啊等就使得了，毋使鎖。
把門帶上就可以了，不用鎖。

iv 眠著仔就筆直，項啊起來就釘釘企。（李）
一躺下就像死人一樣，一起床就像活死人一樣。

只要是 V ＋補語，就可以拆開成為 V ＋啊＋補語，或是特定補語，例如：V ＋啊＋著、V ＋啊＋核、V ＋啊＋等……，在上面的例子中，如果用另＋ V ＋啊＋補語＋（就）……意思相近，但比較「一食啊飽飯」與「正食啊飽飯」，前者在時間上往往比後者更短暫、急促，這需看說話者個人習慣與說話時的情境決定。

(3) V1 ＋啊[55] ＋ V₁（限於方位移動詞）。中文表「剛完成某一連續移動動作」。此時「啊」不可省略，無法表達剛完成的動作，其結構為述補結構。

i 仰來啊來又要歸吔呢？

怎麼才剛來就要走了呢？

ii 佢同門一開啊開，嘎著驚一下。

他把門一打開，竟然嚇了一跳。

V₁為一獨立性的動詞，方位移動詞如：來、去、出、入、上、下、走、歸……等都可以此用法放入「啊」字，至於上例的「開」，不是方位移動詞，也能重複，並在中間加入「啊」字，筆者認為不是所有與身體動作有關的，皆能加入「啊」字，其次要視此類動詞在當地是否為慣用語法而定，此類用法為六堆客語區最為特殊的用法，在桃竹苗並無此用法。

(4) V＋看啊 55/53（啊咧）。中文表「V＋看看」，有嘗試某種動作的意味。「啊」字不可省，原意將失去，其結構為述補結構。

i 你等个嘴佢鼻看啊勝仔。（李）

你們的嘴我聞看看。

ii 秤看啊還有幾多斤？

秤看看還有多少斤？

對於某種動作的嘗試，我們通常用「V＋看＋啊 a⁵⁵ʼ⁵³」來表示，至於為何有兩種聲調，筆者認為「53」調是合音，可能是「啊咧³¹／哩²⁴」或「啊仔²⁴」的合音。而「鼻看啊」跟「鼻看啊勝仔」的意思差不多，也都可以放在句中或句尾，後面有加「勝仔」通常放句末較多。「啊」可替換字為「哦 o³¹」與「仔 e³¹」，桃竹苗有此用法。

(5) V1＋V1＋啊 53（啊咧）。中文表「V＋一＋V」，連續而輕率的動作，並有祈使的意味。「啊」字不可省，原意將失去，其結構為並列結構。

i　愛食飯了，好去洗洗啊仔唷！

　　要吃飯了，快去洗一洗澡吧！

ii　會來毋掣了，儘採扒扒啊就做得了。

　　快來不及了，隨便吃一吃就行了。

　　這裡的「啊」字有祈使的意味，不管施事者是當事人或是他人，都給人一種在短時間之內完成某事的感覺，所以「啊」字在此出現，前面又連放兩個相同的動詞，顯見有快速動作的語義，與中文的「V₁＋一＋V₁」語義沒有差異，桃竹苗有此講法，但一般都將「啊」代換成「仔 31/53」（新竹為 ə³³）。

(6)　V/A＋啊（到）＋狀態／程度。中文表「到……之程度」，相
　　　當於助詞「到」。「啊」不能省，原意會失去，但可以「到」或
　　　「仔」字取代，其結構為述補結構。

i　𠊎都知唷！你這兜嚼人个就嚼啊出汗，分人嚼就嚼啊緊流目汁
　　哦！（李）

　　我就知道！你們這些人吃別人的就吃到出汗，讓人吃就吃到一直
　　流眼淚。

ii　這箱仔裡背係麼个呢？重啊會死！

　　這箱子裡面是什麼呢？重得要死！

　　「啊」前面可以是動詞或形容詞，在此句例中，我們在「啊」的後頭可以從簡單的：撥啊淨淨、看啊嘴擘擘、搞啊屙屙糟糟……到一個完整子句結構的補語。而此類「啊」字的用法，往往也可以加上「到」，以更明確表「到達某一程度的或狀態」的意思。另外，若「啊」在中文表示助詞「得」的意思，例如：𠊎看汝講啊著無？（我看你說得對不對），就無法以「到」字連接在後頭或直接取代。這或許就是江敏華（2021）認為本字為「話」的語法化結果。以下 (7) 到 (10) 等於上表中的 (9) 又／知／仰／講／驚／毋……＋啊，表「引

語或準補句」標記。

(7) 講／知／驚＋啊＋受詞（子句）。中文有協助主觀確認、認定的
意思。「啊」字可省，但原意稍差。

i 𠊎斯驚你講啊添放核啦！（李）
我是怕你忘記啦！

ii 𠊎嘎會毋知啊漢字？你斯愛形容一隻字出來。（李）
我會不知道那是漢字？你要形容一個字出來。

iii 𠊎斯驚啊你寒著。
我可是怕你著涼。

在此，除了「講」、「知」、「驚」可放在「啊」的前面外，其餘動詞似乎不
能，這是特殊的結合，而此類動詞是由施事者主觀意識出發的，據此，我們假
設「啊」有助詞的功能，在語法中有協助主觀認為或認定的作用，桃竹苗有此
用法（江敏華，2021）。

(8) 句末＋啊[55]。在中文有「申明、確認」的意思。「啊」字不可以
省略掉。

i 阿叔，大姆姆毋分𠊎去轉妹家啊呢！（李）
叔叔，大嬸嬸說不要讓我跟你們去回娘家呢！

ii 佢無愛去啊（哩）！
他說他不要去

以上2句就像一般語尾助詞的句子般，有「以求確認、申明」的語氣，除
了在聲調上與客語的語氣詞唸「a^{11}」或「a^{24}」不同外，最重要的，這裡的啊
字後面還可以接句末語氣詞，看來「啊」字在扮演「申明、確認」的功能時，

形式比句末語尾助詞還要自由些。

(9)　……敢啊！中文表「可能……吧！」，有委婉猜測的語氣。「啊」
　　　字不可以省略。

ⅰ　看你緊翻，怕有吨敢啊！
　　看你一直吐，可能是有身孕了！
ⅱ　灶下仔仰會有聲音呢？怕老鼠仔敢啊！
　　廚房怎會有聲音？可能有老鼠！

此類句法除了六堆，在桃竹苗地區也有聽說過（江敏華，2021），如果我
們把「敢」字拿出來分析，會發現它是中文裡頭慣用的用法，如：敢問……？
代表施事者的禮貌，若加上施事者的主觀推測，自然就成了「……敢啊！」這
種由施事者主觀意識推斷，又加上委婉語氣的一種說法。

(10)　又／毋／仰＋啊＋……。中文有加強認為、認定的意思。「啊」
　　　字不可以省略掉。

ⅰ　倕正轉啊來呢！又啊愛掃地泥洗便所。（李）
　　我才剛回來耶！又說要去掃地洗廁所。
ⅱ　你又啊佢，佢又啊汝。
　　你說是他，他又說是你。
ⅲ　毋啊幾好食仔！
　　真是好吃啊！
ⅳ　敢毋啊撞啊幾食力仔！
　　可見撞得有多嚴重！

在 ⅰ 與 ⅱ 的例句中，有趣的地方是中文裡頭都能套入「說」這個字，難免

令人考量到「話」的另一個音 va^{55}，但我們來看這個例子：你又啊講你愛請？（你又說你要請？）這裡頭「講」代表著說的意思，如果把「話」跟「講」連在一起，勢必也要有字「又」，因為一般無法單獨用「話講」當作一個動詞詞組，如果用「啊」字呢？能不能代表著另一種語義關係？所以筆者用「認定或認為一件事」來處理 a^{55} 會適切些。之所以一般人會直接認定就是「話」字，大概也是受「韻尾延展」的影響，因為又 iu^{55}，後面接的如果是「啊」，一定會變成 va^{55}。再者：你愛請倻哦？仰啊毋好？（你要請我啊？怎麼會不好），在受事者的想法中，施事者認為受事者覺得不好，才會如此回答，所以「主觀認為、認定某事」來表示「啊」較為適合。其次，「又」字本身有「添加」的基本意思，在語義上「著重於主觀已有的某種意識」，如果「又啊」兩個字放在一起，則可以往副詞詞組的結合思考。

另外，在〈屏東李文古笑科劇〉中也有一句：講去都牛屎朏樣仔一眨啊眨仔（講得像牛屁股一樣一眨啊眨的），這是中文裡頭「V ＋啊＋ V ＋的」，代表連續不間斷的動作，除了動詞，也可以是形容詞，不過意思不一樣，我們可以看到下面另兩種不一樣的結構。

(11) A$_1$ ＋啊＋ A$_1$ ＋（仔）。（同上表(7)）中文表「A$_1$ 啊 A$_1$ 的」或「一 A$_1$ 一 A$_1$ 的」，連續不間斷的動作或狀態。「啊」不能省，原意將失去，其結構為並列結構。

i 壞牙齒搖啊搖仔，自然就會廠下來。
　壞牙齒搖啊搖的，自然就會掉下來。
ii 做事毋好趖啊趖仔，恁仔正毋會分人講話。
　做事不要拖拖拉拉，這樣才不會被人說話。

這裡頭「A$_1$ ＋啊＋ A$_1$ ＋（仔）」與中文「A$_1$ 啊 A$_1$ 的」語法結構一模一樣，意思也相同，但若將「啊」字省略，則會與「V$_1$ ＋ V$_1$ ＋啊^{53}（啊咧）」的句型重疊，意思完全不同，前者表動作持續不間斷，而後者則表示連續而輕

率的動作，但不若下面形容詞或副詞與「啊」的結合，在中文的表達上顯得自由些。A 除了動詞外，也可以是形容詞，此結構無法像上述「V₁＋啊＋V₁＋仔」一樣，完全按照中文裡「一 A₁ 一 A₁ 的」來表達陳述，但「啊」確實有將狀態、結果延續或持續的功能。

(12) A ＋啊 ^{55}／^{53}（啊咧）＝ A ＋兜仔。修飾狀語，表短時／少量
　　貌。中文有祈使、命令與比較級的語氣。「啊」不可省，其結構
　　為偏正結構。

i　瘝咃哩麼个，該你去睡目，正早啊趷。
　　倦了啦！那你去睡覺，再早一點起床。
ii　做人愛有量度啊仔。（李）
　　做人要有多一點肚量。

A 可以是動詞、形容詞，此句法結構有語義特徵，在漢語語法裡頭，「Adj ＋一點兒」具有「可控性」的語義特徵（蘭賓漢、邢向東，2006：115）。所謂「可控性」，就是說人們在描述此類動詞或形容詞的性狀特徵時，在主觀意識上是可以控制的，因此在語氣上有祈使或命令的主觀意味。除此，在上面的句例中「啊」字前可加「兜」，表一些或一點的程度副詞用，若不加，「啊」字可以直接表程度副詞的功能。

根據歸類發現：本文的「啊」字，在功能上除了少數助詞與連接詞、副詞外，皆能用「仔」字取代，雖然有時「啊」字可用其他字代替且不影響句意，但在時間上則明顯減少短促或連續的語氣。所以「啊」字在句法的表現上常有持續或短促的時間性狀，但並不適用在所有的「啊」。

伍、原鄉客家移民對「啊」字的使用

若從構詞的角度來分析「啊」字，張維耿、伍華（1982）在分析「動詞＋$a^{55}e^{31}$」或「形容詞＋$a^{55}e^{31}$」時認為 $a^{55}e^{31}$ 是後附成分，且無實際意義，因為「a^{55}」字與「e^{31}」字無法脫離動詞或形容詞單獨使用之，而與動詞或形容詞結合之後並不構成新詞，綜合以上所述，張雁雯（1998：42-44）將之歸類為「不能單獨使用的虛語素」，即使動詞或形容詞後加了 $a^{55}e^{31}$，「也不構成新詞，只表示原有動詞的嘗試態」。羅肇錦（1995）對於「a^{55}」在詞中的位置及功能，也有分類：能放在句中、動詞以及補語之後，根據本文所得，「啊」字除了可放在句中，亦可放在句首當發語詞（啊汝乜愛來吓？）、放在句尾當助詞；可以放在名詞、形容詞或副詞甚至是重疊詞後，但必須注意到聲調的改變。以下，我們來看林立芳、饒長溶、侯復生對於去聲調「a」的定義與用法：

林立芳（1997：93-95）所著的《梅縣方言語法論稿》，「阿」字（去聲調）作介詞用，共有 3 種用法：

1. 跟 (1) 時間、(2) 處所、(3) 方位詞組合，位置緊跟在動詞之後，等同於中文的「在」。

   (1) 叔公死阿抗戰時節。

   　　叔祖父死在抗日戰爭時期。

   (2) 偃以前住阿內蒙古。

   　　我以前住在內蒙古。

   (3) 眼鏡跌阿地泥上。

   　　眼鏡掉在地上。

2. 表示動作行為短暫的時間，等同於中文的「一……就……」。

   (1) 佢下阿撇課就走撇哩。

   　　他一下課就走掉了。

3. 表示動作行為持續的方式。

   (1) 你搭車來，偃係行阿來个。

　　　　你乘車來，他是走路來的。

　　以上三種功能，在六堆地區也都有相同用法，而且更為豐富，這讓筆者好奇，六堆地區的來臺祖大多由原鄉廣東梅縣移民而來，照理說，在「啊」的用法應不出其右，為何反而青出於藍？另，作者將「阿」比做介詞，認為不能放在動詞之間，中間也不能插入其他詞語，附著性非常強，與中文的「在」字等同，但不若「在」字的位置自由，一旦不當介詞使用，而當做助詞使用時，就會把前項規則打破了。

　　在饒長溶（2001：1-4）以長汀話、梅縣話與五華話做實例的報告中，則將「啊」歸類為體貌助詞，來表示動詞的體貌，並分為五類，分別如下：

1. 剛然貌，表示動作方剛完成。

　　長汀話：細妹子，飯食啊飽，就跑走嘍。

　　　　　　小妮子，飯一吃飽，就跑走了。

2. 方式持續貌，表示動作持續的方式。

　　長汀話：要買坐票，做啊去大埔。

　　　　　　要買坐票，坐著去大埔。

3. 著落持續貌，表示動作著落後的持續狀態。

　　長汀話：伏啊桌子汗（睡著嘍）。

　　趴（了）在桌子上（睡著了）。

4. 間隔持續貌，表示動作點降式間隔持續狀態。

　　長汀話：行起路來，瘸啊瘸哩。

　　　　　　走起路來，一拐一拐的。

5. 連接持續貌，表示動作飛間隔性的連接持續狀態。

　　長汀話：兩個人講啊講，講睡著嘍。

　　　　　　兩個人說著說著，說睡著了。

　　以上在六堆地區皆有相似的表達方式，長汀話不出其右，是否有其他更多類似於六堆地區的用法，值得探究。

　　此外，侯復生（2002：332-343）可以說是較全面的整理，對於本文有同源比較的意義，為節省篇幅，本文不以例子舉出，以其分類做如下說明：

1. 阿 $_1$：作為動態助詞，屬短時態。分為兩類：一為「動＋阿＋趨向／結果」格式，二為結合「等、倒（著）、過、欶（仔）、起事」組成一組動態助詞。

2. 阿 $_2$：作為語素，分別與「欶（仔）、胜／胜欶（剩／勝仔）」組成。

3. 阿 $_3$：作為結構助詞，出現在謂補結構中間，相當於普通話的結構助詞「得（到）」，可與結果或狀態補語結合。

4. 阿 $_4$：作為介詞，相當於普通話的「在」或「至」，與時間詞語或處所詞語組成介詞結構，附在動詞後面做補語。

5. 阿 $_5$：作為趨向動詞，也是唯一的實詞用法，相當於普通話的「到」，出現在動詞中心語後面做補語，組成動補結構，再帶上處所賓語，說明動作行為所到達的處所。

從以上分類法，筆者認為有重疊模糊之處，如第五類的實詞用法，實際上在前四類，就能依是否能省略來做判斷，是否為虛詞實用？其中只有「啊過」和「阿起事」，筆者尚未聽老一輩人說過，其他用法也都不出其右。在六堆地區，若不考慮到調值是否為 55 或 31 ／ 53，本研究至少有六種的用法，尚未在侯復生的文章中發現。

陸、同源異境下虛詞「啊」九種體標記的比較結果

以下九種體標記是在原鄉梅縣、臺灣、印尼調查、引用的結果：

表 5-1：虛詞「啊」九種體標記

標記	結構／例句	梅縣	四縣	六堆	坤甸	海陸	山口洋	大埔
位移終點	(1)V＋啊^{55}＋（在）＋處所／方位／時間 佢同電話號碼寫啊壁項。 她把電話號碼寫在牆上。	✓	△[4]	✓	✓ tet^2	△ (✓)	✓	△
緊密先前貌（短時）	(2)V＋啊^{55}＋C（結果）／D（趨向） 同門關啊等就使得了，毋使鎖。 把門帶上就可以了，不用鎖。	✓	✓	✓	✓ $a^{55}e^{55}$	✓	✓	✓
	(3)V$_1$＋啊^{55}＋V$_1$（限於方位移動詞） 仰來啊來又愛歸哋呢？ 怎麼剛來就要回去了呢？	△	△	✓	△	△	△	△
嘗試貌	(4)V＋看啊$^{55／53}$（啊咧） 秤看啊還有幾多斤？ 秤秤看還有幾斤？	✓	✓	✓	✓	✓	✓ ha^{33}	✓ ha^{53}
短時貌	(5)V$_1$＋V1＋啊^{53}（啊咧） 愛食飯哋，好去洗洗啊。 要吃飯了，快去洗一洗澡。	✓	✓	✓	✓	△ $ə^{33}$	✓ ha^{33}	✓ ha^{53}
狀態／程度補語	(6)V／A＋啊（到）＋狀態／程度 看電視看啊嘴擘擘。 看電視看得嘴開開。 這箱仔重啊會死。 這箱子重得要死。	✓	△	✓	✓ $a^{55}e^{55}$ to^{55} （到）	△	△ teu^{11} （到）	△
反覆貌	(7)V$_1$／A$_1$＋啊＋V$_1$／A$_1$＋（仔） 壞牙齒搖啊仔仔就會落下來。 壞牙齒搖啊搖的就會掉下來。	✓	✓	✓	✓	✓	✓	✓
修飾狀語（短時／少量）	(8)A＋啊$^{55／53}$（啊咧）＝A＋兜仔 暗晡夜愛早啊睡。 今晚要早一點睡。 做人愛有量度啊仔。 做人要有多一點肚量。	✓	△	✓	△ tit^5 teu^{24}	△	△ tit^5	△

4　本表格打「△」不見得沒有這種用法，只是就目前文獻或囿於發音人認知，尚未得到證實。

| 引語或準補句 | (9) 又／知／仰／講／驚／毋……＋啊[5]
你又啊佢，佢又啊你。
你說是他，他又說是你。
這柑仔毋啊幾多甜咧。
這橘子不知有多甜呢。 | ✓ | ✓ | ✓ | ✓ | ✓ | △
a^{55}
teu^{11} | △ |

資料來源：本表由作者製作。

柒、結論

　　表短時、嘗試、暫時、反覆、緊密先前、位移終點、狀態／程度補語、修飾狀語的短時／少量或當引語、準補句等體標記「啊」的語法功能，在六堆地區表現得十分豐富，在四縣、海陸和大埔等腔則有音變或可能尚未發現的語義，經過考證（江敏華，2009、2021），大致可以歸納為本字「下」和「話」語法化、詞彙化的結果。本文透過與印尼坤甸和山口洋客家移民後裔的比較，發現除了修飾狀語的短時／少量標記同樣以「滴」（tit^8）表示外，其餘幾乎和六堆地區「啊」的語法功能相似，再次印證了移民社會在語言接觸中不斷交融的結果，延續、斷裂、重組和創新四個變貌起著微妙作用（蕭新煌，2017）。

　　體標記「啊」的「延續」說明來自於原鄉（梅縣、惠州等地）的語法功能在臺、印兩地的客家社會並未消失；「斷裂」意指有些語法功能在臺灣的部分腔調和印尼已消失不見（如：V$_1$＋啊^{55}＋V$_1$，V$_1$限於方位移動詞）；「重組」則是「啊」的語法功能已透過其他方式取代（如：V／A＋啊＋狀態／程度），語音高化為 e^{55} 或與華語融合為「到」（to^{55}／teu^{11}），至於「創新」，本文認為，若從本字為「下」和「話」語法化、詞彙化的程度來看，臺、印兩地（尤其是臺灣）較原鄉發展得更豐富多元。

---

[5]　江敏華（2021）已將此語法功能的「啊」考證為本字「話」的語法化，從「言說義」變「認知義」。此外，「啊」也可以放句末，如：啊哦～麼个客人毋曉講客啊 va^{55}（四縣）、該兩公婆老（了）正來離婚啊 va^{33}（海陸）。

參考文獻

六堆文化研究學會編輯整理，2005，《六堆人講𤠣話》。屏東：社團法人屏東縣六堆文化研究學會。

江敏華，2009，〈客家話動趨結構中的體標記〉，發表於「漢語趨向詞之歷史與方言類型研討會」暨第六屆「海峽兩岸語法史研討會」。臺北（2009 年 8 月 26-27 日）。

江敏華，2013，〈臺灣客家話動趨結構中與體貌有關的成分〉。《語言暨語言學》14（5）：837-873。

江敏華，2013a，〈臺灣客家話動趨結構中與體貌有關的成分〉。《語言暨語言學》14（5）：837-873。

江敏華，2013b，〈客家話的短時貌標記「下」——從動量詞到狀態／程度補語標記〉。《臺大中文學報》43：177-210。

江敏華，2021，〈臺灣客語言說動詞「話」的語法化與詞彙化〉。頁 277-294，收錄於陳淑娟、江敏華、杜佳倫、陳麗君、曹逢甫主編，《三十而立——台灣語文學會三十週年慶祝論文集》。臺北：台灣語文學會。

余秀敏，2015，〈客語多義詞啊 55 的時貌觀點之探討〉。《新竹教育大學人文社會學報》8（1）：83-116。

吳餘鎬，2002，《台灣客家李文古故事研究》。嘉義：國立中正大學中國文學系碩士論文。

宋彩仙，2008，《客家話體標記的研究》。桃園：國立中央大學客家語文研究所碩士論文。

李文光等，1999，〈李文古再現江湖〉經典劇，卷一～四。屏東：聲鼎文化事業股份有限公司。

李柏毅，2003，《漢語語尾助詞「啊」的語用研究》。新竹：國立清華大學語言學研究所碩士論文。

李曉琪，2005，《現代漢語虛詞講義》。北京，北京大學出版社。

房子欽，1994，《客家話否定詞研究》。新竹：國立清華大學碩士論文。

房子欽，2015，《台灣客家語動後體標記語法化研究》。新竹：國立新竹教育大學臺灣語言研究與教學研究所博士論文。

林正慧，1997，《清代客家人之拓墾屏東平原與六堆客庄之演變》。臺北：國立台灣大學碩士論文。

林立芳，1997，《梅縣方言語法論稿》。廣東：中華工商聯合出版社。

邱彥貴、吳中杰，2001，《台灣客家地圖》。臺北：貓頭鷹出版社。

侯復生，2002，〈梅縣方言謂詞後面的 " 阿 "〉。頁 332-343，收錄於謝棟元主編，《客家方言研究：第四屆客家方言研討會論文集》。廣州：暨南大學出版社。

孫錫信，1999，《近代漢語語氣詞》。北京：語文出版社。

張小峰，2003，《現代漢語語氣詞 " 吧 "、" 呢 "、的話語功能研究》。上海：上海師範大學博士學位論文。

張雁雯，1998，《台灣四縣客家話構詞研究》。臺北：國立台灣大學中國文學研究所碩士論文。

張維耿、伍華，1982，〈梅縣話的「動 +e」和「形 +e」〉。《中國語文》171-6：46。

曾彩金（主編），2001，《六堆客家社會文化發展與變遷之研究──歷史源流篇》。屏東：財團法人六堆文化教育基金會。

曾喜城，2002，《〔李文古〕客家民間文學文化資產研究》。雲林：雲林科技大學文化資產維護研究所碩士班論文。

游文良，2002，《畬族語言》。福州：福建人民出版社。

黃建德，2004，《萬巒鄉客家聚落嘗會之研究》。臺南：國立臺南師範學院碩士論文。

黃惠珍，2008，《印尼山口洋客家話研究》。桃園：國立中央大學客家語文研究所碩士論文。

蕭新煌（主編），2017，《臺灣與東南亞客家認同的比較：延續、斷裂、重組與創新》。臺北：遠流。

賴維凱，2006，〈從虛詞「啊」的用法探討客家移民間語言之變化〉。頁 287-304，收錄於吳煬和編，《第五屆客家學術研討會論文集：屏東客家醫療史‧移民與文獻》。屏東：美和技術學院。

鍾榮富，2004，《台灣客家語音導論》。臺北：五南。

羅杰瑞（著）、張惠英（譯），1992，《漢語概說》。北京：語文出版社。

羅肇錦，1988，《客語語法》。臺北：台灣學生書局。

羅肇錦，2000，《台灣客家族群史——語言篇》。南投：臺灣省文獻委員會。

嚴修鴻，2001，〈平遠客家話的結構助詞〉。《語言研究》2001.2：37-47。

饒長溶，2001，〈關於客家方言體貌助詞"啊"〉。《韶關學院學報》22（11）：1-4。

蘭賓漢、邢向東（主編），2006，《現代漢語》下冊。北京：中華書局。

第 6 章

「小氣」的客家人？：
近代臺灣客家族群「小氣」形象的建構與解構

廖經庭

壹、前言

幫我們家女兒介紹一個適合對象吧。最好不要跟我介紹客家人，**客家**
人很小氣，跟公公、婆婆住在一塊，當客家媳婦會有不好的對待（嚴
芷茵，2014）。

　　上述這段文字摘錄於國立交通大學傳播與科技學系所編輯的《臥虎藏龍：
客家專業菁英》，而這段文字讀來對於客家族群來說並不好受，但這樣的論述
模式在臺灣社會中卻日益普遍。近年來，即便客家族群多麼不願意，但「小
氣」這個概念似乎在有意與無意間，成為臺灣客家族群的刻板印象。早期電視
節目上的丑角「董月花」，表現出小氣吝嗇與囉唆粗魯的客家女性形象；「客家
一哥」小鐘不斷透過電視節目強調客家節儉小氣的概念；近期則有脫口秀演員
龍龍演出「客家男友超摳」（龍龍 LungLung，2019）的橋段，這些言論與表演
都不斷強化客家族群的負面形象（negative image）。
　　「小氣」逐漸被烙印在客家族群身上，與臺灣社會的族群位階與發展脈絡
密切相關，本文嘗試從族群性（ethnicity）概念出發，從今日臺灣社會頗為流
行的梗圖，討論「小氣」如何鑲嵌成為國人對客家族群的負面刻板印象；此
外，透過論述或表演形塑客家「小氣」形象的表演藝術者，在某個程度上將
「客家小氣」視為文化工具，但往往卻是在這種過程中，客家族群成為「象徵
暴力」（symbolic violence）的犧牲品，本文嘗試將「客家小氣」命題放在臺灣

社會脈絡與族群關係中進行思考與反思。

貳、理論探討

　　第二次世界大戰以後，民族性研究蔚為主流，美國人類學家潘乃德（Ruth Benedict）的《菊花與劍》就是這類研究的名著，她受到愛德華・薩皮爾（Edward Sapir）提出的文化形貌論（Cultural Configuration）影響，認為文化如同個人，具有不同類型與特徵。因此，她著手對美國交戰國日本的研究，但因當時戰爭無法進入日本，於是她根據文學、電影，以及在美國的日本人進行「遠距離的田野研究」，進而提出日本具有雙重的民族性格，包括：好戰而祥和、黷武而優雅、傲慢而尚禮、呆板而善變、馴服而倔強、忠貞而叛逆、勇敢而懦弱、保守而喜新（潘乃德，2006）。而這樣的民族性格研究，一方面歸納出各自民族的文化特性，某個程度來說卻也可能強化了這些民族的刻板印象。

　　族群刻板印象也可以借重其他學科概念進行深化探討與思考，Susan Fiske 曾提出刻板印象內容模型（Stereotype Content Model, SCM），此概念認為：刻板印象的內容是在能力（competence）和熱情（warmth）兩個維度上的評價組合，SCM 理論認為，刻板印象根源於全人類群體普遍存在的社會現象：為了自身的利益和生存，人們會不自覺表現出這樣的意圖，即需要確認其他群體是朋友還是敵人（是否熱情）？以及他們對自己是否構成威脅（是否有能力）（Fiske, 1993）。社會上的資源有限，各族群的人們會為了各自族群利益，產生爭奪資源的情形，而此時將其他族群予以醜化，便可能成為一種方法，但面對這種「朋友」或「敵人」究竟該採取何種應對方式，Susan Fiske 認為從能力與熱情這兩種維度，確實是一種可以觀察的途徑。

　　此外，社會學家 Goffman 的「社會烙印」污名化（stigmatization）概念也值得討論，讓吾人重新思考客家族群在今日臺灣社會中所處的社會位置，Goffman（1963）認為：「擁有一種使對方受到貶低（discrediting）的特質，透過此特質與某種道德規範連結過程，人們便可以將一個完整之人，貶低為一

個玷污的人。」污名大致可分三種類型：（1）對各種身體殘缺或異常的憎惡；（2）個人性格缺失的標籤；（3）對特定國族、種族或宗教信仰的集體性排擠或歧視，而從「客家小氣」的角度來看，「客家小氣」的論述某個程度來說是不是其他族群對客家族群的排擠？若是排擠，排擠的目的何在？因此，筆者認為「客家小氣」的論述除了站在族群多元與尊重的角度予以反駁之外，也應站在整個臺灣社會環境的視角中，觀看客家族群究竟是在哪個位置，客家族群如何看待自身族群？其他族群又是如何檢視客家族群？

　　最後，我們也可以從不同的社會脈絡，思考人類社會如何建立「異」／「己」的觀念，中央研究院院士王明珂的「毒藥貓理論」也提供一種思考模式。王明珂從 1994 年起深入岷江上游，走訪羌族各村寨，在田野訪談過程中，發現每個村寨都有一、兩個女人被講成是「毒藥貓」。王明珂認為，毒藥貓與女巫都不是「個人」，她們代表背後危險、威脅、恐懼的勢力，對代罪羔羊的暴力，正是因為把她們視為外敵的一部分，是群體內部的「他者」（王明珂，2021）。回到臺灣社會的觀察上，客家族群被烙上「小氣」形象，是不是代表客家族群在某個程度上被劃出臺灣主流族群之外？而客家小氣的污名化，是不是一而再，再而三地製造出一種異於正常的「他者」，藉以鞏固這些「正常人」的自我認同？

　　在上述理論的對話與思考脈絡中，筆者嘗試回過頭與臺灣客家研究進行對話。客家族群逐漸成為研究主體後，客家族群的特色與特質一直是研究者想要解答的問題，學者會從不同的角度與觀點來討論客家特質，甚至進一步思考這些特質如何透過各種方式，鑲嵌成為臺灣客家族群的族群意象。

　　1980 年代，客家研究逐漸受到學者的注意，而人們也開始探討客家族群的特性，王雯君（2005）的〈客家邊界：客家意象的詮釋與重建〉是頗具代表性的一篇論文，她發現在小說中或在學者的論述中，常以「艱苦、遷徙、節約、農業、簡樸、辛酸」等意象，來描繪客家人的族群特質，另外透過問卷調查的方法，她也蒐集到竹苗地區 15 個鄉鎮的客家人與非客家人，對於客家意象的描繪。有趣的是，在 13 個最具代表性的客家意象中，「勤勞節儉」幾乎是所有客家與非客家族群共同認定的客家意象，排在第二名的是「客家美食」，

而「刻苦耐勞」與「簡樸實在」則位於三、四名。換言之，無論從過去的小說作品或今日人們對客家族群的意象描繪，都可發現「艱苦、遷徙、節約、農業、簡樸、辛酸」與「勤勞節儉」等概念，都與客家族群畫上了等號。

王雯君的研究也透露出一個有趣現象，從王雯君所調查到的客家意象來看，這些客家意象基本上都屬於正向的族群印象，王雯君的資料來源主要是來自臺灣客家族群史專題計畫之臺三線竹苗地區客家文化產業經濟調查委託研究報告，而受訪者回答問卷時也大多從較為正向積極的面向回答，但在今日臺灣社會的網路空間或娛樂圈，人們對於客家人的描述與印象卻不若上述正向，故本文希望討論「客家小氣」的族群刻板印象從何而來？而這樣的刻板印象又反映出客家族群在臺灣社會的處境與難處。

參、客家與小氣的鑲嵌

上述王雯君〈客家邊界：客家意象的詮釋與重建〉發表於 2005 年，而該篇資料的來源主要來自 2003 年至 2004 年左右的問卷調查，而當時 Google 表單進行問卷調查的情況並不普遍，因此當時也主要透過「紙本問卷」進行「面對面」的調查，筆者認為受訪對象可能或多或少會進行「揚善隱惡」式的問卷回答方式，因此當時王雯君的研究發現受訪者大多從「較為正向」的方式討論客家；但隨著近十幾年來智慧型手機與網路世界的互動更加頻繁，人們可以在網路空間上不用與他人「面對面」互動，因此人們可以較為隱藏自己的身分，因此在論述上面也更「肆無忌憚」，也因此若再進行「客家意象」的調查，可能會出現不同上述的研究發現。

筆者在搜尋「客家小氣」的相關資料時，發現網路世界上的梗圖與臺灣娛樂圈是連結「客家」與「小氣」兩個概念的主要媒介，故以下筆者將針對「梗圖」與「娛樂圈」兩個媒介，探討「客家族群」如何與「小氣」刻板印象深刻鑲嵌。

一、梗圖

隨著網路世代來臨，梗圖近年來蔚為流行。梗圖常於鄉民發揮創意產製的用戶生成內容中，幽默、戲謔看待他人不幸的經歷，或先天、非自願造成的外在特徵，隱含道德疑慮，不過也時常因文本呈現的方法太過獨特，使閱聽者「忍不住覺得好笑」，游移於「道德」與「不道德」的模糊地帶（蔡柏宏，2020）。由於梗圖從網路空間發展而出，人們少了直接面對面的互動與溝通，也使人們在製作梗圖的過程中更加肆無忌憚，也使閱聽者「忍不住覺得好笑」，連帶使族群之間的刻板印象更為嚴重。而且，梗圖的產製及傳播，也可能因玩笑涉及的議題較為敏感，諸如性別、族群等，進而容易遭閱聽者批評為不恰當，甚至隱含歧視與攻擊（蔡柏宏，2020）。因此，如何在輕鬆有趣之餘，又能尊重不同性別與族群的文化，是梗圖設計者未來應該思考的問題。

為了了解「小氣」如何與「客家族群」產生連結，本文透過 Google 圖片搜尋「客家梗圖」，共搜尋到編號 A 到編號 I，共九個以客家族群為主題的梗圖，而這九個具有客家特色的梗圖中，編號 A 至編號 H 的八個梗圖都是為圍繞著「客家小氣」的概念，以下分別針對這九個客家梗圖的內容進行介紹及分析。

（一）編號 A：客家上流

這幅梗圖參考 2019 年的韓國黑色幽默驚悚劇情片《寄生上流》，將這個電影海報配上「客家上流：客家，不該是越省存越多嗎？」的文字說明，暗示客家族群愛存錢，甚至隱含著「貪財愛錢」的含意。

（二）編號 B：客家人之恥

這幅梗圖參考 2017 年從 Instagram 上首次貼出此迷因圖[1]，原本的迷因圖內

---

[1] 所謂的「迷因圖」是指「基於原本素材的再創作，製作出有趣、易於理解，能大量傳播的素材（就像 gene 一樣）」，而「迷因圖」通常即是「梗圖」。

容涉及歐美對於亞洲人視為「計算機」的刻板印象，以及亞洲父母對兒女的期望，當兒女做出違背其期望時，就會被稱為「恥辱」。

這幅梗圖中媽媽提到「（兒子）你為什麼丟原子筆？」，兒子回應「因為它斷水」，結果媽媽眼光發出怒光，直指孩子是「客家人之恥」，原子筆斷水後丟棄居然被「客家媽媽」指責是「客家人之恥」，隱含著客家人節省且小氣，甚至連原子筆斷水了都捨不得丟棄。

（三）編號 C：吃飯共鍋

這幅梗圖上方文字寫著「跟客家朋友去吃飯共鍋價格的尾數」，放著一個一元硬幣代表共鍋尾數是一元，但下方文字卻又提到「只好下次再吃一次，你再還我一元」，從語意來看，下方文字所提到的「我」是該位「客家朋友」，而刻意強調朋友的「客家」身分，也傳達出客家人十分小氣的刻板印象。

（四）編號 D：客家人怎麼洗澡

這幅梗圖以猴子布偶為板模，上方文字問到「客家人怎麼洗澡？」，下方猴子布偶被塑造成客家代言人，表示「我上禮拜好像洗過了」，凸顯出客家人甚至可以為了省錢而不洗澡。

（五）編號 E：小氣鬼喝涼水

臺灣桃竹苗近山地區的客家人在清領後期以種植茶葉為生，故這幅梗圖放著一個客家採茶婦女，前方並放著六瓶裝有冰塊的白開水，上方文字寫著「為什麼客家人不喝溫水？」，下方則回答表示「因為小氣鬼喝涼水」，事實上「客家人不喝溫水」根本就是一個假命題，但透過「喝涼水」＝「小氣鬼」＝「客家人不喝溫水」，直接將客家人類推為「小氣鬼」。

（六）編號 F：空踩 YouBike

這幅梗圖放著一個婦女在 YouBike 立停車架上「空踩當運動」，圖中搭配著一段文字「當你想要健身，但你是個客家人時」，暗指客家人為了節省健身

費用，而將 YouBike 立在停車架上當作健身器材，但若我們重新去追這件事情的發展脈絡，會發現實際上不是客家人空踩 YouBike 當運動。

筆者搜尋到多篇關於國人將 YouBike 立停車架上「空踩當運動」的新聞報導，但這些實際發生過的新聞案例，事實上沒有直接證據顯示他們就是客家人，但這個新聞播報出來後，反而被有心人士拿來製成梗圖，甚至刻意用來描述客家人：（1）彰化有一名先生坐在 YouBike 上頭，沒有刷悠遊卡，直接立起停車架，坐在上頭，兩腳踩踏，簡直把 YouBike 當健身器材「飛輪」使用（東森新聞，2017）。（2）臺中市議員林祈烽和施志昌接獲市民投訴，在 iBike 租借站竟然看到有一位白頭髮的阿嬤，在停車架上空踩自行車，不曉得是在運動健身或是做復健，外勞看護就坐在輪椅上看著她騎車（唐復年，2021）。（3）網友在臉書社團「路上觀察學院」上發文表示，「把 YouBike 當 World Gym（健身房）騎的國中生。」從他 PO 出的照片可以見得，這三名國中女生似乎沒有租借 YouBike，但卻坐在上頭「空踩」，把腳踏車當成健身器材「飛輪」（曾筠淇，2021）。

筆者嘗試多方尋找客家族群「空踩 YouBike 當運動」的新聞，但均未找尋到客家族群「空踩 YouBike」實際發生過的新聞，而上述三則實際發生過的新聞報導，彰化與臺中客家族群的比例並不高，而也無法證明上述三個國中女生就是客家人，卻將「空踩當運動」的責任推給客家族群，這是一個「莫須有」的指控。

（七）編號 G：堅持少給

這幅梗圖則是對原住民族群與客家族群都十分不友善，內容提到「原住民去麥當勞買薯條，他認為他可以加量 35%」，這隱含原住民總是要求補助與福利；而後方則又接著這段文字「但是店員是客家人，堅持少給」，又再次傳達出客家人「小氣」不願意多給的刻板印象。

原住民族群與客家族群在臺灣社會中均屬於少數族群，而這兩個族群有類似被污名化的現象，在今日臺灣社會的梗圖作品中，客家族群大多與「小氣」畫上等號，而原住民族群則大多與「需要額外保障」的概念相連結，凸顯這兩

個臺灣少數族群淪為王明珂所說的「毒藥貓」角色。

（八）編號 H：莫德納

2021 年臺灣開始普遍施打 COVID-19（新冠肺炎）疫苗時，也出現了一幅客家人施打莫德納疫苗的情況。隱射客家人小氣的梗圖。有位客家老人到衛生所注射莫德納注射完後問護理師：「國外注射疫苗都有發錢、獎品、摸彩……我們有啥？」客家護理師回答說：「你打的是『莫得拿』（客家話：沒得拿）。」老人傻眼。這幅梗圖將客家老人描述成愛占便宜、自私自利、只考慮自己的人物。

（九）編號 I：暗自 Sad

這幅梗圖是相較之下較沒有族群刻板印象的。上方文字問到：「為何客家人都看起來很陽光？」而下方文字給的解釋是「暗自 Sad」，「暗自 Sad」事實上是從四縣腔客家話的「恁仔細」（an31 zii31 se55）的諧音，因此透過諧音的方式讓懂得這句客家話的人們會心一笑。

二、娛樂圈

孫榮光在 2009 年的客家委員會研究計畫〈電視綜藝性談話節目的客家再現：以《康熙來了》、《國光幫幫忙》、《大小愛吃》為例〉，曾討論臺灣綜藝性談話節目製造或複製的客家刻板印象，他分為「小氣與節儉」、「硬頸」、「女性形象」與「客語的再現」四個部分進行論述，其中在「小氣與節儉」這個小節中，孫榮光以「差異的再現」概念，提到這種刻板印象將客家族群與其他族群之間切割開來。[2]

2　《國光幫幫忙》用辯論的名義讓客家人「平反」，《康熙來了》用誇張的短劇呈現，其他節目則由客家藝人七嘴八舌貢獻每個人小氣、節儉的事蹟。它已成了客家族群最揮之不去的負面形象。《國光幫幫忙》中，主持人庹宗康以他一貫屌兒啷噹的口吻問在場的客籍藝人：「你有沒有在你們客家莊吃過喜酒？」「那菜色有什麼不一樣嗎？你都送多少

　　由此可知，娛樂圈藝人的一舉一動，經常成為人們仿效的對象，而部分藝人也會透過誇張的肢體動作與語言方式，進而吸引眾人的目光，而娛樂圈有幾位藝人對臺灣客家族群小氣形象的形塑往往有推波助瀾之效，不同於孫榮光從電視綜藝性談話節目進行討論，本文將從小鐘與曾國城等兩位代表性藝人進行介紹與論述。

（一）小鐘

　　小鐘是出生於桃園楊梅的客家人，早年是男子團體「咻比嘟嘩」的成員，團體解散後朝主持界發展，逐漸轉型為諧星、通告藝人和主持人，而他的主持詼諧有趣，也有「客家一哥」的暱稱，卻在螢光幕前經常有意無意形塑出「小氣」的形象。因此，小鐘幾乎與「小氣」畫上等號，也因小鐘是客家人，強化了「小氣」＝「小鐘」＝「客家」的印象。然而，小鐘真的十分小氣嗎？實情可能與表現的形象不一樣。例如，小鐘前女友茵芙曾出面替小鐘平反，茵芙形容小鐘是她見過非常大方的人，「如果他真的小氣，像傳聞那樣，不會一直以來都交到不錯的女友（指季芹、王怡仁）。」（今天頭條，2016）。

（二）曾國城

　　曾國城是出生於屏東內埔的客家人，曾主持多個綜藝節目，並多次奪下金鐘獎娛樂綜藝類、綜合節目、益智及實境節目最佳主持人獎，而一般人對曾國城的印象也多是「小氣」，在娛樂圈中他也經常被譏小氣。不過，曾國城也曾出面反駁，他表示自己是家中長子，長大後希望家人不必再為金錢煩惱，他拚命工作，甚至跨足不熟悉的投資領域，投資過傳播公司、餐廳和酒吧，皆以慘賠收場，在開傳播公司時情況最糟，支票跳票，被銀行列為拒絕往來戶，每個月的收入有九成要還債，他小氣的傳聞也在此傳開。有一次，藝人侯冠群還公

　　錢？」「你們」兩字有把客家人視為「異類」的口吻。《冰火五重天》以眾家藝人如何小氣節儉為主題進行對談，節目並非完全鎖定客家人，但由於客籍藝人小鐘受邀上節目並被封為「小氣王」，使整集又有相當的篇幅放在客家人如何「寒酸」上。請參見：孫榮光（2009）。

開他請客只請一顆鳳梨酥的吝嗇往事，但曾國城澄清，他當時全身上下只剩兩顆鳳梨酥，這是他唯一可以分給別人的東西。他表示，我沒有裝闊的本錢、請客的條件（張毓琪，2015）。

　　曾國城的經歷也讓我們重新反思客家等同於小氣的脈絡是否過於跳躍。從曾國城的論述可知，他是一個頗具家庭感與責任感的人，而這種負責的態度讓他在創業投資過程中，繳了許多「學費」；面對債務他不是選擇躲避，而是勇敢肩負起還債的責任；倘若曾國城在當時欠下大量款項時，依舊過著奢侈且「大方」的日子，絲毫無心解決債務，某個層面來說是不是不負責任呢？因此，曾國城實際上是選擇不逃避，並且勇於面對責任，但對此新聞媒體並不著重他「勇於負責」的態度，反而刻意從他的客家族群身分，譏笑他「小氣吝嗇」的一面，新聞媒體似乎在有意無意間強化了客家「小氣」的刻板印象。

表 6-1：曾國城負債行為分析

行為	造成	解決方式	媒體報導
拼命工作與投資	負債	並不裝闊	刻意強調
		勇於負責	選擇忽略

資料來源：本研究整理。

　　吾人可從「集體記憶」（collective memory）的概念來分析曾國城的負債行為報導模式。曾國城的客家身分，被大眾媒體不斷賦予「小氣」的印象，卻幾乎沒有媒體從正向立場去報導曾國城（或客家族群）是一個「負責任」的藝人（或族群），Evans-Prichards 在非洲的田野調查發現，努爾人藉著刻意遺忘某些祖先、特意記憶某些祖先，來達成發展與分化家族的目的（埃文思·普里查德，2002）。這些歷史記憶並非真正史實，但為了今日生存的需要，歷史記憶常因此被刻意提起，或刻意被忽略。事實上，人們選擇記憶什麼或遺忘什麼，都有其目的性與意義性。王明珂曾提到，過去的經驗常常在我們的意識掌握之外，而回憶是將部分的「過去」擇回，用來為現實的需要服務（王明珂，1997）。因此，集體記憶會隨著時代需要而產生調整與變化，甚至產生「結構

性遺忘」的情形，社群對於過去的回憶通常都是為了因應現在情境所需，同樣的例子可以放在不同族群的比較上。臺灣社會中的主流族群——閩南族群，又被賦予何種族群印象呢？臺灣社會似乎很難直接立即給予閩南人一個族群印象，而臺灣客家族群無法與主流族群一樣享有平等且正向的族群印象，是不是也代表臺灣社會潛意識裡，對客家族群、原住民族群與外省族群等少數族群[3]不夠接納，因此透過刻板印象來排斥這些族群。

肆、「客家小氣」所體現的客家處境

從上述可發現，「小氣」一詞幾乎與臺灣客家族群畫上等號，但從時空背景進行分析就會發現，「客家小氣」似乎不是放諸四海皆準。例如，新加坡客家人似乎不會特別被刻上「小氣」的印象，筆者搜尋新加坡發行量最大的華文報紙《聯合早報》，以「小氣」為搜索條件，並未搜尋到「客家小氣」的相關資料；但「小氣」卻成為臺灣社會「定義」客家族群的一種方法，這牽涉出一個更深層的問題，即：臺灣社會為什麼會特別用「小氣」的概念來定義客家族群？其背後又隱含何種社會關係或社會脈絡？回答這個問題有助於客家研究的深化，也如同徐正光與張維安（2007）曾提到：「掌握行動者主觀的意識，了解行動者的行為所具有的意義，設身處地地去理解不同脈絡中的行為、儀式的文化意義，都是詮釋與意義認知旨趣的對象，這種以詮釋性的理解為目標的學科特質，當然也是客家學的構成向度。」臺灣客家人被刻意強調是「小氣」的族群，其背後有其一套社會律動原則與思考脈絡，本文嘗試分析臺灣客家族群被污名化為「小氣」的背後意義，並將其脈絡放在臺灣社會中進行反思，希望臺灣能夠成為一個懂得尊重不同族群與文化的多元社會。

---

[3]　一種常比擬的刻板印象是「客家小氣」、「番仔」與「外省豬」。

一、臺灣客家刻板印象的流變

一個社會可能或多會少出現一些「刻板印象」，而臺灣社會開始書寫以來，人們如何記載與評論臺灣客家族群，從清廷到現代關於臺灣客家族群的印象來看，臺灣客家人的族群印象充滿著變動性與流變性，在清領時期人們並不會特別強調「客家小氣」的印象，以前只會強調客家族群的生活較為辛苦（艱苦、簡樸、辛酸），因此會強調「娶妻應娶客家女，嫁夫莫嫁客家郎」的概念一開始並不一定跟「客家小氣」有關；但近幾十年來，隨著時代背景的變遷，生活艱辛已不再是「嫁夫莫嫁客家郎」的理由。

王雯君（2005）曾提到，在小說中或在學者的論述中，常以「艱苦、遷徙、節約、農業、簡樸、辛酸」等意象，來描繪客家人的族群特質，但很少以「小氣」描述客家族群，而上述的小說與學者大多都是屬於客家族群，而客家族群遷徙臺灣以來，長期都屬於弱勢的少數族群，因此這些小說與學者們大多凸顯客家人的族群特色，甚至是透過這些族群特色來凝聚客家族群的向心力與榮譽感，而客家族群無論在中國原鄉或是來到臺灣，多以近山地區或丘陵地帶為居住地，而這些地區的居住與生活環境較為辛苦，也因此人們也用「刻苦耐勞」來描述客家人，或者吾人也可以說「刻苦耐勞」比較接近客家族群的原型概念，但從「刻苦耐勞」衍生出來，可發現客家族群與非客家族群會有不同的解讀方式，客家族群本身比較會「硬頸」這個概念進行衍生，形容客家人遭遇困境時仍不放棄的精神；但非客家族群則容易從「小氣」、「吝嗇」的角度來衍生客家族群的「刻苦耐勞」。

表 6-2：刻苦耐勞的衍生印象

原型概念	衍生印象	使用族群
刻苦耐勞	硬頸	客家族群
	小氣	非客家族群

資料來源：本研究整理。

二、「客家小氣」中所見的性別意識

「小氣」概念除了有與客家族群鑲嵌的情況之外，也可發現「小氣」概念特別與客家男性產生結合，在「梗圖」的情況中雖未見到「小氣」特別用在客家男身上，但在演藝圈或實際的生活情境之中，「小氣」特質又特別被形容在「客家男性」身上，例如在演藝圈被稱為是「小氣」的幾乎都是男性藝人（小鐘、曾國城），但幾乎沒有女性客家藝人會被特別稱為「小氣」，倒是脫口秀演員龍龍（林千玉）在 2019 年曾錄製一個〈客家男友摳到爆｜個人秀 Ep2 人生好難之愛呀真麻煩｜龍龍脫口秀〉的影片，龍龍曾拿當時男友的「客家人」身分開玩笑，影片中，龍龍拿客家人節儉開玩笑說「啤酒喝不完冰冰箱三天再喝，沒有氣他沒關係，因為他摳到爆」，另外龍龍也提到她的客家男友「東西掉到地上三秒內可以吃，欸！那是冰淇淋欸……吹一吹可以吃，你要不要拿去洗？」（龍龍 LungLung，2019）。

然而，為何「客家小氣」主要用來描述客家男性？原因可能在於這是種父權思維，在此種父權模式下，男性更應「大方」，用「小氣」概念套用在客家男性上，更具衝突性與矛盾性，而剛才論述的「客家男性小氣」的論述方式，更強化了「娶妻應娶客家女，嫁夫莫嫁客家郎」的印象。

三、從「客家小氣」看臺灣客家族群的處境

我們一方面應捍衛客家族群免受歧視的權利，但另一方面我們也應該思考透過「小氣」的論述來攻擊客家族群是否又帶有哪些象徵意義呢？若從「污名」（stigma）的角度進行思考，可發現污名製造一個又一個「（異於正常的）他者」，以鞏固「我們正常人」的自我認同，而「小氣」的論述被放在客家族群的身上，似乎就是將客家族群又獨立出於臺灣的主流群體，從王明珂的「毒藥貓理論」來看，客家族群似乎淪為臺灣社會的「毒藥貓」，代表著客家族群對於臺灣主流族群來說，可能代表著危險、威脅與恐懼的勢力，因此客家族群被劃分出去，成為臺灣群體內部的「他者」，而臺灣主流群體也往往透過這種

方式來維持他們「正常」的自我認同。

　　然而臺灣主流群體為何又要刻意透過「小氣」的論述方式「醜化」客家族群呢？這也許與 1988 年還我母語運動後客家族群的權益日益受到重視有關係，范振乾（2007）認為臺灣客家運動的出現在於：客家族群在政治、經濟、社會與文化地位「不如人」的危機感有關，當 1988 年 12 月 28 日客家人走上臺北街頭後，客家人開始有組織地參與公共事務，隨後陸續出現客家電臺、客家文化節、客家社團、客家研究單位、客家電視臺、客語認證等政策，甚至政府也成立專責客家事務的客家委員會，在客家族群不斷爭取權益的過程中，卻也造成主流族群的焦慮與謊恐，因此必須醜化客家族群為「小氣」，似乎也成為反擊客家族群的另一種途徑。

四、客家人，你為什麼不生氣？

　　「客家小氣」的相關論述中也可發現到一個有趣的現象，即：面對「客家小氣」中，當然會有客家人進行駁斥，但卻也有部分客家族群並未意識到這樣的論述其實強化了人們對客家族群的刻板印象，甚至帶頭嘲笑自己的客家族群「小氣」，如上述的龍龍指客家男友摳到爆事件中，面對多人的指責，龍龍後來也出面澄清表示自己就是客家人，所以她認為自己說客家人摳是沒有問題的（許逸群，2021），龍龍這樣的想法確實也代表某些客家族群，但我們也應繼續思考：為什麼自己身為客家人，還要繼續為難客家人呢？筆者認為這必須放在臺灣整體的社會脈絡上來說，即今日臺灣客家族群的自我族群意識並不明顯，某些臺灣客家族群會在平常隱藏起自己的客家身分，等到需要使用客家族群的身分時，才會刻意強調客家身分，客家身分隱藏而不外顯，也因此當人們在嘲笑「客家小氣」時，客家族群的反擊力道並不強大。

伍、結語

　　本文希望站在族群多元尊重的立場，討論臺灣客家族群如何被賦予小氣的刻板印象，進而期許臺灣社會能夠對於不同族群給予更多的包容與尊重。本文有以下幾點發現：

　　首先，本文發現「客家小氣」的刻板印象其實也屬於一種「被發明的傳統」（The Invention of Tradition），以往並不會特別強調「客家小氣」，頂多會提到客家族群的「刻苦耐勞」，但從「刻苦耐勞」衍生之後卻發現，客家族群會強調「硬頸」永不放棄的精神；但非客家族群則較容易從「小氣」或「吝嗇」的角度來「詮釋」客家。

　　其次，「小氣」概念除了有與客家族群鑲嵌的情況之外，也可發現「小氣」概念特別與客家男性產生結合，在演藝圈被稱為是「小氣」的幾乎都是男性藝人（小鐘、曾國城），但幾乎沒有女性客家藝人會被特別稱為「小氣」，在父權體制的模式下，男性應顯「大方」，但用「小氣」概念套用在客家男性上更具衝突性與矛盾性，同時也強化了「娶妻應娶客家女，嫁夫莫嫁客家郎」的印象。

　　第三，「客家小氣」的論述也凸顯主流族群將客家族群排斥於臺灣的主流群體，類似王明珂所提到的「毒藥貓理論」，客家族群對於臺灣主流族群來說，可能代表著危險、威脅與恐懼的勢力，因此客家族群被劃分出去，成為臺灣群體內部的「他者」，而這種「醜化」客家族群的論述方式應與 1988 年的還我母語運動有關，當客家族群開始有組織地參與公共事務以及爭取權利的同時，也造成主流族群的焦慮與謊恐，因此必須醜化客家族群為「小氣」，似乎也成為反擊客家族群的另一種途徑。

　　第四，筆者也發現部分客家族群並未意識到「客家小氣」的不正當性，面對「客家小氣」的論述，部分客家族群甚至帶頭嘲笑自己的客家族群「小氣」，脫口秀演員龍龍即是如此。她直指客家男友摳到爆，但後來又出面澄清說自己就是客家人，所以她自己說客家人摳沒有問題。但既然身為客家人，為何不願意出面替客家族群反駁，反而是落井下石呢？其主因應在於今日臺灣客

家族群的自我族群意識並不明顯，部分客家族群平常不會特別強調自己的客家身分，甚至在與其他族群互動的過程中，可能是為了爭取其他族群的認同，進而嘲笑自身客家族群「小氣」，某個層面上也反映出客家族群在臺灣社會中面臨的無奈與窘境。

綜上所述，從「客家小氣」的現象進行分析可發現，客家族群已成為臺灣社會的「毒藥貓」，但在一個民主自由的國度中，吾人應該展現尊重包容的態度，對於客家、原住民、外省、新住民或閩南等各族群，都不應用負面歧視的刻板印象，強加在其他族群身上。

最後，本文從「客家小氣」的個案中，分析客家籍藝人曾國城的負債造就了「不裝闊」與「勇於負責」兩種行為模式，但受限於篇幅，筆者並無進一步深入探究背後的原因；而曾國城的「不裝闊」與「勇於負責」的態度，是不是源自本身客家人重視家族、強調責任的觀念？未來可繼續深究。

參考文獻

今天頭條，2016 年 4 月 14 日，〈44 歲的小鐘到現在還沒結婚，小他 14 歲的前女友終於說出來！當初和他交往時他做過這些事……原來他竟然是這樣子的人！〉，《今天頭條》。取自：https://www.twgreatdaily.com/cat125/node1020779。

王明珂，1997，《華夏邊緣：史記憶與族群認同》（頁 48）。臺北：允晨文化。

王明珂，2021，《毒藥貓理論：恐懼與暴力的社會根源》。臺北：允晨文化。

王雯君，2005，〈客家邊界：客家意象的詮釋與重建〉。《東吳社會學報》18：117-156。

東森新聞，2017 年 5 月 19 日，〈Ubike 變飛輪？！阿伯立停車架「空踩當運動」〉，《東森新聞》。取自：https://news.ebc.net.tw/news/society/63545。

范振乾，2007，〈文化社會運動篇〉。頁 421，收錄於徐正光主編，《臺灣客家研究導論》。臺北：南天書局。

唐復年，2021 年 8 月 10 日，〈把 iBike 當健身器？中市議員林祈烽、施志昌籲交通局加強管理〉，《新頭殼 newtalk》。取自：https://newtalk.tw/news/view/2021-08-10/618530。

埃文思・普里查德（Evans-Pritchard）（著），褚建芳、閣書昌、趙旭東（譯），2002，《努爾人：對尼羅河畔一個人群的生活方式和政治制度的描述》（頁 233-235）。北京：華夏出版社。

孫榮光，2009，〈電視綜藝性談話節目的客家再現：以《康熙來了》、《國光幫幫忙》、《大小愛吃》為例〉（未出版）。臺北：行政院客家委員會。

徐正光、張維安，2007，〈導論〉。頁 1-15，收錄於徐正光主編，《臺灣客家研究導論》。臺北：南天書局。

張毓琪，2015 年 8 月 21 日，〈常被譏小氣 曾國城：我沒裝闊的本錢〉，《中時新聞網》。取自：https://www.chinatimes.com/newspapers/20150821003527-260603?chdtv。

許逸群，2021 年 10 月 6 日，〈我是客家人！龍龍淚崩「他們是性羞辱」：跟女權沒關係〉，《ETtoday 星光雲》。取自：https://star.ettoday.net/news/2095758。

曾筠淇，2021 年 3 月 23 日，〈把 YouBike 當飛輪騎！3 國中妹低頭「認真空踩」 網急喊：會壞掉〉，《ETtoday 新聞雲》。取自：https://www.ettoday.net/news/20210323/1944443.htm 。

潘乃德（Ruth Benedict），2006，《菊花與劍：日本民族的文化模式》。臺北：桂冠圖書。

蔡柏宏，2020，《「反政治正確」的「地獄哏」風格言論論述分析—以 PTT 八卦板為例》。臺北：國立臺灣師範大學大眾傳播研究所碩士論文。

龍龍 LungLung，2019，〈客家男友摳到爆——個人秀 Ep2 人生好難之愛呀真麻煩——龍龍脫口秀〉。取自：https://www.youtube.com/watch?v=PvCb7wZb3W0。

嚴芷茵，2014，〈蔡良裕：非典型客家人非典型客家人笑話一堆〉，《臥虎藏龍：客家專業菁英》。新竹：國立交通大學客家文化學院傳播與科技學系。

Fiske, S. T., 1993, Controlling other people: The impact of power on stereotyping. *American Psychologist*, 48: 621-628.

Goffman, E., 1963, *Stigma: notes on the management of spoiled identity* (1st touchstone ed). NJ, Simon & Schuster Inc.

第 7 章

苗栗市閩南媳婦學習客語的動機與態度

徐桂萍、范瑞玲

壹、前言

　　本章的研究者在客家庄的環境中長大，認識不少嫁入客家家庭的閩南婦女。她們經常與朋友分享婚後的心情及生活問題，研究者因此得知閩南婦女經歷了許多困境與心理調適。閩、客之間確實存在族群文化、特質、意識的差異，她們面對不同於原生家庭的客家文化時，必須設法自我調適與適應。當今女性自主意識抬頭，過去傳統客家婦女勤儉刻苦、相夫教子、服侍公婆的美德，隨著新時代來臨，現代婦女也持不同的觀點。研究者希冀了解閩南媳婦在調適的過程中，是否選擇融入客家家庭，產生語言與文化的同化現象？抑或是她們會堅持自己原有的族群特質，讓客家家庭發展出多樣的族群風貌？又或者她們會跳脫客家人與閩南人的傳統族群框架，而以更大的框架——「大家都是臺灣人」，重新詮釋族群關係？無論閩南籍媳婦選擇何者，都會影響她們對客語的態度與學習，因為日常溝通所依賴的就是語言。

　　客語為客家族群的核心價值，更是傳承文化與延續的主要工具。蕭瑞琪（2003）發現，客語教學對學生學習客語的成效頗有幫助，學生在學校使用客語的頻率增加，在家中也會願意主動說客語。當然，家長的支持態度，以及學校與社區營造優良的客語環境，兩者皆是學生學習客語的助力。對於閩客通婚家庭的閩南媳婦而言，語言的傳承及維繫，是否也是她們極為關切的問題？閩南媳婦結婚後，受限於客語能力，她們與長輩的互動與溝通時常發生問題。Spitzberg 和 Cupach（1984）認為，溝通能力是維持日常社交生活的基本知識與語言運用，也是建立與維繫人際關係的技能。換言之，溝通能力是個人參與

並維繫和他人對話時，對語言及溝通習性的熟悉與了解程度（葉蓉慧，2005：52-53）。

在客語通行的苗栗地區，長者習慣用客語溝通，閩南媳婦初期會以國語（華語）為溝通橋梁，然而對長者而言，國語才是他們的第二語言，不見得流利，有些甚至只會說客語。許多研究指出，客家文化的日常生活實踐，在有長輩的家庭裡，幾乎是婆婆扮演主要的傳承角色，而閩南媳婦則扮演承接的一方。如果客語學習對閩南媳婦而言是困難的，這無疑是一種向下傳承與實踐的障礙。因此，閩南媳婦在客語學習及對下一代的語言傳承上，就必須依賴丈夫或同住公婆的協助與指導（蘇芳儀，2007；林宜芳，2009）。父母是子女學習母語的良師益友，家庭場域是多數客家族群進行溝通與互動的所在，是傳承母語、學習母語的最佳情境。如果閩南媳婦可藉此機會進一步學習客語，讓家中長者與自己互相適應與學習，將更容易融入客家家庭，習得主要的溝通語言，進而多一種溝通管道。特別是在有長者的客家家庭中，客語傳承較容易，相對而言，閩南媳婦也較容易實踐客家文化再生產。

研究者透過質性研究，深度訪談苗栗市不同世代閩客通婚的閩南媳婦，探討她們如何學習客語，同時了解她們身處不同文化之中，又是如何調適自己。研究者從閩南媳婦在原生家庭的背景談起，其次則透過她們的口述資料，探究她們進入客家家庭後感受到的族群差異。她們身處客家庄，承受著原生與客家族群兩種不同的文化，在面對閩南與客家文化未來的發展，其態度為何？我們透過本文的探討，希望了解閩客通婚下的閩南媳婦對客語學習的動機與態度，明瞭閩南女性學習客語的歷程，並探究對客家族群文化的認同度。女性在嫁入不同文化的家庭後，雖然有其弱勢之處，但也有不可忽視的影響力，她們的認同、抉擇與態度，深刻地影響下一代，更是影響族群文化發展的重要關鍵。因為從未有人深入探討此議題，所以本文希望在族群融合的現象中從女性的立場著眼，並強調女性角色在語言與文化傳承中的重要性。

總結來說，本文的目的是探討苗栗市地區，閩客通婚的閩南女性在語言學習上如何調適，以及了解閩客通婚的閩南女性習得客語後，在日常生活中使用客語的情形。此外，本文也將探討閩客通婚下，閩南媳婦學習客語的動機是什

麼？學習的態度又是如何？

貳、文獻探討

在當今的多元化社會，「閩客通婚」實是影響族群人口發展的關鍵成因之一。本文主要研究的對象是嫁入客家庄的閩南婦女，探討其學習客語的動機與態度，希望在蒐集相關文獻並加以綜理探討後，形成本研究的理論基礎。

一、語言學習動機

溫世頌（2009：205-209）說明動機是內在的動力，包括個體需求、行為與朝向目標，使個體採取某種行動。張春興（1996：308-310）提到，學習的動機是透過學習者個人對學習事物的一種看法，因其看法而產生求知慾。李詠吟、單文經（1997：249-252）則認為，學習者的行為動機是受到覺知、計畫的期望與對外在事物的解釋、預測及目標等所影響。動機的強弱端看學習者的興趣，以及對環境先入為主的觀念與認知。由於學習是主動探索，以滿足個體需求的歷程，學習者透過對事物的偏好、動力及學習的堅持度，對學習的效果將間接與動機的強弱成正比。這些引發個體行為的內在狀態，有助於發現學習者在學習表現時主要的動力為何。學習動機一旦缺乏，任何學習活動都難以產生效果，對於學習動機的了解，將有助於學習者在學習任何事物背後的推力與原動力，進而提升學習的興趣而成就所訂定的目標。

Gardner（1985: 82-3）的動機理論中曾提道，動機（motivation）與取向（orientation）的關係是相輔相成的。他指出動機是目標導向的，取向則是闡述為何學習者擁有某項目標的概念。Dörnyei（2001）則明確闡述，「取向」主要是幫助並提高動機，以此指引動機朝著預定的目標前進。Gardner（1985）特別強調融入型取向（integrative orientation）與工具型取向（instrumental orientation），融入型取向是關於個人欲積極融入第二語言團體的傾向，希望

融入該文化團體或成為該團體成員，且能被當地的居民所認同、信服。工具型取向則是藉由精通第二語言能得到的實質利益，譬如獲得更好的工作或更高的報酬（Gardner, 1985）。爾後，學者們大都以融入型動機與工具型動機為描述對象。以下進一步闡述融入型動機（integrative motivation）與工具型動機（instrumental motivation）。

（一）融入型動機

融入型動機是由三個基本要素組成的複合概念，第一要素是融入性（integrativeness），此反映出個體想要和其他團體成員進行社會互動的興趣與願望，內容包括：融入型取向、對外語的興趣，以及對第二語言團體的態度。第二要素是對學習環境的態度（attitude to ward the learning situation），包括對語言教師、語言課程等的態度。第三要素是動機（motivation），即為學習所付出的努力、欲望和態度（Dörnyei, 2001）。融入型動機的學習者在學習語言時不只是語言學習者，他們更期望學習者能積極明瞭語言起始所蘊含的價值、信仰、思維、文化、現勢等層面，並與該地區人民溝通（Gardner & Lambert, 1972；Csizér & Dörnye, 2005）。他們期望自己能融入所學語言的族群中、融入該地區的社會，以成為族群中的一角。Dörnyei 和 Clement（2000）發現，融入型動機是對語言學習最具影響力的要素，對語言學習助益也最大。基於此，本章研究者在客語學習動機的問卷中，設計有關融入型動機的問題，以利明瞭受訪者學習客語的動機取向為何。

（二）工具型動機

工具型動機的學習者將語言學習視作一種「工具」（Gardner & Lambert, 1972），強調語言學習的目的性、功能性與效用性。例如，學習者為了得到較好的工作、較高的薪資待遇而學習語言，為了「適應生活」而學習語言，或甚至為了「加薪」、「升遷」、「證照」而學習語言。工具型動機包括希望學習者能借助學習語言的力量，以達到既定的目標或目的，例如滿意的工作、課業的需求、增加工作機會、提高社經地位等，這些都是屬於實用性價值。因此，本章

研究者在客語學習動機提問中，也加入有關工具型動機的題型，以利了解受訪者學習客語的動機。工具型動機，是否也有如前者那樣的基本要素？

　　綜合上述可知，學習者在學習過程中，常會受到個人主觀感受以及期望的影響。因此，學習者在學習語言的過程中，如果自身能夠擁有多項成功的經歷，充分感受正向的學習情境，分辨自身學習語言的理由、價值信念，將有助於增強其學習動機。本研究目的在於探究閩客通婚下的閩南已婚女子，學習客語的學習動機，因而在設計提問時也考量客語的學習是主動或是被動？在客語學習的過程中，哪些因素會讓學習者更有學習的熱忱與動力？再則，學習情境對於學習動機的影響，更是不容忽視。學習者學習客語的理由與價值信念為何？是出於工具性動機還是融入性動機？還是兩者兼具？因此，本研究所擬定的訪談題目盡可能涵蓋各理論之觀點，深入了解受訪者學習客語的動機取向。

二、語言態度

　　在日常生活中隨處可見的「態度」一詞，無論是生活態度、學習態度、語言態度、認知態度等，「態度」都可彰顯學習內在的看法、外顯的行為、對事物的喜厭和評論。張春興（1991；2006）指出，態度是對人、事、物的一種認知、情感與行為取向，其中包括認知、情感、行為三種成分。因此，態度也包含個人對事物的評價及感覺，而且在個人的行動中也含有情感及意見的成分（李美枝，1990）。態度因此可視為人們對具體事物的喜好、認同與否的心理傾向，人們會依照這些內在感受產生各種不同的行為，每種行為態度的背後都必然包含情緒、評價、認知、行為以及理解。因此，態度是一種評價性的取向，用以表達個體對事物的好惡、褒貶反應及感受（陳皎眉、王叢桂、孫倩如，2003）。綜合上述內容可知，態度是一種心理反應，而後生成外顯行為。態度包含了認知、情感與行為等三個面向，進而讓個體對事物產生好惡、正反評價與感覺。

　　「認知」是指個體發覺周圍人、事、物的內在心理反應，其中包括個體本身對周圍物體的內在知識、信念、價值判斷、先備經驗等。當個體本身對這些

事物有所警惕知覺時，個人會產生合乎邏輯的判斷及合理化的行為（林仁和，2002）。由此可知，個體對語言的察覺、認識以及基礎信念，是語言態度的認知層面。

「情感」則是指個人面對事物時產生的情緒反應，亦即對事物的喜好厭惡、愛恨、吸引、排斥或價值觀等感覺。語言態度的情感與評價層面，則是指個體對語言所產生的熱衷或憎惡情感。倘若個體對語言的情感屬於厭惡而負面的情緒，則對該語言的評論將會下滑；若個體對該語言的情感屬於喜好而正面的情緒，則對該語言的評論將會昇華（陳昌文等，2004）。總而言之，學習者對語言的情感反應，間接影響其對語言評論的高低，進而產生相對應的語言使用行為。「行為」指對人事物表現的某種特定作為，或可觀察的意圖或行動的可能傾向。因此，態度是由情感上的反應、認知上的想法及意圖行為三個要素組合而成（游恆山編譯，1988；葉肅科，2007），行為層面表現和語言所賦予的情感、語言的評價有絕對關連性。倘若學習者對語言產生正面情緒，則會產生較高的評價，進一步展現好的使用行為，甚至接近其學習的語言；倘若學習者對語言產生負面情緒，則會出現較低的評價，相對表現出不好的使用行為，再則產生逃避行為（林仁和，2002）。因此，態度當中一定包含行為層面，而且深受認知、評價、情感所影響（陳昌文等，2004）。

Baker（1988）強調，態度是透過後天學習來的，但是態度會因個人經驗而有所改變。在多語的社會中，語言態度的轉變是重要的研究核心，個體對一種語言的態度會呈現支持或反對的意見。態度往往因社會環境的影響而形成，在個人的態度尚未穩定前，都可能因一些新的經驗產生改變，但態度一旦形成，其穩定性和持久性就會建立，還會因個人的情感因素牢牢牽制而不易改變，除非個人遭遇危險或身心狀況的重大事件，才會有所轉變。

徐大明（2006：80）將語言態度定義為人們對不同語言的反應，展現出學習者對使用該語言者的態度。另外，施任芳（2002：5）綜合各家學者對態度的解釋，定義語言態度為包含對語言的功能和重要性的認知態度、語言的喜好和認同態度、語言的學習態度、不同族群語言文化的態度四大面向。「態度」是學習者面對使用語言所產生的內在心理感受及語言行為表現，學習者成就感

的驅使會增強其學習動機，加上學習意圖而造就其良好的語言學習態度，最終呈現在語言行為。由上述可知，語言態度無法被評量，必須從個體的信念、感受與行為予以判斷，而判斷的依據則包含認知、情感、行為、評價等面向。

Trudgill（1977）進一步說明，語言態度是人們對不同的語言、方言、口音和其說話者的態度，從正面到負面皆有；這些態度不僅顯示在對說話者品質的主觀評價中，也表現在對方言變體的「正確性」、作用與美感等屬性的主觀評價中。鄒嘉彥與游汝傑（2002）則說明，語言態度是個人對某種語言或方言的價值評斷和行為傾向，進一步指出影響語言態度的三大要素。第一要素為該語言或方言的社會地位。黃宣範（1995）強調，語言態度若受到主流社會意識形態影響，個人可能超越族群的情感因素，語言態度將逐漸向優勢語言靠攏。在雙語或多語現象下，多數人積極學習的語言具有較高的社會地位，最終成為高階語言；至於多數人不想學的語言，地位會降低，淪為低階語言。第二要素為運用此語言或方言在實際生活中的必要性。一種語言的社會經濟價值，會影響其語言存在使用的必要性。語言的作用不僅止於傳訊，它身負多重功能，除了讓聽者掌握字裡行間的意涵，還能發現說話者的情感及意圖。第三要素是對語言情感的傾向，可能促使語言使用者提高對母語的價值評價。語言本身並沒有「標準」來評斷「好／壞」、「優美／難聽」，而是使用者主觀給予語言刻板印象的態度。語言使用者越贊成語言情感性價值，其語言聽、說能力越好。也就是說，語言能力和族群認同相關，若放任該族群語言能力繼續流失，後續也將影響文化認同情感的建立（蘇鳳蘭，2019）。由此可知，語言態度是人們對一種語言、方言或其說話者的正面或負面態度，這態度顯現了個人的主觀評價，影響了不同群體的社會及經濟地位。

綜合上述各研究者的觀點得知，語言態度是學習者於語言溝通交流中展現的認知、情緒、行為以及評價，受學習者自身體驗而產生的後天行為。這是一種心路歷程影響外顯行為的狀態，而無法完全由外顯行為斷定。由於情感是主導個人行為的重要因素，本章的語言態度以情感態度作為聚合定義，旨在探究學習者身處大環境，與特定的人、事、物互動的歷程中，對學習客語所產生的情感態度、喜愛與情感表現，以及客語使用的意願與對客語文化認同的評價。

參、研究設計與實施

　　本文依據研究動機與目的，並參酌相關理論與文獻，設立本研究架構，並採用質性研究中的深度訪談法。

（一）研究對象

　　本文的受訪者是嫁入苗栗市客家家庭的閩南媳婦，年齡層主要分為老（61歲以上）、中（35～60歲）、青（35歲以下）三個世代，各四人。社會語言學認為，年齡是影響語言的變數之一，因此本文將受訪者予以區隔，以探究年齡是否會影響閩南媳婦學習客語的動機與態度。研究中考量35歲以下的年輕世代，她們接觸客語一段時間，有些人也正處於學習客語的階段，當她們面對生活中最基本的語言溝通時，經常產生困擾，因此也想探究她們學習語言的經歷，以及她們採用何種態度面對問題。中生代為介於35～60歲年齡層的女性，她們在家庭中與公婆相處，說客語的機會相對增加，再加上與子女互動、職場同事的相處，都有學習客語、練習客語的經驗，其經驗值得其他閩南媳婦借鏡。61歲以上的老年人，具有厚實的人生歷練，甚至當了祖母，會跟孫子女說客語。她們從原生家庭嫁入客家家庭，面對完全不同的族群與環境，心態上一定經歷過調適；當她們檢視過往，心中定有許多複雜難解的感受與想法。

　　本文的受訪者來源，採取滾雪球抽樣的方法，彈性增加可能的資料蒐集方式和對象。在選定受訪者時，主要考量閩南為臺灣第一大族群，希望能深入探究不同世代嫁入客家族群的閩南媳婦，在面對語言差異時如何克服，以及解決學習客語及溝通上的問題。因此，受訪者大多選擇研究者認識的親朋好友，從中相互推薦願意接受訪問者為主，當中不乏研究者身邊的同學、朋友、親戚、同事。最後選定受訪者為12位嫁入苗栗市客家家庭的閩南婦女，受訪者當中有的是職業婦女、有的是全職家庭主婦、有的則是退休人士，其基本資料如表7-1。

　　受訪者職業以教師居多、家庭主婦次之。60歲以下多為教師，而且尚不到退休年齡。研究者目前任職於學校，職場關係接觸者以教師居多，經研究者

徵詢後，再從中挑選符合且願意接受訪談的受訪者。此次的受訪者皆來自不同的原生居住地，但婚後都居住在苗栗市。

表 7-1：深度訪談對象資料簡介

編碼	年齡	職業	原生家庭居住地	婚齡	子女數
A	29	小學教師教師	臺北	5 年	2
B	34	小學教師教師	臺南	4 年	2
C	28	家庭主婦	後龍	3 年	1
D	26	小學老師教師	高雄	1 年	1
E	44	鋼琴教師	後龍	13 年	1
F	48	小學教師	臺北	23 年	1
G	57	小學主任	基隆	30 年	4
H	42	幼教老師	臺中	24 年	2
I	61	家庭主婦	嘉義	34 年	3
J	61	家庭主婦	臺中	35 年	2
K	63	家庭主婦	臺北	34 年	2
L	61	家庭主婦	臺中	35 年	3

資料來源：研究者整理。

（二）研究方法

本章採質性研究法中的半結構式深度訪談法，目的是為了尋求與理解深度的訊息。研究者透過深度訪談的脈絡以探究現象，抽絲剝繭，進而理解訪談者內心感受、想法、經驗等。研究者再依據所獲得的資料，歸納統整，進而分析事件淵源、原因、背景、影響及其意義等，深入探討本研究的相關議題。

深度訪談法是質性研究的重要研究法之一，由受訪者與訪談者面對面，透過與研究相關主題的人用言語交談，了解其看法及深入觀點。孫義雄（2004）認為，深度訪談是研究者與訪談對象之間以語言為媒介，並且是目標導向的面對面溝通，主要的訪談功能在於了解研究對象的想法、特性、感受、經驗等。談話的內容主要專注在特定的題材上，探究受訪者真正的想法，深入人心，得到更真實而確切的訊息（萬文隆，2004）。

　　深度訪談中的半結構式訪談，則是在一種開放且經過安排的訪談情境中進行，受訪者可能會比在標準化訪談法或問卷問答中，更能無拘無束地發揮本身的見解（林淑馨，2010：225）。通常使用半結構式訪談時，研究者會鼓勵受訪者針對主題，談論自己的意見或知識，同時使用提示或引導問題，以了解受訪者對特定問題的想法與態度。此時研究者進行資料收集並與受訪者保持適時的互動，所獲得的資料也要予以適時修正，以確認受訪者談話內容的真實性。

　　本研究使用半結構式訪談法，訪談時要能掌控現場氣氛，最重要的關鍵是積極傾聽，聽出弦外之音，邊聽邊記錄。透過歸納的問題，聽出問題當中有無可再追問的題外題，不輕易對資料感到滿足。半結構式深度訪談法可經由研究者及受訪者面對面對談，深入受訪者的內心深處，做最周詳且深入的探討，以便了解主觀的立場中所註解的人、事、物、經驗等，特別是對受訪者有意義的事物，以了解受訪者真正的想法與態度，得到更真實的資訊及利於研究的資料。

　　本研究以嫁入苗栗市閩南媳婦為研究對象，區分為 35 歲以下、36～60 歲、61 歲以上三個不同世代。受訪者確定後，首先詢問受訪者個人及家庭基本資料，接著採用半結構式訪談方式，在過程中依照訪談大綱中的問題，以開放式提問作訪談，讓受訪者自由彈性說明其感受、認知與內在想法，以搜集相關資料，進一步了解複雜現象或行為背後的意義。訪談過程中，研究者將視實際狀況自由調整訪談問題，或透過延伸研究參與者的話題，以利搜集更深入的資料。

（三）研究工具

　　研究者依據研究動機與目的及相關文獻，統整歸納後擬定訪談大綱，訪談大綱主要參考古美瑤（2013）。訪談的設計及問題擬定好後，先進行預試，完成預試後經由兩位專家審視建議，再修訂訪談問題，以進行正式訪談。深度訪談表以書面方式提列研究相關問題，其內容包括受訪者基本資料與訪談問題，訪談題目共計 6 題（詳見表 7-2）。

表 7-2：訪談問題

一、語言學習動機
1. 您為什麼會想學習客語？您的動機是？
2. 如果您的朋友群中都是會說客語，會不會更讓您有學習客語的動機？
3. 動機常使人有目標與方向、可以簡述一下您學習客語的目標與方向？
二、語言學習態度
1. 學習客語是否遇到困難之處？您是如何解決？
2. 您認為一個人不會講母語但仍具有族群認同感嗎？為什麼？
3. 您積極地學習客語，是為了解決溝通上的問題嗎？

製表人：研究者自行製表。

（四）資料蒐集與分析

　　本研究採用質性研究中的半結構式深度訪談法，透過交談與詢問方式與受訪者進行對談。在互動的過程中，研究者會將訪談目的先行告知受訪者，彼此同意後再進行下一步。訪談前也告知受訪者研究目的及研究倫理，先取得受訪者同意，在訪談過程中將進行錄音及寫下個人筆記。研究者主要藉由「觀察」、「錄製」、「訪談」三種方式蒐集資料（Miller & Crabtree, 1992）。訪談之前，研究者先與受訪者確定時間及地點；訪談時，研究者必須能融入當下情景與保持客觀的立場，具有臨場反應的能力。在訪談過程中，研究者親自進行訪談，每位受訪者的訪談時間約 1.5 小時，受訪者可請熟識的友人陪同，以減緩受訪者因不明瞭題目而產生不適感。在訪談的過程中，雖然研究者對題材有實質的掌控程度，但可讓受訪者自由發揮，亦鼓勵受訪者發問，使受訪者可以控制及掌握時間長短，甚至談話訊息的質與量。研究者以開放引導的方式對受訪者進行提問，讓受訪者對所表達的提問進行更透徹的描述，並根據當時訪談狀況做內容及程序上的更新。在訪談過程中，研究者也觀察受訪者的非言語行為，適當進行追問，並在合宜時間點結束整個訪談與致謝。隨即，研究者將收集到的訪談資料、錄音檔彙整後，製成逐字稿，進行資料分析。研究者分析訪談時的對話，以了解閩南媳婦是否會傳承客語、對客家語言推展的看法、是否認同客家文化、是否傳承客家文化等。

　　本研究以訪談逐字稿為主要分析資料，採用「開放式編碼」，將原始資料分解成獨立的事件，嘗試將相似屬性編碼歸屬於同一類別，依據各類別與整體資料脈絡，成為本研究分析架構。規劃編碼方式時，研究者將概念相同的關鍵字句加以歸納整合，納入同一群組，再整合同一群組的關鍵字，運用恰當的別稱為其命名，產生初級編碼。相關編碼檢視完後，將概念相似的初級編碼進行歸納，放置在同一群組，產生中級編碼。本文根據研究目的與研究問題，整理出編碼的主題、面向及概念。主題包括學習動機、語言態度，而面向則依據主題各自分類，再由各面向中選出重要概念。本研究依據此編碼類別歸納統整訪談逐字稿，逐項予以分析，同時結合相關文獻資料，獲致本研究之相關結果與發現。

肆、結果與討論

　　本研究以苗栗市十二位嫁入客家家庭的閩南婦女作為訪談對象，主要探討閩客通婚下的閩南婦女學習客語的動機與態度。研究使用自編的訪談大綱，作為研究調查工具，分析語言學習動機與態度，及其對傳承客語，以及對客家族群文化認同態度的影響。

一、客語學習動機

　　「動機」是一個人行為表現的內在原動力，也是該特定行為朝向目標前進的心路歷程，藉此特質相互作用產生行為。當語言學習者認為學習語言是有意義及價值，而且所學也符合自身的需求，覺得自己有能力學習，學習者自然會盡全力向學，也不需要借助外力的支配，學習者就會自動保持強烈的學習動機。正如融入型動機所述，語言學習者在學習語言時不只是語言學習者，更期望學習者自身能融入所學語言族群當中，融入該地區的社會，以便成為群體中的一份子。因此，語言學習者能明瞭所學語言蘊含的價值、信仰、思維、文

化、現實等層面，進而與該地區人民溝通。以下為受訪者的回應。

C：學習客語的原因是，因為嫁到客語的家庭，如果不會說客家話就無法跟阿公、阿婆溝通。

D：因為工作地方在苗栗市，那是客家村莊，在這裡的居民大部分會說客家話，而且小朋友在學校也會學習客家話，因此想試著學學看。

F：朋友當中會說客語的話，我更會想學習客語，因為，我可以跟她們溝通。

G：我是民國 77 年，我就嫁到苗栗市，作為一個客家媳婦，那當然學習客語是一定要的，因為家裡的公公、婆婆就是講客語。那因為他們是長輩，基本上他們對國語、其他語言是比較不流暢的，所以我就盡量能夠跟他們配合，所以這個就是我要學習客語的動機。

J：我覺得既然嫁到客家庄就要學習客語，這樣對地方才會親。

K：我當時學習的動機很單純，我只是想融入；當然我用國語來表達也是 ok，但是我也想要聽聽老人家對於在地的文化、習俗，我也想多一點了解。……我在我的朋友群當中最不會講客語的，這就激起我學習客語的動機，我希望能夠跟他們的族群也融合在一起。

L：進入社會工作後，偶爾也會有客家人，能用簡單的客語跟人交談讓我覺得非常開心，也更有動力學習深入一點的客語，有時候在公車上碰到老阿婆、阿公或一群老人們，他們全程都用客語交談，我如果能聽得懂就可以能融入他們。我的目標是能全程用客語跟人交談及聽得懂對方說的話。會喔！我今年 62 歲了，當初苗栗還是有很多老人聽不懂國語，我只有鼓勵自己一定要學好客語才行，因為我比他們年輕，現在我的客語雖不是很道地但也有七分像了。……剛嫁到苗栗時，左鄰右舍都用客語交談，根本沒幾個會聽閩南語。雖然我剛開始聽不懂，但是聽他們用客語交談覺得很有趣，跟我從小接觸的閩南語不同，很想融入她們，所以就叫鄰居教我簡單的客語。

　　訪談中發現，人與人之間的溝通如果能以相同的語言交談，必然有一份親切感，而且更容易彼此認同。受訪的閩南媳婦積極學習客語以便融入客家社區，她們認為學會客語會讓自己更像客家人，更能融入群體中。語言的學習也可以達到族群情感的溝通，以及文化的傳承與保留，激發族群意識，肯定自我發展價值。C、D、F、G、J、K、L 受訪者表示，動機是一切學習的根本，亦是個體融入群體自我前進的動力，這與融入型動機相符。受訪者 D 表示，因為工作地方在苗栗市，屬於客家地區，居民大部分說客語，而且小孩在學校也學習客語，因此想學習客語。乍看之下，D 女的動機應該屬於融入型動機，然而她在工作上可能需要使用客語，屬於工具型動機。受訪者 L 似乎有相同情況，她雖然想融入客家族群，但是她也提及工作上會遇見客家人，雖然她剛開始只會說簡單的客語，但工作上的成就感有可能成為她努力學習的動力，融入型動機中似乎也隱含工具型動機。

　　Gardner 和 Lambert（1972）強調語言學習的目的性、功能性與效用性，遂將語言學習視作一種「工具」，工具型動機包括為了「加薪」、「升遷」、「證照」而學習語言，以達成既定的目標或目的，而工作是否有價值，完全取決於個人直覺對工作的重要性程度、對工作的興趣及工作本身的成效，學習者對於工作價值的看法，影響學習工作的選擇與否及其參與程度。從受訪者 B、C、E、F、G、J、K 訪談中發現，學習者希望能借助語言學習的力量達到既定的目標或目的，如課業的需求、喜歡的工作、增加工作機會等重視實用性價值，這與工具型動機相符合。

B：因為接電話時可以應答，家裡是做建築的，在家裡時接家用電話時可以對談，因為會撥打到家裡的電話，十之八九是說客語。

C：客語使用的關係會加深讓我想要學習客語的動機，因為有時候阿公、阿婆會對著我一直說一直說，然後我就會聽不懂，不知道怎麼溝通，沒辦法去陳述，或者是有時候去買東西時，老闆開口就會說客家話，我就回她國語，聽不太懂，所以，朋友更會加深學習客語的動機。

E：我覺得這個是個人需求，就是說你需要跟別人溝通，有需求然後就會

去學習。

F：當初學客語只是單純不讓人捉弄，但是學習了之後發現，客語並不如想像中的困難。雖然學習當中有遇到挫折，我都鼓勵自己，學起來就是自己的。我請教先生、老師、婆婆等人，一路走來更是辛苦，目前我是在國小教客語，沒想到當初一心想學好客語，要當客語教師的夢想實現了，也成為我的經濟來源。

G：我是為了要考中高級認證，以後可以教小孩，基於有獎學金的制度，誘拐他們去考，要讓小朋友有動機學習的話，就要用競爭的方式，所以就跟小孩達成協議看誰先考上。

J：做一件事情都有它的目的與目標，我學習客語是希望跟人交談無障礙，而且也不要有任何的口音，將來可以參加客語考試。

K：我為什麼會想學習客語？因為我的第一份工作是在苗栗，我在國小是特教老師，所以呢？就向一些長輩學習，想要學多一點客語，能跟在地的人對話。

　　受訪者對於客語的學習必須具有一定的熱忱，並認同所學習的語言，同時在良好的學習環境下，才會不斷用心學習，並藉此肯定自身學習的能力。語言學習動機會因語言情境不同而產生不同結果，然而在臺灣的外語教育常有過度強調工具性動機的傾向。李育奇（1989）發現，國一學生認為「學習英語對將來很有用處」者占 75%，國二占 64%，國三只占 52%。這說明學生在學習階段若過度強調工具型動機，則學習英語的動機將隨著考試挫敗次數的增加而遞減。當客語學習者具有積極主動的學習動力及動機，便能進一步將語言傳承並發揚，進而認同客家。

　　動機是一種需求，是追求或創造需求滿足機會的動力，學習者也許是為了被尊重、自我實現、獲得知識等種種需求，當獲得滿足後便往更高層次發展。人的個體尊嚴、個人價值觀、自我實現、人生價值、成長等，是人本學派學習動機中所強調的；受訪者 D、F、G、H、I、J 的訪談內容與人本學派學習動機中所強調的相符合。

D：(1)學習客語希望能夠融入客家族群(2)希望能夠藉著客語體會客家文化意涵和傳統(3)學習客語的同時也能夠交朋友，互相和朋友切磋。

F：成為我生活的一部分，我的經濟來源。

G：我是為了要考中高級認證，以後可以教小孩。

H：目標是能流利的對話，方向是以服務老人家為主。

I：去菜市場買菜的時候比較好交流。

J：做一件事情都有它的目的與目標，我學習客語是希望跟人交談無障礙，而且也不要有任何的口音，將來可以參加客語考試。

　　黃梅琦（2006）與徐文濤（2005）的研究結果相同，認為學習動機愈高則學習滿意度愈高。不過，在動機取向強弱中，黃梅琦指出，屏東縣新移民的動機來自於「外界期望」者最少。研究者由此推測，她們對自己的學習成效沒有太大的自信，因為缺乏自信心，學習成效無法滿足家人、族群等外界對自身的期待，其動機較少來自於「外界期望」。吳芳茜（2008）研究中的新移民，因為語文能力不足，透過學習成功，克服原本自己認為辦不到的事，而迅速建立自信心，讓新移民意識到，透過學習可以改變局勢，並讓她們看起來更有自信。

　　社會學習動機認為，環境、個體與行為三者互相交替、相互影響，強調行為結果與個體認知信念的影響。Bandura（1977）的自我效能論，說明動機強弱與自信心高低呈現正相關，個體具有高度自信完成學習活動，其學習動機愈強；受訪者A、B、E、F、G應證社會學習動機的觀點。

A：都怕會被人笑，說我太笨都學不會，然後請朋友糾正，因為是朋友所以我就比較不會不好意思。

B：沒有足夠時間增加自己的基本能力，從別人日常對話中學習。

E：我覺得我目前的客語約莫可以聽得懂九成了，接下來的方向應該是要克服心理障礙與多說。

F：當初因為從基隆來到苗栗讀書，同學會捉弄我，所以我就想把客語學好，只是因為不想給同學捉弄，當下我就決定我一定要把客語學好來，我不要給人有這樣的機會來捉弄我。……他們一直回饋我怎麼講出正確的音，幾次下來之後慢慢自己就行了。

G：作為一個客家媳婦，那當然學習客語是一定要的，因為家裡的公公、婆婆就是講客語，那因為他們是長輩，基本上他們對國語、其他語言是比較不流暢的，所以我就盡量能夠跟他們配合。我覺得學習語言這種東西，就是不要怕害羞，要打開自己的心房，就算講錯也沒有關係。

黃志隆（2006）探討臺中縣新移民識字班學員的學習動機與學習參與程度，指出動機首重求知興趣，其次則為社會適應和子女教養。當社會支援愈強，學習動機就相對增強，提高學生自我效能，則能以較高強度的信心和積極主動的態度，勇於面對每一項挑戰。閩南媳婦在學習客語的過程中雖然遭遇困難，但基於自身的求知興趣與自信心，逐步克服困難，最終習得客語。

二、客語學習態度

態度當中包含了行為層面，並且深受認知、評價、情感所影響（陳昌文，2004）。受訪者在訪談情境脈絡下，對於客語的認知是積極正面的。學習者視語言學習為了解族群與文化的路徑之一，進而樂於學習客語，並在學習中保有積極認知、參與的態度，絕不可怠慢鬆懈。「學習」是整個教育活動中，最直接、最基本的存在因素，教育的成功與否確實離不開學習，學習乃是學習者的主要活動，學習者的學習態度關乎學習成效的好壞。

A：客語很多發音說得很難標準，例如頭這個字，怎樣都說不好。然後請朋友糾正，因為是朋友所以我就比較不會不好意思。

D：學習客語希望能夠融入客家族群。

F：剛開始學習客語的時候如海底撈針，而且每次都要一直問人家，發現非常的困惑，不過，只有多跟人家對話，一直在被人家取笑的情況下，但是，又一直不願意放棄的情況下，一直走下去了，一直追根究底，把它問到會。比如說：鵝，這個鵝字對我們閩南人來說，是比較難發音的，但是我就一直去模擬，然後一直講給我朋友她們聽，她們一直回饋我怎麼講出正確的音，幾次下來之後慢慢自己就行了。只要有ㄜ、又的音，在閩南語中是沒有這個音，所以閩南人在發這個音相當地困難，但是這也是客語的精髓之處。

I：其實學習客語的歷程是相當辛苦的，尤其是語音的問題，例如：豆腐、頭腦、鞋子這些音都極不好發，舌頭的位置不知道該放哪裡才好？我就自己一直練、一直說給朋友聽，說給先生聽，他們都不厭其煩的教我，畢竟有人想學客語，他們都很樂意教。

J：輸人不輸陣，大家一起說客語才好玩，互相糾正才會學得快。在娘家的話幾乎都是閩南人，現在嫁到客家庄，80% 都是客家人。雖然可以與他們用國語溝通，但是我覺得既然嫁到客家庄就要學習客語，對人也比較有親和力，所以就要求他們教我說客語，他們也都很樂意，最重要的是不會取笑我說得不好。

K：它的音調跟其他地區有很大的不同，可是當聽到其他地區不同的客語時，有時候會聽不大懂，那我會去請教老師，這樣就可以多方面的學習不一樣的客家話。

　　在認知層面，學習者有學無止境的體認、認為學習是漸進的過程、認同學習的重要性、即使有壓力，閩南媳婦仍抱持順其自然、持續學習就好的樂觀態度。她們認為學習不可能一步登天，必須歷經長時間的漸進過程，即使進步緩慢也不要緊。訪談者 A、D、F、I、J、K 對於語言的情感是正向而且積極的，藉由自身對語言的認知進而學習，在客語學習之路發現自己越來越好，就會常用客語與親朋好友交談溝通，也會愈正向的使用客語。這與邱美切（2006）調查嘉義縣新移民的研究結論雷同。新移民在識字教育中以自我學習的學習態度

為最積極。新移民如果學習情況佳，態度積極且好問，會把握時間自學，遇到問題則請教丈夫或子女，讓學習建立良性循環。吳美枝（2011）的研究發現，客語能力愈好，越常使用客語和他人溝通，對於客語的態度也愈正向，對於客語學習的態度也比其他受訪者學習態度有較高的興趣。

不同客語程度對客語的認知、情感認同和行動有顯著差，意即擁有越高客語程度的客家籍學生家長，對於客語的認知、情感認同和行動表現較佳。研究者發現家長越會聽說客語，其對客語的態度越積極正向，因此，家長說不說客語，決定了他們對客語的態度，也決定了客語生存的空間。所以，家長客語程度越低，對客語的態度越消極負面，其下一代的客語能力必然下降。如同張善楠（1996）和鄭勝耀（1999）在研究中提到，語言的學習與保存不能單靠在學校學習，而應該從家庭中的父母著手，鼓勵家長從自身的客語聽說開始，建立對客語積極的態度。

陳支平（1998）在《客家源流新論——誰是客家人》一書中也提到，是否能延續成為客家人，最主要因素在於語言，而地方上的方言、生活的習俗等，與地緣性或當地人的精神有直接的關係。

> F：我嫁過去我就會說客語，所以，他們幾乎都講客語，對我來說的話，他們也會覺得有些咬字我說得不是很清楚，當下會跟我說。從他們身上我學習到非常道地的客語，比較老人家會講的客語，也是從他們身上學的。母語是一個溝通語言，族群有相同的生活環境、有相同的意識。
>
> G：他們一聽到閩南人會說客語，都會誇獎我很厲害、很了不起！
>
> J：我不想給人家說我是「河洛嬤」，於是我想盡快融入群體，不想遭人排斥，客家人民族性很強烈，一方面當然也是要解決與家人溝通的問題。我打個比喻好了，如果參加一個分組活動，客家人一定都是找客家人同組（針對我遇到的來說），除非你是他朋友或親人，要不然剛開始是很難的。
>
> K：有些人是因為環境的關係，沒辦法進行母語，他還是會想學母語，因

為他的根就是客家人。

L：現在畢竟會講客語的還是不多，但因為政府大力推行說母語運動，電
視上也有客家電視臺，有時候聽他們用客語播報新聞、或者是主持節
目，覺得很有趣，聽得懂的話就越有參與感，聽不懂的話，就不會想
要去觀看節目及學習。

依附在語言情感上的情緒，是直接反映在學習者身上，當學習語言時的情
感是屬於厭惡而負面的情緒時，對該語言的評論將會下滑，相反地，當學習
語言時的情感是屬於喜好而正向的情緒，則對該語言的評論將會昇華（陳昌文
等，2004）。

根據訪談的結果，與受訪者溝通的語言也要看雙方的語言程度。通常閩南
媳婦若是會講客語，就會用客語來溝通。有受訪者表示這樣較為親切，也算
入境隨俗，但是如果受訪者說不順口時，就會轉換為國語，或是一直用國語溝
通。

C：發音、翹舌難，就是發音不標準，如何解決：有時候問先生，有時候
就跳過去不講，或是講國語。

D：有的，前陣子突然對於客語沒有很大興趣想放棄學習。解決方式是上
網尋找客語的卡通影片，從中找回對客語的興趣和動機，不會因為學
習挫折而放棄。因為有太多聽不懂的。那觀看客語的卡通影片你就聽
得懂囉！也沒有完全聽得懂，但是最重要的是有字幕可以對照著看，
多多少少是有幫助的。平時溝通還是可以講國語及客語穿插著說，主
要是因為興趣及族群認同感。

E：在不斷地聽之後，百分之九十是都懂意思，但是要去用語言表達總覺
得就有一點難為情，因為講得不好，那所以就不說，我就用其他語言
來回答、替代。您不會去追根究底我一定要學會這句？您就想用別的
語言來替代？通常聽到客語或客語問答的時候，我是聽懂，但是我沒
有辦法用客語來說明，因為說出來腔調不正確，會有點難為情，通常

別人用客語跟我溝通的時候，我會以國語跟對方對話。

G：我是在學校，職場上大家都是講國語比較多，只有家庭訪問及來接小
孩的阿公、阿婆遇上時會講上幾句，增加彼此之間的親切度。

I：他們很愛聽閩南語腔的客家話，所以我學習客家話遇到困難喔！我就
講國語啊！然後我會問他們，這一句話要怎麼講？他們就會教我，就
問人家。

談話對象跟自己使用相同語言時，大多會傾向使用母語，反之亦然，談話
對象與自己使用不同語言時，則會使用「華語」溝通。當客家人與其他客家人
交談時，多會選擇使用華語、客語。

語言是族群認同的一項依據，是人類重要的文化財富，更是族群間互通訊
息、表達情感的工具。鄉土語言的學習，可以達到族群情感的溝通和文化的傳
承保留，激發族群意識，肯定自我價值。個體了解鄉土語言的重要性，有了積
極主動的學習興趣，不同族群便能互相尊重欣賞，學習彼此的優點。

閩、客族群常因語言學習差異造成溝通不良，出現被排擠的感受。老、
中、青三世代在學習客語動機上，以融入型動機為主，受訪者多數是折衷家
庭，結婚後為了能與家人溝通相處而學習客語。也有些訪談者是因工作上的需
要，才有動機學習客語，屬於工具型動機。從認知層面來看，受訪者積極學習
客語是一種客家認同的表現，使用共同的客語是建構客家認同的歷程，也是族
群認同的要素之一。因此，訪談者使用客語，取決於生存的需要，閩南媳婦婚
後常使用客語與親朋好友或左鄰右舍溝通及教養下一代，也會讓孩子理解多學
習一種語言的好處，並鼓勵孩子多參加客語比賽，這是行為層面的表現。在態
度情感方面，受訪者對於客家語言普遍持正面且認同的態度，基於血緣的關
係，也希望下一代學習客語。受訪者覺得學習客語的態度會受到家人、朋友或
周遭環境影響，尤其母親的觀念更是影響孩子對語言態度的關鍵角色。受訪者
對於客語聽、說的學習成效極佳，也表示因為熟悉客語後，藉著客語的溝通無
礙，因而能融入客家族群，進而認同客家文化。

伍、結論與建議

本研究透過半結構式的深度訪談法，以多語族群、多元文化之苗栗市作為研究場域，想藉此了解閩南媳婦學習客語的動機與態度。

一、客語學習動機

閩、客族群常因語言學習差異造成溝通不良，出現被排擠的感受。老、中、青三世代在學習客語動機上，以融入型動機為主，受訪者多數是折衷家庭，結婚後為了能與家人溝通相處而學習客語。也有些訪談者是因工作上的需要，才有動機學習客語，此乃屬於工具型動機。

二、客語學習態度

從認知層面來看，受訪者積極學習客語是一種客家認同的表現，使用共同的客語是建構客家認同的歷程，也是族群認同的要素之一。因此，受訪者使用客語，取決於生存的需要。閩南媳婦婚後常使用客語，與親朋好友或左鄰右舍溝通及教養下一代，也會讓孩子理解多學習一種語言的好處，並鼓勵孩子多參加客語比賽，這是行為層面的表現。在態度情感方面，受訪者對於客家語言普遍持正面且認同的態度，基於血緣的關係，也希望下一代學習客語。受訪者覺得學習客語的態度會受到家人、朋友或周遭環境影響，尤其母親的觀念更是影響孩子對語言態度的關鍵。受訪者對於客語聽、說的學習成效極佳，也表示因為熟悉客語後，與客庄居民溝通無礙，因而能融入客家族群，進而認同客家文化。

三、建議

本研究針對苗栗客庄閩南媳婦學習客語之研究，提出相關建議以供參考。

（一）提供客語課程

　　訪談中閩南媳婦提到，家庭中的子女使用客語的能力不足，主因是少有使用客語的機會。有部分受訪者認為，學習客語只是一種工具，覺得有用到時才需要學習客語。所以，本文建議多提供使用客語的環境，將更有利於閩南媳婦的子女或有心想學習客語的族群學習客語。例如，可藉由國小或苗栗縣政府開設媽媽客語課程，增加學習客語和文化的課程，激起下一代子女對本土語言的重視，提高學習客語的意願，提升閩南媳婦及其子女的客語能力；課程也要有持續性，並定期的追蹤與培訓。如此，不但可以延緩客語衰退的速度，甚至有助於客語的學習，建構客家子弟的客家認同，讓客家文化得以傳承。

（二）重視少數族群感受

　　訪談過程中發現，閩南媳婦與客家族群相處時，都曾因語言差距或聽不懂對方所講的語言而陷入困境，造成雙方溝通不良，甚至覺得自己被排擠，無法融入對方的族群。當閩南與客家族群相處時，應該尊重彼此的語言能力，最好是使用雙方共同的語言，免於猜忌，以達到良好的溝通。家庭中的閩南籍與客家籍配偶彼此欣賞、彼此尊重之外，家族中各成員也積極發揮適應性和包容性的特徵，努力朝多元文化的方向發展。除此之外，下一代已到適婚年齡的未婚青年男女，在考慮不同族群婚配之前，除了知道雙方的個性與家庭背景，也要盡量了解雙方族群風俗與文化，以免婚後因族群差異等因素造成衝突，影響婚後生活品質。

（三）提供適當的工作機會予通過「客語能力認證」者

　　客委會在「客語能力認證」及「客語家庭」的推動上已有相當的成績，不僅鼓勵在家庭中使用客語，還有在學校編排鄉土語言的課程、到客家庄來寮、一起說客語等。在客家聚落或客家人口達到一定比例區域之行政單位，應要求公務人員提供或使用「客語」服務，各機關多招募通過客語能力認證中高級的人才，給予適當的工作機會，例如：客語口譯人員；或是推動考試加分制度，這樣可以帶動客家研究的風潮，讓原本不重視客語的人有動力及誘因一起學習客語，並傳承延續。

參考文獻

Philip G Zimbardo（著），游恆山（編譯），1988，《心理學》。臺北：五南。

古美瑤，2013，《客家族群教養觀之世代差異：生態系統理論觀點》。桃園：中央大學客家研究碩士在職專班學位論文。

吳芳茜，2009，《中縣新移民女性學習經驗之研究——以其動機、需求、態度與困境探討之》。臺中：國立臺中教育大學社會科教育學系碩士班碩士論文。

吳美枝，2011，《語言使用與客家認同關係之研究——以三義鯉魚潭村為例》。苗栗：國立聯合大學客家語言與傳播研究所碩士論文。

李咏吟、單文經，1997，《教學原理》。臺北：遠流。

李美枝，1990，《社會心理學》。臺北：空大。

林仁和，2002，《社會心理學》。臺北：揚智。

林宜芳，2009，《彰化地區越南籍新移民女性親職效能感與婆媳關係之相關研究》。嘉義：國立嘉義大學幼兒教育學系研究所碩士論文。

林淑馨，2010，《政治科學論叢》19：225-254。

施任芳，2002，《屏東縣國小學童鄉土語言態度調查研究》。屏東：國立屏東師範學院國民教育研究所碩士論文。

孫義雄，2004，〈深度訪談法與犯罪成因之探索〉。收錄於中央警察大學通識教育中心編，《通識教育教學及研究方法研討會論文集》。桃園：中央警察大學。

徐大明等，2006，《語言變異與變化》。上海：上海教育出版社。

徐文濤，2005，《臺北縣國小補校學習動機與學習滿意度之研究》。臺北：國立臺灣師範大學社會教育學系在職進修碩士班碩士論文。

張春興，1996，《教育心理學：三化取向的理論與實踐》。臺北：東華出版社。

張春興，2006，《現代心理學》。臺北：東華書局。

張春興，2007，《教育心理學：三化取向的理論與實踐》（重修二版）。臺北：

臺灣東華。

張善楠，1996，〈臺灣地區原住民成年人母語學習的經驗分析 - 兼論社會結構、社會情境和語言發展〉。《原住民教育季刊》2：78-91。

陳支平，1998，《客家源流新論──誰是客家人》。臺北：臺原出版社。

陳昌文、鍾玉英、奉春梅、周瑾、顏炯，2004，《社會心理學》。臺北：新文京開發。

陳皎眉、王叢桂、孫蒨如（2003）。《社會心理學》。臺北：空大。

黃志隆，2006，《探討臺中縣新移民識字班學員的學習動機與學習參與程度》。臺中：國立臺中教育大學區域與社會發展學系論文。

黃宣範，1995，《語言、社會與族群意識：臺灣語言社會學的研究》。臺北：文鶴。

黃梅琦，2006，《屏東縣外籍配偶學習動機與學習滿意度之研究》。屏東：國立屏東教育大學教育行政研究所碩士論文。

溫世頌，2009，《教育心理學》。臺北：三民。

萬文隆，2004，〈深度訪談在質性研究中的應用〉。《生活科技教育月刊》37（4）：17-23。

葉重新，2011，《教育心理學》。臺北：心理出版社。

葉肅科，2007，《社會心理學》。臺北：洪葉文化。

葉蓉慧，2005，《跨文化傳播：教育的體驗與實踐》。臺北：五南。

鄒嘉彥、游汝杰，2003，《漢語與華人社會》。香港：香港城市大學。

鄭勝耀，1999，〈教育資源分配的兩難：談均等與卓越理想的實現〉。《中等教育》50（2）：27-37。

蕭瑞琪，2003，《從語言習得探討客語教學及文化傳承之個案研究》。高雄：國立高雄師範大學教育學系。

蘇芳儀，2007，《幼兒園美術老師教學實務之探討》。臺北：國立臺灣師範大學人類發展與家庭學系學位論文。

Baker, Mark, 1988, *Incorporation: A Theory of Grammatical Function Changing*. Chicago: University of Chicago Press.

Bandura, A., 1977, Self-efficacy: Toward a unifying theory of behavioral change. *Psychological Review*, 84: 191-215.

Csizér, K. & Dörnyei, Z., 2005, Language learners' motivational profiles and their motivated learning behavior. *Language Learning*, 55: 613-59.

Dornyei, Z. & Clement R., 2000, Motivational characteristics of learning different target languages: results of nationwide survey. In. Z. Dörnyei & R. Schmidt (Eds.), *Motivation and second language acquisition* (pp. 399-432). Honolulu: University of Hawaii.

Dornyei, Z., 2001, *Motivational strategies in the language classroom*. Cambridge: Cambridge University Press.

Gardner, R.C., 1979, Social psychological aspects of second language acquisition. In Giles, H. & St. Clair, R. (Eds.), *Language and Social Psychology* (pp. 193-220). Basil: Blackwell.

Heider, F., 1958, *The psychology of interpersonal relations*. New York: John Wiley & Sons Inc.

Maslow, A. H., 1970, *Motivation and Personality* (2nd ed.). New York: Harper & Row.

McClelland, D. C., 1955, Measuring motivation in fantasy. In D. C. McClelland (Eds.), *Studies in motivation*. New York: Appleton-Century-Crofts.

Spitzberg, B. H. & Cupach, W. R., 1984, *Interpersonal Communication Competence*. Beverly Hills, CA: Sage.

Thorndike, E. L., 1913, *Educational Psychology. Vol.1. The Original Nature of Man*. Columbia University: New York.

Weiner, B., 1979, A Theory of Motivation for Some Classroom Experience. *Journal of Educational Psychology*, 71(1): 3-25.

第二部分

馬來西亞經驗

第 8 章

另一種客家人：馬來西亞的客家基督徒

黃子堅

壹、導言

　　一個人的身分認同通常由血統（譜系）、所說的方言，以及較小程度的宗教習俗來定義。因此，馬來西亞的客家人要麼宣稱來自嘉應州，要麼宣稱來自惠州的某個縣，一些少數群體則居住在廣東省的這兩個地級市外。後者概括了那些來自毗鄰福建省的人，當中還包括永定縣。20 世紀頭二十年的標準華語普及化運動，尤其在 1919 年五四運動之前，方言是一般人說話的習慣。就客家話看來，客家社區在 1919 年之前，最大限度使用了方言，即使在中國學校系統引入華語後，客家話仍繼續在其母語界中廣泛使用，就算其地位持續受到威脅，客家社群仍能保持這這種身分認同。就宗教和信仰體係而言，馬來西亞的客家人主要祭拜傳統的譚公和三山國王。而自 1860 年代起，仙師四爺是來自惠州客家人崇敬的當地神明。然而，在這些「客家性」的背後，有一群客家人，他們的出處不容置疑，也不曾放棄使用他們的方言，但就宗教而言，他們不是傳統客家神明的崇拜者，也不堅持最重要的傳統祖先祭拜，他們就是客家基督徒。無論是來自學者或非專業人士，他們作為另一類客家人的存在，並未得到足夠的關注，但他們的譜系卻非常有趣，而且數量還在增長中。

　　本文將會研究在馬來西亞其中四組客家基督徒，透過展示他們的歷史演變，為他們在馬來西亞的客家社群發展史中定位，同時也將詳述他們與馬來西亞的其他客家社群相對位置的問題。此外，本文要處理的另一個問題，是這些客家基督徒嘗試保持客家性的方式。

馬來西亞也許還有多個客家基督社群，但本文將重點關注以下四群：

一、浮羅山背客家基督徒（羅馬天主教徒）。

二、沙巴客家基督徒（巴色差會、聖公會與天主教徒）。

三、古晉客家基督徒（最初是巴色教徒，後來是聖公會教徒）。

四、文丁客家基督徒（羅馬天主教徒）。

貳、在中國的背景

基督教自唐朝就已經在中國存在。它的命運是混雜的，除了某部分統治階級樂於接受之外，基督教並未引起一般人的注意。基督教由零星的游牧神父或傳教士引入，卻未能在中國取得重大進展。直到 19 世紀中葉，才有一波來自不同教派的基督教傳教士，帶著將基督教與西方（現代）文明帶給中國人的文明使命抵達中國。除了羅馬天主教、長老會與聖公會等主要教派外，還有一些較小的傳教會，在中國不同省份的不同中國人群體中傳教。

有幾個傳教團體在客家社群集中的廣東服務，其中主要的就是巴色差會。這個以瑞士巴色城為基地的差會創建於 1815 年，於 1847 年因跨教派的福音派傳教活動，開始在中國展開運動。但直到 1851 年，該傳教活動在未能於福佬社群中取得進展後，才轉移中心至客家人身上。包括韓山明和黎力基在內的巴色傳教士，首先透過學習客家方言接近客家人，接著遵照客家人的穿著方式生活在社群當中。他們很快就成功讓一些人皈依，並創建了教會，傳教團也很快擁有了大量的追隨者。

韓山明獲得了和太平天國運動（1850-1864）領袖聯繫的機會，尤其是主要領袖洪秀全。[1] 太平天國運動始於廣西省，該省毗鄰於洪秀全的家鄉廣東省。他在多次科舉考試落第後，聲稱透過和《聖經》裡的上帝與耶穌的精神體

---

[1] 更多關於洪秀全與韓山明的討論可見史景遷（Jonathan Spence），1997，《中國之子：洪秀全的太平天國》（*God Chinese Son: The Heavenly Kingdom of Hong Xiuquan*）。紐約：諾頓出版社。

驗後，在大病中痊癒，並到廣西傳教。此經歷在洪秀全神智不清的狀態下發生，後來成為他詮釋基督教的基礎，也成為他日後起義的導向力。太平軍擴散的速度非常快，他們在 1853 年成功拿下中國中部最大的城市和前明朝的京師——南京。洪秀全隨後以南京為首都，宣布成立太平天國。

太平天國的成立促使韓山明有了接觸洪秀全的想法，希望將太平天國天王的偽基督教，轉變為真正的基督教教義。韓山明也希望一旦天王皈依，整個中國也會接受基督教。韓山明與洪秀全通過信函辯論，但天王對他的信仰非常堅定，不願意順從。韓山明於 1854 年逝世，但在 1851 年至太平天國淪陷的 1864 年，巴色差會都參與了傳福音的使命。事實上，在客家社群中活動時，傳教團已開始將《聖經》翻譯成通俗客語，並訓練工作人員說客家話，同時協助建立客家話系統，並在一定程度上建立客家人身分。[2] 這情況當然進一步發展到 19 世紀後期，而且顯然對客家話作為方言口語與文字的發展帶來了巨大的影響。

太平天國的天京於 1864 年淪陷，當時一些有能力的指揮官帶領滿清軍隊打敗了太平軍。許多直接或通過聯盟參與太平軍的客家人，下場是被滿族官方追捕，許多人被迫移居外地。後來，一些基督教傳教差會協助某些太平天國的倖存者搬離、移居外地或遷移至香港。這使人禁不住將馬來西亞（及其他地方）客家基督徒的存在，歸因於太平天國的失敗。雖然有這種聯繫的確切證據，但大多數移居國外，包括抵達馬來西亞的客家基督徒或客家人，都沒有與太平天國有任何關聯。事實上，許多客家人自 18 世紀已開始移居國外，尤其是技能在世界各地都受到重視的客家礦工和石匠。其他人選擇離開中國，是因為在家鄉的生活變得無法忍受。例如，在西加里曼丹昆甸的金礦工，在 1750 年代抵達該地，距離太平天國起義還有一百年之久。先於太平天國起義，大約 1820 年代通過新加坡抵達馬六甲及雙溪烏絨的客家錫礦工人，也是如此。甚至去蘇門答臘邦加的礦工和在霹靂州拉律和近打採礦的工人也一樣，都在太平

2　基督傳教團的角色，尤其是巴色差會對塑造客家身分認同非常重要。參見施添福（2014）。

天國起義爆發前就抵達這些地方。此外，還有許多客家礦工前往澳洲和紐西蘭等遙遠的國家。儘管如此，許多移民的客家基督徒確實和太平天國有一定的關聯。

在太平天國失敗後的 1887 年，巴色傳差會的黎力基牧師被派往夏威夷，訪問太平天國的領袖們。然而，當他們抵達夏威夷時，他們發現這些身為太平天國領導層的客家基督徒，並未開辦自己的教會。相反地，他們加入了一些當地的教會，將自己納入基督徒的身分，而非與客家性或客家基督教有關的身分。此外，還有許多和太平天國有關的證據。例如，在檳城發現了一些太平天國的硬幣，被認為與移居至那裡的客家社群有關。雖然這不一定意味著和太平天國起義或太平天國之間有直接相關，但確實表明了客家基督徒或客家人透過兩種途徑移民到國外，包括馬來西亞。第一種是為了尋找更好的經濟機會或生計而離開的人；其次則是由於和太平天國有關聯，隨後被滿清政府迫害，不得不離開的人。

以下將探討在馬來西亞發現的四個所選客家基督社群的起源與發展。

參、浮羅山背的客家基督徒

今天的檳城與福建文化有緊密的聯繫，福建方言還是島上和大部分馬來半島北部地區最主要的方言。在檳島的南端還住著一小群客家基督徒。無人能查明客家基督徒何時來到這裡，以及如何抵達這裡。檳城與福建文化有密切關係，但島上的人口普查卻隱藏著不同的景象。

島上的人口普查清楚顯示，自檳城接受英國統治的前五十年以來，華人人口均分為三大類，即福建、客家與廣府。事實上，多年來客家人（在人口普查報告中稱為「Kheks」）實際上和福建人一樣多。但必須強調的是，客家人並非城鎮居民，他們集中在農村地區，由福建人或廣府人主導喬治市。但很快地，廣府人的存在逐漸衰弱，並讓道給了福建人。《海峽治民地年報》揭示了介於亞依淡和浮羅山背山脈上的客家人定居點，且調查將重點放在成立於

1854 年的天主教耶穌聖名堂上。

　　為紀念教會 150 週年而生的出版物，提到該教會於 1854 年在浮羅山背鎮上成立，且大部分會眾是華人。教堂裡的彩色玻璃告訴我們，大部分的捐贈者是華裔基督徒，但很難確認捐贈者是否為客家人。教會的詳細人口統計來自另外兩個資料來源，第一個是來自巴黎「法國海外差會」Ducorey 神父的信函，詢及「Khek」（客，即客家人）的崇拜／禮拜資料。該日期早於太平天國敗亡，與客家基督徒來到該地區的想法與論點是一致的，即與太平天國毫無關係。目前還不清楚太平天國起義對這群客家基督徒的後續發展起了多大貢獻。另外，也有報告指出，某些客家人與太平天國有關，抵達並可能在吉打－檳城地區定居。在該地區發現的太平天國硬幣引起了這樣的推測。無論如何，沒有任何明確的跡象表明半島上的客家人是基督徒。

　　第二個資料來源是埋葬在於山丘上一公里處教堂墓地上的墓碑資料。幾乎所有的基督教墓碑都屬於惠州人，這進一步證實該地區客家基督徒社群的存在。隨著年月的流逝，浮羅山背客家基督徒社群的客家性特徵正逐漸消失。雖然羅馬天主教會有意識地持續派遣方言為客家語，或可以說這種方言的神父，來保持教會的客家身分，但過去五十至六十年間發生的許多變化，尤其是遷移到城市、城市化以及華語社區的興起，意味著客家話在宗教儀式與禮拜或彌撒中的使用也正在下滑。因此，到了 2013 年，只有兩名老婦人仍需要用客家方言來進行彌撒。來自砂拉越的田神父是一名河婆客家人，被派到該教會用客家話主持彌撒。該教會還開辦了一所學校。該學校早在 1871-1881 年就已經開辦，但直到 1919 年才開創了聖喬治學校。

　　教會的另一個客家性證據，就是教會稱他們的法國神父為「Shin-fu」，即客家話稱呼神父的方式（Holy Name of Jesus Parish, 2004: 19）。[3]

---

[3]　筆者在 2013 年 10 月到了該教會田調。

肆、巴色會與沙巴州的客家基督徒

　　沙巴的巴色會歷史可追溯到廣東省的客家社群。他們曾是瑞士巴色差會進行傳道工作的客家人。巴色差會在 1815 年於瑞士北部的巴色城成立，自 1847 年起在中國服務。起初一些傳教士在潮州的福佬人中傳道，後來發現這個任務令人氣餒。傳教團於是在 1850 年將注意力轉移至廣東的客家人，最早的傳教士為韓山明與黎力基。客家圈集中在梅縣、紫金、五華或長樂、龍川、惠陽、寶安、河源、清遠和花縣的客家中心地帶，當中某些地區是該省最貧窮的土地。

　　當中國南方經歷太平天國運動（1850-1864）時，巴色差會開始接觸客家人。大部分參與起義的人都是來自廣東與毗鄰廣西省的客家農民。起義領袖洪秀全本人正是昔日花縣（今廣州）的客家人。起義的後果是清政府採取了一系列的懲罰行為，旨在讓參與起義的人獲得報應。許多家庭由於積極參與起義，或僅僅因為家庭聯繫而被捲入起義裡。因為這種壓力，許多客家人決定移居外地，以避免可能的影響與家鄉的苦難日子。[4] 許多人尋求巴色差會的幫助來移民。

　　一群客家基督徒在 1882 年被帶到英屬北婆羅州（今天的沙巴州）定居。他們是通過北婆羅公司和巴色差會之間的安排而南下。該公司迫切需要勞動力及定居者來開闢剛取得的土地，而客家基督徒正適合定居者的角色。對巴色差會而言，自 1864 年太平天國失敗以來，客家基督徒與參與太平天國運動或被牽連的人，一直受到迫害。滿族政權正追捕太平天國起義的成員，並將客家人和中國基督徒與起義聯繫起來。巴色差會認為，移居外國是保護這個基督徒群體的方法。傳教團早些時候曾多次嘗試移送客家基督徒，尤其是與太平天國起義有直接關聯的人，包括前述在 1870 年代移送到夏威夷的領導層級人士。北婆羅公司資助他們前往北婆羅州，並在抵達後獲得免費土地、基本住宿、維生

4　許多抵達沙巴的客家家庭自稱和太平天國有關。事實上，其中一個家庭甚至聲稱他們的祖父是太平天國領袖洪秀全最小的兒子。於 2004 年 8 月在堪培拉採訪 Doreen Hurst nee Funk（Hong）。

工具及一些財政補貼。除了向個別家庭提供土地與其他福利外，政府還向巴色差會提供建造教堂、學校與墓地的土地。

　　在得知北婆羅州公司的提議後，黎力基牧師決定於 1882 年 11 月派遣兩位代表前往沙巴（Tregonning, K. G., 1965: 132）。[5] 在檢查了提供給他們的土地，並與 William H. Treacher 總督進行討論後，他們的報告促成了兩組客家基督徒立即移居沙巴。30 名客家基督徒移民在 1883 年 1 月 14 日，隨著「福建號」南下並登陸古達。他們包括了「來自同一地區的大量有意移民的代表及有意通過讓北婆羅州（沙巴）成為家園而進行斡旋的人」（《北婆羅先鋒報》，1883）。他們當中還包括了婦人和幼兒。這一特徵使他們與大部分皆為男性的東南亞早期中國移民群體區別開來。正是在這樣相似的條件下，促使客家移民在 1882 年至 1889 年間得到增加（Wong, 1998: 18-21）。

　　每批客家基督徒定居者都需要建立教會與學校。他們抵達後馬上在古達的老山開辦了教會，並在 1886 年正式成型。另一座教會於 1888 年在古達開辦；山打根的教會則開辦於 1886 年。這些教會用客家方言進行宗教儀式。與其他大部分為單身男性的中國移民不同，這些客家基督徒是以家庭為遷移單位，當中包括婦人和幼兒，為年輕人提供教育的需求，促使教會建立了學校。第一間學校建立在老山，其他教會後來也紛紛效仿；亞庇的學校於 1905 年成立。這些學校都依據巴色差會在中國廣東的學校系統命名為「樂育學校」。

　　雖然新的移民計畫開始將更多的中國移民帶到沙巴，但巴色差會及北婆羅州之間的初步舉措卻暫時中止了。直到 1913 年，兩派之間才達成新的協議安排，讓更多的客家移民移居沙巴。然而，在 1889 年至 1913 年之間，許多客家人也以自由移民的身分進入該州，或隨著他們早先抵達的家庭成員來到沙巴。

　　在 1913 年，北婆羅州再次與巴色差會達成協議，將新的客家移民引入沙巴。這項努力產生沙巴西海岸的三個新客家定居點，即夏南楠、孟家達與德里僕。這些新移民在公司提供有史以來最佳的條件下南遷，包括：十英畝土地、財政發展以及政府承諾提供建教會與學校的土地。這三個定居點的成立，有助

---

[5]　正是在這樣的情況下，總教會認可教會於 1982 年在沙巴成立。

於確保客家基督徒在沙巴西海岸的主導地位（Wong, 1998: 54-59）。

巴色差會仍是特許公司的可靠招聘人員。雙方為了鼓勵更多的客家基督徒而達成了協議，他們被認為是移民的「正確階層」[6]，也是國家農業和工業人口的支柱。

沿著連接夏南楠、孟家達、德里僕、擔巴羅里與鬥亞蘭的鬥亞蘭路上的新客家定居點，促使一群信仰基督教的華裔小園主更進一步發展，這和較早抵達古達的人相似。由於他們獲得有力的土地特許權及政府補貼，客家基督徒在1920年代成為沙巴重要的橡膠小園主，大多數客家定居者的土地占地不大，通常在 5 至 10 英畝內。因此，在 1919 年，主要是客家人的中國小園主種植了 7,578 英畝的橡膠，而全州種植面積達 47,739 英畝，[7] 占該州總數的六分之一以上。他們的田地不及歐洲人擁有的橡膠園，但仍是沙巴經濟發展的重要貢獻者。

北婆羅州公司的進一步移民程序，有助於確保更多的客家人移民到沙巴來。在所有計畫中，沒有一個比免費移民更有效。這個計畫於 1921 年推出，是特許公司將定居者帶入該國的方法。該計畫使北婆羅州公司透過讓政府資助所有開銷，引誘已在沙巴的定居者申請移民他們的親屬。這些新移民抵達後，要麼加入他們的親屬，要麼申請自己的土地。這個計畫的施行使更多人受惠，與巴色差會有關的人也更多，因為現有的定居者都是由這一群客家人組成的。在 1921 年至 1941 年，免費移民計畫帶來了接近一萬人，幾乎全部是客家人。[8]

必須指出的是，參與該計畫的人並非直接涉及巴色差會。它的施行有賴於客家定居者要求移民親屬南下的主動性。雖然有助於增強客家人的身分認同，但更重要的影響為，與其他方言群體相比擁有更多的女性人口，有助於確保客家人仍是最大的華人方言群體。長遠來說，即使客家話並非沙巴華人的通用

---

[6] "Governor Gueritzto Court of Director"，1905 年 12 月 7 日，CO874/746。

[7] 〈年度農務報告〉（Annual Report on Agriculture），1919 年。

[8] 詳見 1921 年至 1940 年《北婆羅州年度暨行政報告》（North Borneo Annual and Administrative Reports）（Wong, 1998: 85-90）。

語，這個數字優勢也有助於客家話成為主要的口頭方言。大部分的新移民都在政府資助的定居地落腳，如：夏南楠、孟家達、德里僕、鬥亞蘭、擔婆羅里、檳榔樹、大霸、百白、西瓜地、巴吧、丹南和亞庇。

　　北婆羅州公司與巴色差會之間開辦的客家移民程序，確實為這片土地帶來更多的客家人，包括客家基督徒，這無疑促成客家人成為沙巴最大的華人方言群體。更重要的是，客家基督徒能夠在該州建立他們的定居地，並且在每個定居地設立教會，最終發展成今日的巴色會。

　　今天，馬來西亞的巴色會共有 35 個中文堂會，當中大多數仍用客家方言進行宗教儀式及活動，維持客家身分。這種維持客家身分的嘗試面臨諸多挑戰，部分原因是教會在擴展工作上取得了非常大的成功，使其與客家圈外的華人接觸；樂育學校系統也吸引更多非客家人加入教會。非客家華人的湧入，讓他們成為教會的領導角色，進而減少了教會的原始客家性。這與客家人和非客家人的混合婚姻帶來的變化相結合，再加上華人學校系統不鼓勵說方言而實施的紀律行動，導致越來越多的成員不會說客家話。這也導致教會開始引入華語進行宗教崇拜，進而轉型成為華語堂會。自 1970 年代起，該教會為更熟悉英語的人提供英語宗教儀式崇拜，[9]這進一步削弱了教會的客家身分。雖然教會仍聲稱自己是客家身分的堡壘，但這一角色將在幾年後進一步衰退。

伍、砂拉越客家基督徒的足跡

　　與沙巴的客家基督徒相比，關於客家基督徒移民到砂拉越的資料鮮為人知。然而，砂拉越的客家基督徒和沙巴的客家基督徒，顯然來自一樣的出處。他們大多來自梅縣、五華、紫金和惠東安等縣區。他們的登陸也是按照巴色差會和北婆羅州管理層之間相同的安排方式，唯一不同的是當時的砂拉越政府是

9　在 1960 年代後期，巴色會開始為土著信仰者提供馬來文崇拜。後來，這部分成了沙巴的新教會，但在巴色會仍保留使用馬來文。今日，有超過 70 個馬來文堂會。

布克王。在 1898 年，第二任布克王查爾斯‧布克（1868-1917）非常熱衷於讓中國移民進入砂拉越，以協助發展該州的經濟。在 1898 年至 1911 年間，查爾斯‧布克引進至少四組中國移民到砂拉越，當中包括第一批根據這種安排抵達的客家基督徒，他們在 1898 年登陸。

與他們在北婆羅州的同伴相似，依據巴色差會和布克王之間的安排而南下的客家基督徒，也得到了免費的土地。據傳，他們共獲得了 150 英畝的土地。大部分土地被分配在距離古晉三至五英哩處的鹽柴港河及石角地帶。這些土地非常優質，農作物產量高，促使該社群自給自足。布克王希望客家基督徒能種植稻米，作為促進該州稻米供應自給自足的一種方式，但許多人後來都為了更能獲利的胡椒而放棄稻米。[10]

陳振聲（John M.Chin）告訴我們，該社群在他們的老師（傳教士）江貴恩的領導下，在社群建立不久後加入了聖公會。據知後來江貴恩成為古晉華人社區裡的重要成員。陳振聲也提到，他於 1980 年代寫作時，原始客家基督徒的一些後代，在巴色差會安排下還定居在該地區（Chin, 1981: 60）。

對砂拉越客家人的研究幾乎沒有例外，都將石隆門與英基利的客家金礦工視為砂拉越社群設立的前企。這些客家礦工的出生地西加里曼丹，據說是 18 世紀由充滿魅力且傳奇性的羅芳伯領導的「蘭芳共和國」的一部分或殘留地，在 19 世紀早期開始在今天的砂拉越西北部立足（Chin, 1981: 13-17; 22-29）。黃建淳對在砂拉越的中國人定居者歷史，進行了大量的研究工作，同樣將重點放在作為砂拉越客家社群建立的基礎，客家公司以及他們與西加里曼丹公司的關聯（黃建淳，1999：184-195）。大部分關於這些公司的資料，都來自於劉伯奎對石隆門與英吉利兩大公司的原始研究（劉伯奎，未具出版年月：81）。在 1857 年，當石隆門的礦工反抗新上任的白人布克王時，客家礦工的最初歷史幾乎消失了。田汝康（Tien, 1997）對砂拉越華人的開拓性研究同樣關注客家社群。田汝康認為客家人源自西加里曼丹。

事實上，他借鑒了羅芳伯的蘭芳共和國傳統，為砂拉越的客家公司貢獻

---

10 洪道仁，在砂拉越定居地巴色會傳教，是其中一名轉而種胡椒的人。

了一整篇附錄（Tien, 1997: 157-174）。然而，田汝康也表示，儘管石隆門的客家人從根本上被消滅，但第二任布克王很快就決定允許更多中國人（包括客家人）移民到砂拉越。這就是為什麼客家人仍是砂拉越最大方言群體的原因，並且在第一省和第三省中仍保持強勢。第二任王查爾斯·布克招募中國勞工與定居者的努力，也讓更多的移民計畫被推行，包括在巴色差會支持下，將客家基督徒帶入的計畫。陳振聲提到在 1898 年至 1911 年間，至少施行了四個這樣的計畫，促使砂拉越四大華人定居地成立（或陳振聲的說法：殖民地）；客家基督徒構成了第一組。根據陳振聲所述，在 1898 年抵達的第一組「由 100 個已由巴色差會受洗轉信基督教的中國客家人組成。距離古晉三至五英里處鹽柴港河及石角地帶的 150 英畝土地被分派給他們，並且簽約以耕稻換取土地、獲得最初的財務援助以及免費建築物材料。然而這些群體很快地轉而在僑居地進行蔬菜耕種以及家畜養殖。曾經有一段時間，布克王不滿意這些群體因為他們沒有將時間特別花在稻米種植上。」（Chin, 1981: 13-17, 59-60）事實上，他們當中有些人還種植了胡椒。

　　陳振聲對這群客家基督徒存在的見解常被以中文複述，但幾乎是對他的原始研究進行直接翻譯。客家協會將陳振聲的見解翻譯成中文，但提出了一些更進一步的訊息，也就是隨後抵達的客家人來自惠東安（Jong, 2013）。

　　最有趣的是，儘管陳振聲發表了對這些在巴色差會資助下，移民砂拉越的客家基督徒的見解，但後來對他們的認識卻少之又少。事實上，他們在住「隔壁」的沙巴巴色會弟兄們間，幾乎不為人知。實際上，砂拉越已不再有巴色會，也無法找到任何與傳教團有關的事物。儘管眾所周知，該社群已在 1898 年遷移到古晉附近地區，但對該社區的認知確實少之又少。

　　陳振聲的見解為該社群的命運提供了一些初步印象。根據陳振聲的說法，在 1898 年，砂拉越的客家基督徒社群由一位名叫江貴恩的教師領導，他被認為是有能力的人，領導該社群克服稻米種植需求的挑戰，以及投資其他作物種植（Chin, 1981: 13-17, 60）。但陳振聲接下來的聲明卻揭示了該社群的命運。根據陳振聲的說法，在江貴恩的領導下，社群完全成了聖公會，將他們的忠貞從巴色差會轉移至英格蘭聖公會（在當時稱為福音傳道會）。這樣的論點為該

社群提供了一些線索，這個社群在巴色會圈子內的地位幾乎成了未知，儘管這個群體已不是一個單獨的個體或教會，但它的存在如今已被查證（黃子堅等，2015：99-124）。

陳振聲斷言，自 1898 年以來，巴色差會導致客家基督徒在古晉定居。這是一項對客家基督徒定居點存在的重要證據，當沙巴巴色會的客家基督徒間已不見存在的痕跡時，這尤其重要。該社群加入聖公會的事實足以讓它「消失」。但為什麼要加入聖公會？為什麼放棄巴色差會？考慮到該社群當中曾有一名傳教士生活在其中，這點甚為有趣。

針對在砂拉越的成員放棄巴色差會並轉會的背後原因，來自巴色差會檔案館的證據有待確認。大部分證據為我們提供了一些關於巴色會客家基督徒存在，以及後來轉至聖公會的證據。在 1905 年，北婆羅州的巴色差會決定重新任命洪道仁。他是一名前傳教士，曾在中國浪口服務，由於性行為不當而被解僱。洪道仁後來移民到砂拉越並以護理人員的身分謀生。教區牧師 Reusch 認為：「他（洪道仁）是一個有天賦和能幹的人，有望在之前的經歷後，會雙倍監管自己，遠離罪惡，並忠誠地工作。因此我建議並請求允許讓目前定居砂拉越的前傳教士洪道仁在亞庇工作……。」[11] 實際上，洪道仁已在 1901 年移居砂拉越。後來，在洪道仁抵達亞庇之後曾獨居一會兒，他的家人在來到亞庇前，曾為了在古晉家裡的胡椒園工作而待了一段時間。

巴色差會檔案館並沒向我們提供關於從巴色差會轉至聖公會或是福音傳道會的古晉客家基督徒的背景與資料。但來自巴色差會的傳教士之間的幾次通信交流，卻讓我們一瞥可能發生的事。巴色差會很顯然面臨嚴重缺乏訓練有素的牧師或傳教士的問題。事實上，巴色差會直到 1900 年左右，才有能力派遣傳教士或華人牧師。在此之前，教會是由非專業領袖成立且領導的，其中一些人也受過神學訓練。這非常關鍵，即使在抵達古達的先驅團中也發生了分裂，許多人轉會至福音傳道會或聖公會。這個決定非常明確——他們需要牧師或神職

---

[11] 浪口的 Gottlieb Reusch 牧師對 F. G. Loercher 牧師的信。1905 年 12 月 4 日（巴色差會檔案 A-1.30.77）。

人員來主持聖餐與洗禮，而這是領導們無法履行的。然而在當時，巴色差會無法再派任何人來了。結果，聖公會利用這種情況，派遣了他們的神職人員管理最初屬於巴色會的客家基督徒。事實上，在古達，巴色差會贊助下的客家基督徒一登陸後，便在 1889 年經歷了一次分裂。聖公會派遣了其中一名在香港受客家方言訓練的神職人員到來，並重新掌管這群有需求的客家基督徒。因此，當古達的聖詹姆斯聖公會開辦時，幾乎一半受洗的人都曾是巴色會的成員。而巴色會直到 1905 年，都沒有一名全職的牧師。

　　1928 年，在古晉長大卻在古達聖道神學院受訓的張恩祥牧師被轉移到古晉。他的任務是要照顧四里、石角、新堯灣與石隆門的公教會客家會眾。這表示客家基督徒已經擴散到古晉的聖公會（The Diocese Regstry, 1998: 63）。然而，這情況並不持久，客家教會開始讓位予華文與英文教會。

陸、文丁的客家天主教徒

　　在 1902 年，羅馬天主教會在文丁設立了新教堂。這是一個位於森美蘭州芙蓉外的小鎮。這個教堂的建立以及會眾的組成值得關注。文丁鎮是雙溪烏絨錫礦區的一部分。它形成了馬來亞客家帶的南部，基本上反映了馬來亞的錫產區。該鎮的主要居民為主導該工業的客家礦工。隨後，其他中國人抵達文丁在礦山工作，同時也從事農業活動。在較早時期，該鎮與其周邊地區曾捲入涉及惠州和嘉應州的客家礦工，以及不同私會黨之間的內戰。

　　在 1850 年代，不同客家群體間發生的衝突中，嘉應州客家人戰勝了惠州客家人，導致了大量惠州客家人北遷至雪蘭莪與吉隆坡（其中包括著名的甲必丹葉亞來）[12] 但大部分文丁的客家人仍是惠州客家人。事實上，惠州客家人供奉的譚公廟仍在文丁矗立，一座天主教堂就建立在馬路對面。法國海外差會的神父在大約 1890 年建立了聖類思堂。就在 1903 年，一座美麗的哥特式永久教

---

[12]　有關葉亞來的研究，請參閱李業霖（1997：32-39）；王植原（1958）。

堂竣工。

當 Anthonin Catession 神父從芙蓉訪問文丁時，遇見了一群客家基督徒要求在文丁開辦教會，他因而開辦了教會。文丁與芙蓉的距離之遠，使那群人無法定期參加在芙蓉的崇拜／彌撒。因此，這群客家基督徒的到來不是因為教會努力的結果，而是他們本身就已存在於文丁。第一座建好的還是一座小禮拜堂，後來教堂正式於 1903 年正式建立，同時一座學校也竣工了。同時間，一位華人神父 Joseph Lee 被派往該處為華人服務，教區神父 Salvant Fough 也同樣為華人服務（Decroix, 2005: 159-160）。然而，沒有任何文獻提到教堂的客家聯繫，也沒有任何跡象表明教會在崇拜／彌撒或儀式上使用客家方言。

羅馬天主教會並沒有正式承認教會的會員主要是客家人，但物證卻絕對強大，在教堂後方的墓地裡，幾乎所有的墳墓都屬於來自梅縣的客家人，是一個幾乎獨家的墓園。然而，在這個羅馬天主教堂墓地的旁邊，是一個大型的華人墓地，為從事華人宗教與信仰的從業者及非基督徒服務。這兩座墓地都約在1910 年代開始使用，非基督徒的墓地也許開放得更早，但早期的墓碑都沒有保存下來。一般認為，可追溯至 20 世紀初期的早期墳墓，都被洪水與道路建設給摧毀了。

關於梅縣／嘉應州的客家基督徒與惠州非客家基督徒的二分法，並沒有更多的解釋。目前尚不清楚這種分歧是否源自 1850 年代至 1860 年代兩組客家人爆發的衝突。客家基督徒也有可能是剛抵達的人，他們要麼被教會帶來，要麼從森美蘭的其他地區過來文丁，尤其芙蓉一帶有大部分來自梅縣的客家人。無論如何，這個在文丁的客家基督社群，具有與眾不同的獨特性。

但就像浮羅山背的羅馬天主教堂，這個文丁教堂的客家性多年來開始減少、衰退，主要是由於社會變遷，大批人向城市流動以及教育程度提高。今日，教會已不再使用客家方言來崇拜／彌撒，以及祈禱。唯一的安慰是文丁仍是客家帶，也是森美蘭一帶擴展開來的客家樞紐。此外，還有數百個教堂背後，源自梅縣的客家基督徒墳墓。這些墳墓都是對客家基督教歷史的一種深刻提醒，曾經作為文丁社會的一部分茁壯成長。

柒、結論

　　本文旨在透過關注一個非常獨特的團體，來研究馬來西亞客家人的身分，而這個身分會引出一些嚴肅的課題，以便理解整體的客家身分。一群客家基督徒存在的概念，在很多方面與一般對客家身分的認知背道而馳。在馬來西亞，華裔基督徒的總數占華人社群約 10%，而在沙巴和砂拉越等州屬，數字可能更高，其中就占了沙巴華人的 30%。因此，客家基督徒的百分比也會隨之更低。然而，這些數字並未反映馬來西亞許多地方都存在客家基督徒的事實，較早討論的四個案例也清楚反映了這種分布。他們分布在馬來西亞半島的南北部及馬來西亞婆羅州的兩個州屬。此外，他們也出現在馬來西亞的其他地方，就如之前提到的以客家話溝通的教會或客家人主導的教會。

　　這四個案例顯示，許多客家基督徒在抵達馬來西亞之前，已經在中國成為基督徒。也有人在成為馬來西亞的客家教會會員後，受洗成了基督徒，尤其是透過巴色會南下的人。

　　我們需要回答的問題是，成為了基督教徒，他們還是客家人嗎？或客家身分在他們成了基督徒後還剩多少？這可能涉及到神學問題，但許多客家基督徒仍能繼續實踐並聲稱自己的客家身分，並不會影響他們對基督的信仰，反之亦然。

　　這個課題是一個例子，說明多樣性如何存在於一個長期建立的傳統身分，如客家身分。重要的是，接受這種身分會隨著時間或世代而演變，但某些固定的事物或規範也會在同一時間框架內浮現。因此，當客家身分開始採取某種被接受的形式而因此被接受為規範時，一群客家人的出現，他們的信仰與客家人所接受的信仰不同，而且是外來的（在這種情況下為西方），這引起了一些對客家性理解的挑戰，而更多的研究工作還需要進行。

參考文獻

《北婆羅先鋒報》（British North Borneo Herald，今名為 BNBH），1883 年 3 月 1
　　日。

巴色差會檔案 A-1.30.77。

王植原，1958，《葉德來傳》。吉隆坡：藝華出版。

李業霖（編），1997，《吉隆坡開者的足跡：甲必丹葉亞來的一生》。吉隆坡：
　　華社研究中心。

施添福，2014，〈從 "客家" 到客家（二）：粵東 "Hakka、客家" 稱謂的出
　　現，蛻變與傳播〉。《全球客家研究》2：50-79。

黃子堅、張維安、張翰璧，2015，〈一個消失的社群：砂拉越的巴色會客家基
　　督徒〉。頁 99-124，收錄於張維安編，《客家文化，認同與信仰：東南亞
　　與臺港澳》。臺北：遠流。

黃建淳，1999，《砂拉越華人史研究》。臺北：東大圖書。

劉伯奎，未具出版年，《十九世紀中葉砂拉越華人兩大公司》。新加坡：南洋學
　　會。

Chin, John M., 1981, *The Sarawak Chinese*. Kuala Lumpur: Oxford University
　　Press.

Decroix, P., 2005, *History of the Church and Churchesin Malaysia and Singapore
　　(1511-2000)*. Kuala Lumpur: P. Decroix.

Holy Name of Jesus Parish, 2004, *150 Years (1854-2004) in the Service of the
　　Kingdom of God: Church of the Holy Name of Jesus, Balik Pulau, Penang*.
　　Penang: Holy Name of Jesus Parish.

Jong, K. C., 2013，《客家人南遷砂拉越百年奮鬥史》，砂拉越客家文化歷史編選
　　委員會。North Borneo Annual and Administrative Reports, 1921-1940.

Spence, Jonathan, 1997, *God Chinese Son: The Heavenly Kingdom of Hong
　　Xiuquan*. NewYork: Norton Press.

The Diocese Regstry, 1998, *150 Years of the Anglican Church in Borneo*, 1848-1998. Kuching: The Diocesan Registry.

Tien, Ju-K'ang, 1997, *The Chinese of Sarawak*. Kuching: Research & Resource Centre Committee, SUPP.（初出版於 1953 年）

Tregonning, K. G., 1965, *A Modern History of Sabah*. Singapore: University of Malaya Press.

Wong, Tze Ken Danny, 1998, *The Transformation of an Immigrant Society: A Study of the Chinese of Sabah*. London: Asean Academic Press.

第 9 章

返鄉、環境與創生：
浮羅山背客庄地方性的轉變

簡美玲、潘怡潔

壹、前言

　　這個環境人類學轉向的馬來西亞客庄山區研究，起心動念於一次畫展。我們在 2017 年到馬來西亞檳城（Penang）浮羅山背（Balik Pulau）區域進行田野調查時，參與了由檳城浮羅山背藝術協會舉辦的聯合畫展。當時聯展的主題為浮羅山背的生態之美，並以當地聞名的榴槤為主視覺。有趣的是，參與聯展的藝術家皆為客家籍[1]，卻未以客家作為策展主題。這使熟悉臺灣客家經驗與論述的我們感到好奇，浮羅山背的地方社會如何建構自己的一套族群、地方與生態論述？因此，我們到馬來西亞檳城浮羅山背區域的客家庄進行移地研究，希望透過全球客家的研究視角，探討浮羅山背區域的客家村莊，在面對族群互動、全球化的浪潮，以及在地經濟產業結構的逐漸轉型下，他們如何透過行動與論述，回應客庄的變化及未來的理想。

　　檳城是馬來西亞的一州，分為檳島與威省。島嶼東北區的首都喬治市（George Town），自 18 世紀末逐漸形成商業型店屋與街區，為早期各族群密集聚居之處，在歷史上為檳島的政治經濟與文化中心。喬治市的華人各方言群的聚落則相對密集，如今由不同方言群所形成的會館，即使老一輩逐漸凋零，仍

---

[1] 浮羅山背藝術協會於 2010 年成立，由數位浮羅在地居民所發起，包括藝術家、民宿與其他商業經營者，藉由藝術實踐推廣浮羅的環境生態之美。浮羅山背的華人多為客家人，因此一開始所吸引的華人社群以客家人為主，但在近幾年，會員的範圍也不斷擴大，不局限於浮羅的客家社群，甚至包括了外國人，如中國會員。

圖 9-1：浮羅藝術協會畫展 2016 主視覺，以榴槤作為主要意象

資料來源：檳城博物館。

得以牽動在地的社會發展[2]。而位於島嶼西南部的浮羅山背，因地理環境與文化傳統的差異，有著不大一樣的面貌。浮羅山背位於「背山之處」（以島嶼東部的視野來看），是傳統的種植區，種植荳蔻與丁香等熱帶香料，及近年來外銷經濟利益相當高的榴槤。浮羅山背區域地形較為豐富，除了平地市鎮外，也有許多海拔數百公尺的小山頭。區域面積約占檳島的 28%，擁有較多的農業用地，區域內包含 14 個行政區（Mukims），之中的人口密度相當殊異，從 154 人至 2,500 多人皆有（Mohammad et al., 2011: 3）。相對喬治市海港城市所具有的華人聚居傳統，浮羅山背的人口組成則以馬來社群為主。根據 2010 年的全國人口普查，浮羅總人口約為 23,599 人，其中在族群分布上，馬來族群占四分之三，華人約占四分之一，約有六千人；印度社群數量最少，約占 3%，此外還有其他少量的非本國人。[3]

---

[2] 這包括喬治市與馬六甲在 2008 年入選為世界文化遺產後，喬治市歷史悠久的幾個會館，它們所擁有的土地與房產皆位於遺產範圍內。而這些會館採取的遺產保存態度與策略，也在一定程度上影響喬治市的遺產地景。

[3] 馬來西亞人口普查每十年一次，最近一次的調查為 2020 年，惟相關資料較難取得。

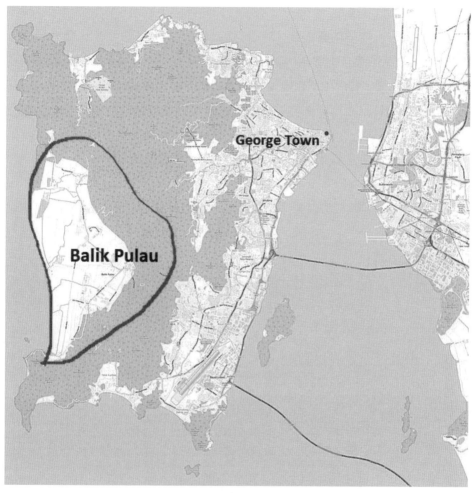

圖 9-2：檳島地圖，標示處為浮羅山背區域

資料來源：維基共享資源。

　　近二十多年來，浮羅山背不乏資金湧入，許多本地或外地人購置榴槤園等山林，作為私人度假村，或者打造成為民宿等。這些變化密集的發生，也是

此處 2010 年的資料來源為《維基百科》，係引用自馬來西亞統計局之資料（https://en.wikipedia.org/wiki/ Balik_Pulau）。

文中一些行動者實踐的背景框架，無論是跟隨風潮，或是在感受到土地買賣後可能產生人與土地間的斷裂後，所進行的日常實踐。在近年來，隨著喬治市在 2008 年成為世界文化遺產，吸引了大量旅遊人潮，讓遺產區往文藝領域發展，加深了浮羅山背以生態旅遊為重心，並朝向藝文發展的面向。近年，一些藝術家或在地具有經濟資本的投資者，也盼望打造浮羅成為國際藝術村的理想之地（光華日報，2017）（但這些前幾年引發的熱潮，在 2020 年到 2021 年後，因疫情造成整體經濟影響，我們也觀察到有暫緩的趨勢）。

然而，當代檳城隨著土地成本的上漲，得以在浮羅山背擁有土地，除了由上幾輩傳承而來，如今想購置都需要相當可觀的資本。因此，文中所描述的幾位行動者，如開設小咖啡廳等，就是在如此的背景架構下，以小尺度規模進行日常實踐及串聯。

歷史上，浮羅山背因山林圍繞的地理環境，在華人族群分布上，是檳島較突出、以客家方言群為主的生活區域。但浮羅的華人方言群也不僅有客家族群，在接近河口的部分也可見潮州人聚居。這與喬治市較強烈的港口地理生態及性格，與隨之而來以福建人、廣東人，及部分潮州人、海南方言群的聚集地特性，有所差異。浮羅的生態景觀多元，從市鎮中心延伸，可以通至小港口、漁村及山林種植區等。近年來，浮羅山背出產的榴槤頗富盛名，每當榴槤收成季節，總是吸引許多州內與本國遊客，出產的榴槤也外銷至新加坡等地。

地理範圍的幅員較為廣闊，使得浮羅的居住環境不若喬治市及其他新市鎮的密集，除了以傳統店屋為主的老市鎮有較高的密度，浮羅的山林與漁村之間，人群的分布則相當舒展。與山林相繫的生存環境，較為開闊的地理環境，也賦予了浮羅的華人社群有著與其他檳島地理空間不同的生活方式。其中，因為檳島最著名、以客家人為主的方言群特色，也吸引了來自包括臺灣等學者的關注，尤其形成族群經濟、宗教與文化的豐富研究[4]。眾多研究資源的進入，一

---

[4] 在中文方面，大約在 2015 年前，浮羅山背吸引了許多臺灣研究者的駐足研究，尤其關心客家方言群文化與經濟的地方實踐。受到此波學術論述與資源影響，連帶讓浮羅當地的行動者紛紛以客家為主軸打造許多實踐熱潮，諸如客家山寨打造的客家文物館，即是其中一個著名的實踐。但是，資源的進入也不免形成地方資源的角力過程。

方面補充了檳城客家的論述，本地行動者在間接與直接的影響下，也將之視為可運用的旅遊資源。大約 2015 年前，浮羅山背仍較為密集的以客家文化為主要的觀光資源形塑，包括客家村的概念，連帶促成一些以客家為主打的客家餐館興起，如著名的客家山寨與文化博物館[5]。

　　與此大約同期的另一股藝術力量，也同時豐沛地醞釀著。尤其是近十年，喬治市遺產區所吸引的壁畫與藝術風潮，使浮羅山背成為一些卓然有成的藝術家與藝文贊助者，買地建造藝術村的理想之地，包括浮羅山背國際藝術村。與這波風潮約略同時，在地藝術家與經營許多小事業的在地人士，發起並成立浮羅山背藝術協會，期盼能讓國內外藝術家認識浮羅山背這塊美地。如此的串聯，也與過往擁有客家人背景，將客家文化論述納入自身景點的在地行動者彼此交疊，如文中將提及的 Nature 民宿[6]。

　　在這波風潮下，我們也觀察到約在十年前盛行的客家文化打造，在近五年隨著藝術所帶來的發展熱潮下逐漸退去或轉變。除了藝術之外，近來的實踐逐漸與自然農業的推廣更為接近。但是，這不代表過往打造客家文化的行動者黯然退場，而是在這個過程中也逐漸挪動與整合，成為與自然、農業以及生態有關的論述與理想打造。

　　我們在本章訪談到幾位經營小事業的業主。他們包括客家人與潮州人，生命經驗皆與浮羅有著緊密關係。有的是從小生長於浮羅，有的是母親的家鄉在浮羅，也有人是曾經離開浮羅一陣子，到大城市工作謀生又再度回來。這些想望、移動的故事，與經營小經濟所帶來的困難挑戰，都讓我們不斷理解浮羅山背究竟是個如何獨特之地，而這些個別行動者又是如何透過個人實踐努力打造個人理想事業，或是對於這個地方未來的想望。而以這些個人的故事，我們將試著述說「返鄉、環境與創生」之間的路徑，並由此探討浮羅山背所承載的某

5　我們這次的研究並未重新回訪客家山寨主人，但對於客家山寨的理解，則築基於我們在 2014 年到 2015 年的檳城研究，包括：對客家山寨經營者的訪談，理解其創辦背景與理想。而在 2020 年再次前往浮羅調查時，也與其他受訪者約略有聊到近來客家山寨的轉型。

6　如此的交疊，一方面可展現小型地域中人際交往的密集，另一方面也展現出行動者具有豐富且彈性的文化資源，得以彼此互相挪用、生成與混雜。

種客庄地方性是如何轉變。

貳、文獻探討

一、環境人類學

Eleanor Shoreman-Ouimet 與 Helen Kopnina 共同撰寫 *Environmental Anthropology Today*（2011）一書的導言，陳述環境人類學的理論關懷，探討 1950 年代至今的研究取向與理論變遷，並針對環境、自然等核心概念重新定義與探討，進而帶出「新生態典範」（New Ecological Paradigm）。環境人類學的理論關懷在於文化與生態的互動，同時關注特定人群作為行動者，如何有意或無意地塑造、詮釋其所處的環境，而環境又如何形塑文化的觀點，影響人的社會、經濟與政治生活，彼此相互形構。回顧過往的研究，人類學者從感知、分類知識、語言、價值觀等不同角度切入，探討環境與文化的關聯，描述並比較不同社群或族群面對環境所建立的文化模式，抑或藉此協商族群邊界（Shoreman-Ouimet & Kopnina, 2011）。

環境人類學理論變遷的過程有兩點特徵：其一，將研究對象置於更廣泛的政治生態系統中，重新思考與劃定研究範圍與社群界線；其次，納入歷時性（diachronique）的分析視角，關注生態不平衡（disequilibrium）的問題（轉引自 Dove 與 Carpenter〔2008〕）。研究也發現，許多文化長久以來其實存在與當地環境永續共存的生態觀念，亦即，「環保」、「永續」對於地方文化而言，並不是一個全新、外來的概念。Shoreman-Ouimet 與 Kopnina 認為，不同於早期 Franz Boas 或 Alfred Kroeber 將自然視為文化的相對觀念，環境人類學在自然與文化共構的關係基礎上，肯認了自然的能動性（ibid）。

Julian Steward 提出「文化生態學」（cultural ecology），以「文化核」（cultural core）為核心概念，進一步強調環境對於文化演化的影響，以及自然條件如何關聯到人的生計與經濟活動；而文化的構成不可忽略諸多自然條件的

支撐。Shoreman-Ouimet 與 Kopnina（2011）指出，這種具有工具論傾向的生態決定論與文化物質論，已然遭受許多挑戰。其中，Ray Rappaport 與 Andrew Vayda 的「生態人口學」（ecological populations）認為，文化核僅能解釋文化中的技術層面，容易忽略演化機制中，生態、人類生物性，以及其他社群互動的有機過程。他們採用功能論的觀點從事儀式研究，被視為生態民族誌的先聲（ibid）。Clifford Geertz 則從當地人的觀點，提出「系統理論」（system theory），將生態視作一個封閉的系統（eco-system），關注能量（energy）在生物與非生物、文化及自然生態間流動與循環的過程。1970 年代以後，Netting 延伸生態系統的概念，進而發展出「生存策略」。隨著生態環境的商品化、國家政策的介入，更多帶有環境正義訴求及反思性的民族誌，試圖回應工業化及現代化進程下的進步論述（ibid）。

災難對於環境與社群所造成的變動與衝擊，是當代環境人類學研究的核心關懷之一。Daniel de Vries（2011）帶入「社會時間」（social time）的理論概念，分析美國都會地區經歷颶風災害後的社會脆弱性。他討論不同文化與對於時間的理解，例如：遊牧民族 Nuer 人以日常勞動的結束與延續，感知時間的流動（Evans-Pritchard, 1940）以及身體所具有的時間感（Couclelis, 1998），藉此提出時間並非作為一種外在、自然的範疇，而是與社會文化緊密關聯。Daniel de Vries（2011:143）認為，經歷災難後的人們，對於社會時間可能產生多維度且非線性的理解。因此，人們如何看待與感知過去、現在與未來，也可視為人們對於災難經驗的回應方式。換言之，社會時間並非是時間性的（chronological），而是經驗性（experiential）的（ibid）。

環境人類學也重視人在面對環境因政策等外來力量介入下的回應與能動性。Eleanor Shoreman-Ouimet（2011）在 "Middle-Out Conservation: The Role of Elites in Rural American Conservation" 一文中，關注美國農村 Delta 的地方菁英，如何參與、協助推動聯邦所推動的環保與生態復育計畫。環境計畫推動之初，地方上的農民毫無意願參與，然而作者發現，這不是由於當地農民不重視土地與環境的永續，或是當地文化與環保價值的衝突，而是當地人對於政府及環境主義者的不信任所致。地方菁英在其中扮演了雙重且重要的角色，一方面

認同政策的環保理念，協助在地方上推行，一方面卻必須抵抗政府對於地方的干預，影響當地農民既有的生活方式。擁有社會資本的地方菁英，能夠深入當地農民社群，進而尋找環保政策與當地生活相容的方式。此文顯示出當代環保政策的推行，不能忽略當地文化的規範、價值與信仰，以及不同身分階級的行動者，參與地方環境復育運動的過程。這也提供了本研究一項重要的參照視角。

　　Eugene N. Anderson（2011）討論了馬雅人、北美洲西北岸原住民與華人的生態觀點，從中發現與新生態典範相似的理論觀點，也就是將人視為自然的一部分，而非與自然對立（seeing 'people in nature' rather than 'people vs. nature'）（Anderson, 2011: 56）。傳統社會與原住民主體的文化觀點及生態論述，不同於許多文化與政治生態學者，超越了個人以理性追求利益最大化的現代西方理論典範，轉而從人的情緒、認知、知識的體現，乃至於社會性等經驗，理解人與自然的關係。作者指出，無論是馬雅、北美原住民，甚或華人的生態保育行動及生活方式，非但顛覆經濟理性的思維，也展現了一種人與非人相互依賴的「共生主義」（mutualism），以及不特意區分自然與人的精神世界觀（Anderson, 2011: 69）。在馬雅人的宇宙觀中，不具有自然相對於人的概念，也沒有野生（wild）的概念（Anderson, 2011: 60-61）。馬雅人的保育與永續實踐，也透過語言和信仰彰顯出來，除了自然神靈信仰，馬雅人的語言也別具一套生物的分類系統，彰顯其不過度消耗、強調共享的生態倫理。另一方面，北美原住民的生態觀點同樣展現於顯著的神靈信仰，藉由獨特的藝術傳統，如面具、家屋、儀式、歌謠、詩與舞蹈等，彰顯動物與自然的精神力量（Anderson, 2011: 64）。至於華人的生態觀，作者則以道家思想中的「和」（harmony）與「平」（balance）為例，闡述不違反自然的文化思維。探討人與環境的關聯，除了透過治理性與市場機制的視角，此文也關注傳統社會與原住民自身的生態論述，藉此思索環境保育與維繫生態的可能性。

二、空間

　　空間的意義是人創造出來的，必須置於人類文化脈絡中討論。空間從過去是研究中的背景，到現今成為研究的主體。由於空間的具體性，以「空間」作為分析的「社會單位」，使一個人類學家在進入他民族或他文化的了解過程時，多少已擺脫受制於抽象的、概念的、先驗型的分析單位之危險。但是「空間」疆界分明的具象性，也可能使我們比較輕易步入某種局限，也就是被空間或建物外在的具體疆界特性所阻。研究者在空間中找尋社群文化的意義，也在探索空間與社會界線的形成。在我們過去所做的研究中，曾經透過小說文學的載體，呈現出敘事中所再現的印度孟買空間。其中，空間之所以有意義，是人在其中產生連結。空間不只是物理上具體的空間，而是社會文化意義上的界線與場域。透過感官以及情緒的描寫可以建構出敘事中的空間。

　　例如，在《項塔蘭》（Roberts, 2008）這部小說中，香味成為一個建構孟買空間的要素，透過香味的軌跡，尋索空間的意義。在《沒有悲傷的城市》（Irani, 2009）中，情緒是流露在空間之中，並透過色彩與歌聲被建構。另外，想像也是該部小說很重要的角色。主角透過想像，建構一個幸福快樂的空間，與真實世界是相反的。他在流浪的過程中，也是一個想像被現實揭穿，但又不斷重構想像的旅程。最後，幸福的空間就是主角想像與現實交織的產物。透過小說，我們可以看到一種敘事文本再現空間的過程。而這種敘事文本通常透過感官的描寫來建構一個空間，這個空間是在想像與現實交織中的產物，是對行動者有意義的。

　　透過這些文獻回顧，我們理解到環境並非靜態性的，而是透過行動者在不同層次上的行動所理解與對話的對象。而行動者則透過對於空間的想像、理解不斷有機地創造空間。在本章中，即試圖探討在現今的浮羅山背地區，不同背景的行動者對於環境與空間是如何想像與建構的？他們試圖創造怎樣的空間，而這又如何對應到浮羅的地方性在社會轉型下的回應。

參、田野

　　浮羅山背的地理位置以山脈區隔了鄰近城鎮，彼此以公路連結。距離最近的城鎮大約相距半小時至 1 個多小時的路程。近年來，隨著自行車的風行，住在島嶼他處的居民也時常騎車至浮羅山背一日遊。如此的地理阻隔，也增添了浮羅山背的世外桃源之感。

　　這樣的視角，也與近幾年來檳島四處以開發主義為導向的發展計畫，包括不斷興建且呈現供過於求的城市住宅大樓有著對比。相較於這些城市保存與開發論戰所聚焦的城市中心，或是自 1980 年代在島嶼南部新興發展的中產階級區域，浮羅山背有著一種寧靜無涉之感，並且是許多檳城人理想的退休居所。然而，浮羅從未超然於資金流入及運作，相對於城市區域土地資源的缺乏，浮羅這數十年來的挑戰則是人與土地的關係轉變。其中，早期許多浮羅山區的華人，居住於山林中世代承襲的土地，種植果樹與榴槤等作物。然而，許多土地在後代無力或難以持續照料，以及土地價值的快速上漲，時常轉手給他人。而位處平地的市鎮，近年來則面臨許多如中國資金的大量進入，帶來了新的居住發展計畫。

　　以這作為浮羅近年發展的狀態，我們在本章接觸的受訪者，包括年長的地方居民，以及不同世代及背景的居民，對他們進行口述生命史的訪談。透過這些生命經驗以及他們在當代開創的小事業，如何讓我們理解浮羅山背不同區域，甚至是整體的地方論述轉變？而顯現於浮羅山背客家區域的人群，是如何在這樣的細微變化中舒展出他們的行動力與創造力？而之中所微微揭示的客家性轉變，無論是消散或整合與開創，背後的意涵又是什麼？

　　自 2020 年初全球受到 COVID-19 的疫情影響，馬來西亞也在 2020 年 3 月至 5 月中實行行動管制令，包括封城及個人移動距離的限制等。因此，本研究也在 2020 年 6 月初疫情短暫趨緩後，開始進入田野調查。值得一提的是，當時全國經濟因疫情受到嚴重影響，各地許多工廠逐漸關閉，失業率節節上升。而此時恰巧是每年的榴槤盛產季節，許多榴槤愛好者在每年此時，總是會驅車前往浮羅品嚐各種榴槤。而這也是浮羅無論大小種植區期待已久的旺季。當我

們驅車前往浮羅山背時，沿著蜿蜒的山路有許多大大小小的攤販兜售榴槤，人們就直接停在攤前選擇心宜的榴槤。在疫情之下仍需謹慎維持社交距離，但作為國民美食的榴槤，魅力似乎不曾減少。當下，心中頓時有深刻的感受，尤其在疫情當頭，相對於其他仰賴人與人近距離接觸的產業所受到的強烈影響，那些以山林維生的浮羅人們卻有著原初的豐裕，去年果實的豐收不怎麼受疫情影響。而浮羅地區疫情的感染狀況，也因人與空間密度的相對舒展，以及較為自然、寬敞的田野地，而沒有如其他城市人群密度較高的區域受到嚴峻的影響。在大多數時候，浮羅也時常是檳島常見的的疫情平穩地區（如圖 9-3 所示的深灰色區域）。這大概也是浮羅的特別之處。但是，去年榴槤的產銷管道與封鎖國界，導致遊客無法進入，也讓榴槤產業受到很大的影響。

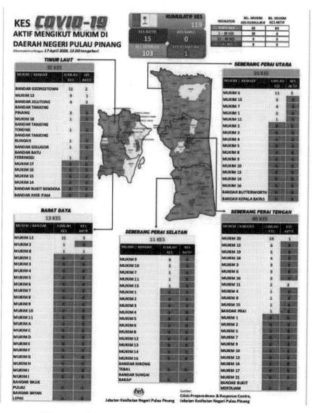

圖 9-3：檳城 2020 年 4 月 17 日的疫情圖

資料來源：Penang Lawan COVID-19。

本章的田野基礎，主要來自於進出田野約四至五次，訪談了九位對象，其中包括兩次兩到三天的田野。這些受訪者散居於浮羅的不同區域，包括浮羅的雙溪檳榔（Sungai Pinang）、雙溪檳榔河口（Kuala Sungai Pinang）、Kenting、浮羅勿洞等。而之中，基於田野的機緣，也包括了幾位並非成長於浮羅山背，但如今的生活實踐與浮羅卻有緊密關聯的人，包括榴槤達人嚴先生。

這些受訪者，主要是在浮羅在地經營小事業的主人，其中包括兩間民宿（各位於山區與市區）、兩個自然農場（咖啡廳、從事自然教育）及一些個人，包括一位在地藝術家、住在雙溪檳榔港口的兩戶人家。受訪者主要以 40 至 50 多歲的為主，另有兩位 30 多歲的青年；另外在雙溪檳榔河口的住民則為 60 至 70 多歲，其中有兩位為客家人，但因浮羅地區的小漁村也是潮州人聚居處，其他的受訪者也包括了潮州人等。

肆、浮羅山背河港聚落觀點、變遷與實踐

若從地理空間與生態環境而言，浮羅山背的漁村、河口、稻田、山林與大片種植等，是最為鮮明的意象。浮羅山背獨特的香料種植產區，與馬來西亞在殖民時期因香料所牽引而來的殖民歷史，有著緊密關係。浮羅的自然意象為眾多人們所認識，而根植於與生態環境緊密相繫而來的生活方式，都不斷使浮羅山背展現出與檳島其他區域相異的生活方式。這些與自然環境較為靠近的生活方式，共同成為許多受訪者不斷回望的主題，並且在生活細緻之處不斷回返，甚至是在今日實踐行動中會不斷回憶、試圖尋找，並且實踐的場域。

而雙溪檳榔河口，是浮羅山背地區其中一個河口區，也以潮州人為主要的聚落。我們在雙溪檳榔河口認識了許阿姨一家，住在此區已有四代的歷史，是潮州人。他們說，雙溪檳榔河口和浮羅的其他地方不大一樣，是以潮州林姓為大宗。許阿姨一家人現在假日會在家炸起傳統的潮州粿，許多鄰居都會來購買。而因疫情的關係，大家無法自由地前往常去的小店，許阿姨家的炸粿生意也特別好。對於他們而言，與周圍環境較深刻的記憶，來自於此地與河川有關

的早期捕撈活動。在三、四十年前，雙溪檳榔港口的大多數人家皆是以捕魚維生，主要是男性負責出海，女性則在家中負責家務及魚獲回來後的清洗、分類等。回憶那時的生活，捕魚相當辛苦也具有危險性，必須隨時準備好，當天候情況好就要出發。

> 以前這裡人都捕魚，捕魚是很辛苦的，大風大浪。（問他都捕什麼魚？）這裡捕蝦子比較多。以前捕魚的範圍大概是 3 海哩，沒有到大海，因此捕的都以蝦子為主。（蝦子怎麼處理呢？）大的拿去賣，小的就做蝦米，蝦米是滿好賣的。以前蝦米一斤很便宜，現在一公斤要 10 多塊了。不過這樣對漁人比較好，因為以前漁夫實在是太辛苦了。沒有起價很辛苦。（以前捕魚養全家人嗎？）對啊，以前養五個小孩，四女一男，還有老婆和 Mommy。Mommy 在四年多前過世了。（從他的語氣可以感覺到，他與逝去的母親感情應該不錯。應該是感情融洽的一家幾代）
>
> （20200705 田野筆記，雙溪檳榔港口）

圖 9-4：炸粿

圖左為雙溪檳榔河口許阿姨一家，正在炸粿的情景；圖右為炸著金黃的傳統潮州粿，裡頭有包紅豆或者蔬菜等配料。

資料來源：本圖由作者拍攝及提供。

相對於男性負責出海捕魚養家，當時的女性則多在家中操持家務，那時的

家戶勞動也是相當辛苦。家裡的小孩也一起在家裡等著，當父親捕魚回來時，小孩就必須開始協助處理後續的分類工作，很多時候天都還沒亮。40 多歲的林女士，記起以前父親夜晚捕魚回來時，姐妹們凌晨 2 點就需要起身幫忙，做完工後就接著去學校上課的辛苦日子。

> 那時阿嬤還在，每次父親捕魚回來家裡就有得忙了。其實母親是閒不下來的，以前真的是很辛苦的。每次父親捕魚蝦回來，我們就幫忙挑小蝦，分類，然後把小蝦煮熟、瀝乾，接著曬。那時家裡有個灶棚，奶奶就站在灶棚看顧。那時的柴火就是使用紅樹林的樹幹來燒。以前讀小學時大家都要幫忙，時常半夜 2 點起床幫忙處理，然後早上上課時間到了又搭 Bus 上課，約搭 20 分鐘。這也是因為以前爸爸他們男性出海，一天可能去四趟（大約 1987 年她讀中學的時候）。除了蝦米以外，還有江魚仔，我們就要把江魚仔中間黑色部分的內臟剝掉。
>
> （20200705 田野筆記，雙溪檳榔港口）

林女士家裡都是女性，談到她已在馬來西亞新山柔佛生活多年的大姐，不免對過往女性艱辛的生活處境感到惋惜。她的姐姐在求學時很會讀書，她對姐姐以前準備考試的情境印象深刻，顯現出漁人生活成長孩子的不容易。以前姐姐在準備中學升學考試時，她一邊剁江魚仔，一邊讀書，即使她資質聰明，卻因過去奶奶重男輕女的想法，覺得女孩子不需要會讀書，以後嫁人就好，所以姐姐讀到小學五年級就出來了，沒有繼續讀書。之後，姐姐就到浮羅 Air Putih 的製衣廠工作。當時，在當地小型工廠工作是重要的在地工作出路。

老一輩因勞動與經濟活動而來的性別區隔，也延續到當代，成為現今日常生活的性別空間區隔。在訪談接近結束，我們向林家姐妹詢問，原本一起說話的林 uncle 呢？她們笑笑說：「他沒事就會在外面咖啡店找朋友啊！」林家 30 多歲的妹妹說：「妳看光是我們小小的地方，就有八間咖啡店，妳就知道這裡的男人很喜歡在外閒聊。」早期咖啡店通常都是男性才會去那坐坐閒聊，尤其是在捕魚空檔時會聚在那裡，等待下一次出海時機。現在女性（多為中老年婦

女）也會去咖啡店，不過大都是早上才會去那坐坐。

　　然而，這十年來雙溪檳榔河口的生態發生了急遽改變，河川生態受到污染，漁獲量減少，過往依靠捕魚維生的村落經濟也發生改變。許多年輕人逐漸外移到城市尋找工作機會，不願繼續從事捕魚的勞力工作。留在村落的只剩下老人與小孩。而即使位於河口的漁村生活看似與自然環境緊密相依，林女士卻提到，這裡大多數的人們並未因生活與河川的靠近而想要維護自然生態。相反地，許多民眾為了貪圖方便，時常把垃圾直接丟進河裡，甚至一些鄰人屢勸不聽，這時常讓她感到挫折。後來為了避免傷和氣，她也不願意再做這些吃力不討好的工作。

> 這裡的 Kampung（註：馬來語的村子之意）有一點就是不合作，大家都會丟垃圾到海裡。其實很奇怪的是，照理說住在河流旁邊的人也許會比較愛河流，但實際上這裡人不是這樣的，即使路口有大型垃圾桶，但有許多人都會把垃圾直接丟在河裡，包括塑膠袋等。河水大概是最近二十多年開始惡化，裡頭有許多玻璃碎片等，現在他們都不大會下去河中，會被割傷。小時候河水是很清澈的，以前 11、12 月時大家都會在河流裡拿沙，用來鋪路。她說很多家戶都會這樣的。
>
> （20200705 田野筆記，雙溪檳榔港口）

　　林女士一家敘說著雙溪檳榔河口的日常生活、生計方式與變遷。他們在日常生活中較少前往浮羅其他區域，描述的地理區域也主要著眼於河口地區的轉變。而除了河口地區外，近十年來，生態的轉變同步在浮羅各地發生，引發一些行動者投入在地實踐。

伍、回應變遷：空間打造與日常生活的實踐與永續

　　其他在浮羅山背可見的轉變，也包括居住形式所形成的人與土地、環境之

間的變化。浮羅豐富的自然地景，形成了多層次的人與環境之間的關係。如果住在老市鎮裡頭，許多為傳統的兩三層店屋，或者是獨立的地上屋[7]。但是近數十年來，市鎮外圍的老屋被拆毀，原有的荒地也逐漸蓋起五、六層樓的高樓。這是在田野過程中時常看見的情景，我們也不斷從不同報導者口中，提到不同地點未來的發展計畫。

同時，在這個過程中也看見一些地方小經濟的出現，大多牽涉到對於特定空間的實踐與打造，背後的起心動念或多或少皆與城市的快速發展有關。然而，研究過程中印象深刻的是[8]，這些行動者個人，語氣溫和卻堅定，他們並非與這些發展進程正面交鋒，或者說，很多行動者並非為了抵抗、改革，而是在日常生活的實踐採取相對幽微與自在的態度面對，更多的是各種形式的順應或保留。受訪者也對這些發展變化表達惋惜，但多數抱持的觀點是，這些發展過程難以撼動，而這也是現代化過程的一部分，他們只是想著如何在這個過程中投入一己之力。

一、打造民宿：世居山林的客家人運用迫遷老屋物件的組裝

十年前開設的 Nature 民宿，可說是浮羅山背地區第一間以生態為核心意涵的民宿。座落於一個小山頭的 Nature 民宿，一開始來自於客家方言群的男

---

[7] 在檳城（馬來西亞）的鄉村地帶，座落於地上的單層木板屋為傳統的居住形式，周圍有地，時常會種植一些小型植栽，乃至較大型的樹，如木瓜樹、椰樹等。店屋也是檳城市鎮常見的居住形式，一樓為商用，二、三樓則為住居。然而，在都市化下土地逐漸稀有，現今即使在檳城，能夠住在有自己小庭園的地上屋，已經很不容易。而在浮羅今日所見擁有大片榴槤園的地主，多是世代傳承下來。

[8] 相對於臺灣社區發展有自 1980 年代而來的社區營造概念，直至現今面對高齡化的地方創生概念，馬來西亞對於「社區」的概念並未有如此明確的政策實行。這其中也與多種族政治，以及在地認同容易因政策不連續而帶來裂解有關。然此對比的過程，本章尚未能細緻爬梳與論述。但值得一提的是，這樣的脈絡連結到本章前述的臺灣 2010 年代客家研究對浮羅華文論述帶來的影響，也是在此脈絡下展開。基於在地政治及文化資源的動態，也容易受到外來論述的影響（與支持），但當外在因素消失了，也容易轉移至其他面向，展現出富有彈性、容易變化的特性。

主人家祖傳的一小塊地，而後再逐步購置旁邊的土地，逐漸成為如今大約八公頃的地。在打造成 Nature 民宿之前，這個山頭原來就有許多老果樹，如老種的榴槤樹[9]等。而如今，果園環繞的民宿空間，也是主打的特色之一。回想起建立民宿的出發點，民宿主人 J 提到，一開始只是想打造成一個供朋友聚會，感受山林氣息的地方，但後來在打造過程中發現其中的樂趣與意義，就愈做愈大，開放給外來遊客住宿。

　　民宿打造的過程，與浮羅在地近十年來不斷發展與迫遷密切相關。數年前，Nature 民宿受到一位本地曾經待在臺灣的蔡先生啟發，慢慢開始撿拾或收購人家廢棄的木頭材料與裝飾。蔡先生喜歡收集一些古董、木材等素材來裝飾家裡，之前也曾經開設一些小店。因為之前時常拜訪蔡先生，J 也深受這類美感所影響。而後，當他們聽聞本地有許多老屋被迫搬遷後，也開始收集了一座馬來老屋。他們以不算太昂貴的價錢買了老屋，拆下木材或裝飾品後，重新放回民宿組裝。此後，若有發現這樣的狀況，或是收集到一些合適的木材與裝飾品，也會繼續添加在民宿的大廳裝潢中。就這樣，十年下來，他們逐漸將民宿打理成復古、生態，富有素樸美感的樣貌。

　　民宿咖啡館中的許多木頭與擺設，是從被拆遷的老屋中拾起與拼接而成。當詢問到如何看到這些發展時，民宿主人說其實沒有辦法，或者是深知長久下來，這樣的發展或許也有需要。這樣的論述在幾位浮羅山背的行動者中很常見。對他們而言，能做的就是以他們擅長的方式，以手工與自身情感，賦予這些老屋或木塊、家具新的生命與意義。在訪談過程中，不斷感受到從山上成長的主人家所具有的勞動實踐力與設計力。無論民宿內要打造何種設施，都是由民宿主人自身設計，並經由勞動力實踐而成，而這樣的身體與所實踐之物、打造空間的關聯，或許與自小生長在身上，充滿著珍惜身旁物資及資源，以及住在浮羅的山上與外界交通不易之間有著關聯。

　　有趣的是，如此善於利用身旁之物的巧手，也與主人居住於山林的客家背

---

[9]　許多老的榴槤樹即是在地所稱的老種，這與近幾年風靡各地有名的貓山王不同，後者是屬於插枝而成，而許多老樹種因為其氣味、口感較為特別（也時常不穩定），因此還未被命名與大量行銷。

景，並世居數代所形成的生活方式緊密相關。即使數年來，Nature 民宿並未以客家文化為主打，而較與環境生態的體驗為主軸，但是在五年前浮羅明顯以客家文化為旅遊主軸時，Nature 民宿與客家文化的相連也成為可挪用的一塊 [10]。

圖 9-5：Nature **民宿**

資料來源：本圖由作者拍攝及提供。

---

[10] 當時，在地的旅遊團體有時會以客家團為導向，Nature 民宿的好人緣，自然也時常成為旅遊路線的一部分。

二、浮羅文藝理想的開創之地，關注人與環境的關係

近十年來，伴隨著喬治市列為世界文化遺產所帶來的藝術熱潮，也為浮羅小鎮帶來一些文學與藝術的地方實踐。這吸引了 C 投身於小書店與在地文學的推廣，甚至舉辦地方的淨灘活動；以及 D 先生從早些年對在地客家文化的積極推廣，到近幾年逐漸轉而投身油畫藝術創作。他的創作以浮羅快速消逝的自然景觀為發想。他們兩個的生命轉折，是其中兩個例子。

C 六年前在朋友的邀請下，決定回來母親的娘家浮羅山背經營空間（C 的母親，來自前述的雙溪檳榔漁村，為潮州人）。在與幾位志同道合的朋友合作下，在市區中心地帶開設了書屋民宿。會以馬來西亞文學作為立基點，來自於 C 深厚的文學素養與興趣。她發覺，本地大眾對於馬華文學的理解相當局限，她希望回到浮羅後能夠以書屋作為推廣馬華文學的起點。除了朋友邀約，回到浮羅也來自於浮羅對她有不一樣的意義。這裡的稻田、自然風光，還有成長經驗中時常與母親返鄉探望外婆的過程，使她對浮羅有獨特的情感。

> 我母親是，所以我對這個地方是滿有感情的，然後我記得我年輕的時候，其實我母親在我 18 歲就去世嘛！然後我們就有一個斷層這樣，跟我的外婆家。然後後來我們都會，因為浮羅山背出名的是榴槤、Laksa[11]，我們都會偶爾上來吃個 Laksa 之類的。我每次都會跟我的朋友說啦！介紹這個地方，然後介紹我來自漁村嘛！然後說，這個地方太美了，有一天一定要回來。
>
> （20200607 訪談逐字稿）

在一開始，C 可以說是投入文學，作為在地行動的實踐。當時她仍然在學校裡頭教書，即使生活工作忙碌，依然抱持為在地開闢一片文學土壤的理想，

---

[11] 叻沙，馬來西亞（東南亞一帶）很常見的日常食物。以在地的小魚熬煮而成，並會加上一些香料、鳳梨等，酸酸甜甜。

籌辦各式活動。比如說，她首先和夥伴們商量，在書屋裡租了一面牆，幾個書櫃擺放滿滿的中、英文文學書。頗具巧思的她，也特別將幾間房以不同的文學格式命名，諸如散文房、詩歌房等，並邀請馬來西亞在地知名的作家來訪住宿，舉辦講座推廣文學。為了增加在地民眾的參與，她也親自拜訪華文學校的校長與老師，他們希望能帶學生來參加。然而，在一陣子的勞心勞累下，她對文學的熱血，與初辦小空間的熱情，卻慢慢因不怎麼熱情的在地民眾而感到沮喪。在地民眾的缺席，不只是浮羅山背地區，甚至連檳島其他區域來參與的民眾也顯得頗少。

> 他們的講座都很不錯，然後我甚至去到當地的中學，去邀他們的中文老師，邀他們的學生，我甚至去見他們的校長，告訴他們我們書屋有這些講座。其實真的是想推動，尤其是在當地，結果都沒來，除了來了黎紫書的。有一個中文老師帶了五位學生來。可是我覺得他們當時也是收穫良多，真的沒接觸過嘛！這種東西。然後我覺得那時候很有意義，我自己在做著，自做自爽。可是我覺得大家都滿熱心來參與。然後可以說那些參與者、參加者，甚至遠從怡保、太平、大山腳，我還滿感動，反而檳島的，這個地區的沒有，都是外來。
>
> （20200607 訪談逐字稿）

後來逐漸因經費的關係，加上她轉換服務學校後的公務繁重，已無力再舉辦這些密度較高的活動。與此同時，近三、四年在喬治市各式各樣關於文化、文學與文創等藝文活動，也大量增加，這也可能分散了浮羅的群眾。因此，對 C 而言，她不一定需要舉辦那麼多活動，或是說，她需要再思考以何種方式與在地社會連結，實踐自身的理想。令人感動的是，就 C 自述，其實她從一個很典型的文學人，到開始走向人群舉辦一些活動，其實是充滿學習與互動的過程。這背後要從一些年前的擺攤經驗說起：

> 我在 Little Penang（筆者註：在 2010 年初開始在喬治市成立的小市

集）擺過書攤，然後從那邊擺過書攤之後，因為我需要面對客人嘛！突然間我的視野妳知道嗎？我的視野啊！我對事情的了解啊！突然間就打開了。因為我開始接受一些外來的資訊嘛！除了文學……雖然我賣的是文學書籍啦！都是文學書籍，但是從那邊就遇到形形色色的人。就開始，我以前不怎麼愛，也不懂得怎麼說話啊！……2011 年底開始擺，擺到我成立書屋為止。

（20200607 訪談逐字稿）

在 C 嫻靜氣質的背後，深藏著對在地社會投入的心，她的愛並非以一種強烈急速的方式進行，而是緩慢、不斷思考調整，並在這過程中與自身對話、學習。她不僅舉辦文學相關活動，幾年前也曾經舉辦了三次淨灘活動，但出乎意料的是，在地浮羅人同樣很少參與，甚至居住在這裡數十年之久的 auntie 們，都不知道這附近有河。

這也是三年前吧？清潔沙灘活動我們辦了兩次，清潔海邊，就是我媽媽的 Kuala Sungai Pinang 辦了一次，就以為會有當地的小朋友啊！來參加，沒有，都是外面的父母帶著他們的小朋友，我就覺得很鬱悶。……然後到最後一次，第三次的淨河活動，還是由那些老師把那些小朋友逼出來。不然的話，第一次、第二次的淨灘都沒有本地人耶！他們老一輩人說，蛤？這裡有沙灘喔？他們甚至不知道。（因為我以前和小販中心的 uncle、auntie 滿熟識的）他們會告訴我，因為我們辦了這三場活動，都有上 Astro，他們說，都有看到妳耶！我都不知道這邊有沙灘。

（20200607 訪談逐字稿）

C 在這個過程中發現，地方居民不僅對社區活動參與的狀況低落，甚至對生長在這裡數十年的老一輩居民而言，與周圍自然環境之間也產生了斷裂。我們也談及了前一波，浮羅山背以客家文化作為許多在地客家人推廣旅遊的主

軸。由於 C 自身並非客家背景，母親也是雙溪檳榔河口的潮州人，她對客家文化並沒有太多的生命認同。而也由於自身經營小經濟的尺度是較小規模的，每日的張羅、維持小空間就已不易，她當時也沒特意與客家文化推廣的旅遊路線結合。對她而言，她始終需要緩慢追尋自身與浮羅在地的連結。

D 先生是來自浮羅山背的客家人，對浮羅有相當強烈的認同與熱情。在十多年前，他推廣在地的客家文化與旅遊不遺餘力，當國外的學者來檳城進行客家研究時，他時常熱心地擔任解說與中介的角色。他從十年前開始自學藝術，近年來逐漸在檳城畫壇享有名聲。對 D 先生而言，他的藝術實踐起源，與來自浮羅的成長生命經驗有緊密關係。他筆下時常以自然景觀為主，無論是浮羅的青蔥稻田與漁村，或是紐西蘭的皚皚白雪，都讓人感到一份豪邁與自適之情。在多年的努力下，如今他已帶著他的畫走到世界許多國家展覽、交流。

回到 2010 年，D 先生與幾位投入不同在地實踐的朋友，包括如 Nature 等民宿，以及一些在地推廣客家旅遊的朋友，成立了「浮羅山背藝術協會」。協會的宗旨，是眼見浮羅地區的發展愈來愈快速，為了喚起大眾對浮羅美好環境的認識，故召集畫家以繪畫記錄與保留浮羅某部分美好的自然景觀。到現在，浮羅山背藝術協會已有一百多位來自世界各地與馬來西亞本國的藝術家會員。

有趣的是，當詢問 D 先生近來從客家文化轉向藝術自我發展的背後歷程時，其實會感受到他對客家文化的熱情從未改變。然而，實踐方式轉向藝術的原因之一，也包括對客家文化的考究與理解、詮釋，總是相對有「正確」與否的問題，而當初也是因為有海外研究者帶來研究啟發而形成助力。而對他來說，藝術是沒有對錯的，能夠詮釋與自在表達的空間也因而變得寬廣許多。藝術的表現也成為他理解地方景觀及轉變的重要媒介。當聊到 D 先生如何看待近來浮羅的發展，這背後也關係到他創立藝術協會的宗旨。值得注意的是，他也保持與其他受訪者類似的看法。他說，其實他們在做這樣的藝術實踐，本身是沒有政治意涵的，他不是全然反對發展，也深知藝術不能改變什麼，就只是希望透過這個協會喚醒大眾理解浮羅的美好。

三、自然農業、教育與土地知識、飲食

近五年來，在檳城各地出現了許多友善農業，或者以植物作為主題的經營內容。而這樣的風潮，也在原本即擁有較廣闊並與自然環境接近的浮羅，彼此相合。

距離市區不遠的 N Farm，是浮羅這一兩年來極為熱門的景點。自 2019 年開始營業，絕佳的地理位置，每到假日總是擠滿遊客。店主夫妻是年輕的 30 世代，店主 Y 本身是浮羅人，在浮羅的成長經驗讓他一直想要找到一個貼近自然的環境，開個小咖啡館，讓年幼的女兒可以在裡頭自由奔跑。並且在這過程中，能夠過著簡單的生活，並進行一些與土地友善有關的實踐。在訪談過程中，主人 Y 表達當初在選擇咖啡店地點時，並不是非要浮羅不可。相反地，他先有幾點考量，包括遠離市區；讓女兒接近自然的環境以安心成長；能支持他友善寵物的理想等。但是，在因緣巧合下，意外開啟了回到浮羅的過程。

圖 9-6：最近很受年輕人、家庭歡迎的 N Farm

資料來源：本圖由作者拍攝及提供。

他無意間在網路上發現浮羅這塊地在招租。看了描述的地點，大概就明瞭這個地點是他小時候最愛來的祕密基地。老家在浮羅市區的他，小時候每次都喜愛騎腳踏車走田間小路來到這裡。在描述的過程中，他一直笑著強調，是沒有戴頭盔就騎腳車來這裡，大概意味著某些身體與情緒上得以自由的狀態吧！

他說，這個地方對他意義很大。其實，他成長過程中住在市區，沒什麼接觸農田的勞動經驗，但是即使如此，在浮羅成長與自然接近的經驗，仍對他帶來重大的影響。平日與自然環境較為貼近的活動，如上山、出海與下田抓東西，都是他很重要的童年記憶。

當聊到居住於浮羅山背的生態經驗，他是少數能夠給予精確觀察與描述的受訪者。獨特的是，他的描述還具有一種細微與美學式的感受經驗，當下有種詩意與寬廣的內在經驗。他說，對他來說，浮羅的意象是來自於地景的意義，他覺得，「浮羅是以山來定義的」。山給予了相當多的滋養，包括荳蔻、丁香、榴槤等。他也觀察到浮羅近年來許多地景的改變，已不復以往，這包括以前浮羅充滿的許多荒地，現在也慢慢被開墾。

而在他的成長經驗裡，浮羅都是些低矮的樓房。那麼，當第一棟五層樓在浮羅建起後，地景就慢慢改變了。當然，如果有些地景是他以前時常去的，現在被剷平成其他用途，他也會感到傷心。他在經營 N Farm 的過程，也是經歷了這樣的整地過程，把原有已廢棄的、像森林的空間剷平，到現在成為一個小咖啡店，旁邊有小泥池讓到訪的孩子們可以盡情玩耍。他的經營理念與生活理念緊密相合，以保留與女兒相處的時間為最核心，他關於農場經營的目標都是以此核心為出發，以減法代替加法。經營方針是不要產生太多的開銷，包括多請一個員工或多上一天班他都不願意。

從原本完全對農業知識沒有概念，到現在能夠自己煮出一道道吸引人的料理，這都來自於他勤於學習。對他來說，他與其他小經濟的合作都是比較以理念為依歸，如農業知識的交流等，並未刻意與浮羅的其他小農認識與結合，但未來有機會也許會牽起緣分。倒是這幾年來他開始研究如何種田、種果樹，認識了馬來西亞各地許多友善耕種的農人，他們都很願意分享，包括檳城、吉打、吉隆坡、怡保等。

而這樣的網絡形成，也與近年來在檳城與馬來西亞從事友善農業與教育的人逐漸增多有關，其中以年輕與中年世代為主。這樣的風氣，也為一些原來從事工程師等熱門職業的人，在省思生命而想要轉行時，提供了一個入口。像這樣希望朝一種比較永續方式經營生活的人，也包括了近年來移居至浮羅的 O

農夫。

　　O 於 1970 年代出生，他的父親是檳城人，母親則來自霹靂州的 Lumut。大約 2 歲舉家搬來檳城中部的 Bayan Terubong，不久後父親就過世，於是全家又搬到南部的 Bayan Lepas。在成長過程中，O 都是在較為自然的環境中長大，木屋家居旁也時常出現小動物跑來跑去，比如說蛇、鼠、蝙蝠等，家裡也種了一些果樹，如木瓜、木薯等。那是一個簡單卻有豐富自然環境的景觀。他小時候都是走路上學，自由自在，每天放學後都非常好玩，時常會去同學家看看朋友養的小動物，或者去河邊玩，當河水漲起，裡頭就有許多小魚會冒上來；也很喜歡在路上觀察積水的馬路坑洞中的小蝌蚪等生物。有時候經過橡膠林，會玩裡頭的橡膠種子。他在放學後的豐富自然世界，玩得不亦樂乎。那時的生活即使物質貧乏，但人與人之間的關係也較為直接與緊密。

　　中學後，他到浮羅的聖心中學就讀，畢業後 19 歲讀了大學先修班，而後家裡生計困難，讓他提早開始半工半讀，在 21 歲時開始到工廠工作。他擔任工程師數十年，在一場印度的旅行後，讓他學習接觸生命中較為靈性的部分，開始萌生提早退休的心願。終於在 2012 年，他辭了二十年的工廠工作生涯。自小的生長經驗，讓他習慣與體會到與自然環境緊密相處的重要，打從心裡想回到過往的童年生活，與自然環境相依、簡單卻心靈富足的日子。

　　他在四年前決定落腳於浮羅山背，這裡比較貼近他重啟新生活的期待。他平常會幫忙打理一個小園，那是一個朋友經營的空間，時常舉辦一些讓學生與成人認識自然環境的課程。對於未來，他認為教育還是關鍵，因此還是會投身於環境教育這塊。當人們與土地沒有實地的接觸，光是談環保，其實一般民眾是沒有感受的。「就是要跟大自然連接，所以我覺得做教育的部分呢！我就是要先帶他們和大自然連接，喜歡上大自然，然後他們就自然會環保了，環保的這部分其實我不用提，可是他自然會發生的。」O 說到。

　　但是，談到浮羅的發展與變遷，O 還是不免感到擔憂，他提到世代之間斷層的問題。他認為過去浮羅的農人都太辛苦了，因此許多農人有機會就會把土地賣掉，希望下一代不要像上一代過著如此辛苦的生活。但是，這也代表人與土地之間的關係逐漸疏離，發展也會愈加劇烈。

會會會，我很擔心，因為現在已經在發生啦！像我們這樣的社區已經愈來愈多了，就是說現代化的建築。因為為什麼會發生呢？因為那個農夫，只要把地賣給這些建築商，他們一下子就賺很多錢。那以前的農夫是很苦的，以前的榴槤沒有今天的價錢，所以他們的錢都是一分一毫這樣子存下來。然後他們已經窮了，然後老農夫是一輩子了，他們一下子可以賺一兩個 million 這樣，賣掉他們的農地的話，他們一定會賣的。

（20200503 訪談逐字稿）

他現在居住的區域是浮羅老城區外的新住宅區，那是排屋的居住形式，屋子前面有地的生活空間。這些新區其實與浮羅老區的生活方式差異很大，這裡比較沒什麼村子的感覺，鄰居之間也不大會打招呼。浮羅在這幾年吸引了許多退休人士，可能是想要親近自然環境，也可能是因為浮羅的屋價較低，但不見得這些移居者在日常生活實踐上，就會選擇貼近自然的生活。比如說，他的鄰居是剛搬來的一對中年退休夫婦，平常也比較少打招呼，他們喜歡待在自己的房子裡，並開著冷氣。對他來說，其實他會比較喜歡打開窗，讓自然空氣流入，聽附近的蟲鳴鳥叫。因此，許多新移民對於浮羅的想像，也許是比較功能性的。

我以前小的時候就是組屋旁邊，就是巴剎阿，是一個市集，雖然很窄小，可是很有傳統的風味啊！裡面有賣菜啊！我是看到浮羅這幾年的發展，那種方向，我覺得不是很樂觀，所以我希望這些可以緩慢下來，然後我希望說可以把這個，像我這種生態旅遊的做起來。因為這樣人家看到，這樣子做也可以有收入，就是同時可以生存，永續下去，就是有收入啊！然後因為你做生態旅遊，一定是會顧好這個生態的嘛！

（20200503 訪談逐字稿）

　　對於未來，O 其實希望可以長久待在浮羅山背，也覺得發展生態旅遊是在
地發展較可以永續的方向，讓在地民眾了解到生態旅遊可以有收入，大家也會
因此願意保存環境。

　　而關於浮羅土地，前述所提及的人與土地間世代斷裂的構成原因，其中也
包括勞動生活帶來的較低收入。然而，近年來也有一些青年人保持對土地的熱
情，投身於理解更加深刻的榴槤知識，時常被稱為「榴槤達人」的嚴先生就是
其中一位。我們在浮羅恰巧與嚴先生巧遇，後來才得知，他近年來努力收集與

圖 9-7：一個夏日午後，向巧遇的榴槤達人學習感受各種榴槤老種

資料來源：本圖由作者拍攝及提供。

記錄浮羅地區榴槤老樹種的知識，包括顏色、光澤、口感、氣味等。他對於榴槤的著迷，逐漸產生動力去理解浮羅山背榴槤產業面對的問題，包括大家過於迷戀於有名的品種，如近年價格高昂的貓山王等，但事實上，浮羅山背存在很多老樹種，果實的氣味非常獨特。

因此，這促成他決心去發掘、了解目前浮羅存有的老樹種。這背後也觸及了更深刻的問題，當大家只認識現在可以獲得高價的名種，便會不斷把老樹種砍掉，原生種就會愈來愈少。他覺得，這些原生種才是未來浮羅可以發展的方向與寶藏。為了讓更多榴槤老饕能夠品嘗各式各樣的榴槤，他甚至發展出了 Fine Dining 的概念，透過與有品質的榴槤園合作，挑選一些他覺得口味獨特、品質良好的老樹種榴槤，讓老饕們到他家慢慢享用。就像品茶一樣，他會將這些榴槤依照味道漸層進行排列，讓榴槤的品嘗走向一種更為細緻的層次。對他來說，浮羅的榴槤有無限的發展機會，而這有賴於人們多了解在地所具有的品種。因此，持續深化對於榴槤樹種的認識與知識，是他未來持續努力的目標。

四、離去與回返：勞動浮羅生活的滋養與苦澀

而對於一些曾經成長於浮羅山背的人，與自然環境相繫並且可以在其中自在奔跑的生活經驗，也讓他們難以忘懷，甚至成為在日常生活中實踐、不斷回返的過程。40 歲的張女士是其中一個有趣的例子。1980 年代出生於檳城浮羅山背的小漁村，家裡是來自中國潮州揭陽的第四代客家人（潮州客）。從小她和四個弟妹們與公公、婆婆[12] 一起同住，那時父母都在坡底（喬治市）工作，一週會探望他們一次。直到 14 歲搬到喬治市隨父母居住前，張女士都生活在小漁村裡頭。

張女士回憶在浮羅的童年經驗，是自然且豐富的。下課後就與同學在大樹下玩耍，或跟著下課後需要做點零工幫忙家裡的同學一起做工，玩得不亦樂

---

12 當地用語指涉阿公、阿嬤。

乎。此外，童年接近自然的生活，及與公婆的緊密相處，啟迪了她對食物的感知與喜愛。她總是記得小時候與同伴在爬樹、用沙子與樹葉做菜的情景。那時，每次與同學玩回來，最期待的就是婆婆會為他們準備的晚餐，每次婆婆都會溫暖地告訴他們，你們回來了我就會準備什麼菜來吃，讓她每次都十分期待。

以前婆婆時常煮的家常菜，大都以客家菜為主，家裡時常吃雞、魚、海鮮、蔬菜與豬肉等。她說住在鄉下的客家人特別喜愛吃豬肉與菜，因為這些食物比較耐飽，可以讓捕魚的公公飽腹。婆婆會煮的食物包括：南乳炸肉、麵條、豬腸炒鹹菜、三層肉煮紅木耳等，這些可說是比較家常的鄉村客家菜。她說這些客家菜與城市的客家菜有所不同，城市的客家菜包括擂茶、梅菜扣肉、算盤子等。有趣的是，浮羅的鄉村除了客家人外，周圍也包括許多潮州人，在飲食方面也微微受到潮州飲食影響，像是潮州人喜歡的蒸肉、雞飯等，這些都與城市的客家菜有著口味差別。

14 歲以後，她和弟妹搬到喬治市與父母同住，她的生活歷程也開始與浮羅生活有了差異。其中一部分來自於空間與族群文化的差異。當時是住在兩層樓店屋上層的一個房間，父親便在一樓經營修理摩哆店。平常都是潮州人的外婆會煮食，但是張女士受的影響較少，心中的滋味還是來自於從小煮食的外婆客家味道。由於居住的市區空間靠近喬治市中心觀音亭，緊鄰著小印度，因此父母限制他們外出，放學後回到家就要乖乖待在家裡，使她時常懷念小時候在浮羅輕鬆自在的日子。

張女士在 2013 年受到朋友家人的鼓勵，加上想讓孩子畢業後有地方可以工作，於是決定開店與大家分享自己的好廚藝，這之中也蘊含了她對浮羅與婆婆的深刻記憶。她的第一間客家小餐館在浮羅開張，賣芋頭扣肉、麻油雞、滷肉飯等，之後在 2015 年關掉浮羅的店，開始在檳城兩個地點開設客家餐館。在準備料理的過程中，她不斷試圖回想小時候在浮羅鄉村生活時婆婆煮的口味，讓客人可以感受較為道地的鄉村味道；而那些包覆著童年記憶的味覺與嗅覺，成為她不斷回想與探詢的部分。過去她期待著在外面玩耍後，婆婆會為她張羅美食，這種心意也成為她開店的哲學，想將這份期待食物的心情分享給她

的顧客。由浮羅生活所滋養的張女士，也將這份與童年生活相繫的客家飲食特色，帶往了浮羅以外的區域。

然而，在浮羅山背山林的成長記憶，對某些人卻充滿苦澀的滋味。對40多歲的 E 而言，對浮羅山背一直充滿複雜的情緒。就如大多數上幾代的浮羅人，無論以捕魚或以種植大型作物來維生，勞動工作都是極為辛苦的過程。E 同樣來自於勞動家庭，但不如其他同輩的浮羅人在放學後能在田野裡奔跑、爬樹。因為母親受的知識較少，擔心他們學壞，使她的成長經驗只有在家裡。大概是由於母親的個性與缺乏安全感，並且不知道如何教育孩子，於是就以「打」作為主要的教育方式。

因此，E 在浮羅山背的成長經驗極為辛苦，是不堪回首的記憶。她的確有在山林奔跑的經驗，但那是為了躲避媽媽的藤條，於是在山林裡死命的跑，跑累了依然會被帶到家裡打一頓。之後帶著身上的傷到學校上課，引發同學的注目，是她幼時的記憶。浮羅對她來說是傷心地，她在中學畢業後便到新山工作，是在那裡她才知道原來外面的世界如何寬廣。

兩三年前，因為兄弟姐妹都散居馬來西亞各地，雖然與母親的關係有著難以描述的裂痕，她還是想回家陪伴家人。但是，這一兩年來的嘗試，對她而言似乎還是一樣痛苦：「我離開了二十多年，再回來，發現浮羅一點都沒變。」相對於新山大城市的發展，人際間的疏離，卻也意味著自由。回到家鄉，她發現這裡的小鎮心態依然明顯，街坊依舊愛談論別人的事，讓她感覺不甚自在。去新山後，她加入了教會，她也發現浮羅本地的教會所教導的事，包括人情事理等，皆停留在她離家之時。經過朋友的鼓勵，她相信在新山接觸到教會較新的實踐，有機會可為浮羅的教會帶來一些新氣象。於是，她現在也加入了教會小組帶討論，這些都是她面對過去傷痛而來的轉化，期盼能成為返鄉日常生活的動力。

當我們請教她如何看待這幾年浮羅成為旅遊地區，吸引許多遊客進來？她的回應是我們未曾預料到的。她說，她覺得這是很正面的發展，當愈多人進來，讓這裡的人有錢賺了以後，生活品質也會提高，在看過更多事情以後，視野也會變大，也就比較能夠接受新事物，不會對別人的私生活有太多干涉。

　　乍看之下，E 的描述或許與其他受訪者有強烈對比，但仔細深究也沒那麼大的差別。她的描述未嘗不是在提供一種，上一代深藏在勞動工作、性別張力、鄰里生活中，最日常細微的掙扎。在訪談過程中，E 流淚敘述這段已然久遠，卻如此貼近的往事，甚至是當下她與母親仍然依循的關係。

　　這樣的面向或許不是所有浮羅人都會經歷的，然這也敘述著一類曾經在浮羅山背區域中，關於種植的勞動生活與情感相繫的面向。如此的細微與情感張力，或許是客家文化生長出的浮羅環境中，其中的一些核心。

陸、再思客家性：土地、食農的結合，跨語境的拓展

　　我們在本章思考浮羅山背地區的客家性時，並未以本質上的客家性作為思考起點。在研究中，我們有三位具有客家方言群背景的受訪者，包括 Nature 民宿；近年投身藝術創作的 D 先生；以及在浮羅之外開設客家餐館的張女士，其他的受訪者多具有其他方言群背景，包括潮州等。無論是生長於浮羅，或者回返、或將浮羅視為具有資源的整體，而在心境與身體上需要時刻返回的外地人，這些細微之處，都顯示浮羅的華人族群即使在傳統上是以客家人為主分布的地方性，但日常生活也不斷與其他方言群、族群彼此交疊的生活狀態。而如此的狀態，尤其也基於在地族群與地理分布的張力，如浮羅以馬來社群作為主要族群（近四分之三），並且在地理特色上具有平地與山林，人群彼此間的連結較為舒展等。因此，在文中使用的客庄概念，與臺灣所使用的客庄——通常有更密集的人群分布、語言使用等——有些差異。

　　這之中，我們也體驗到，過往浮羅山背山林、漁港或小部分市鎮的生活方式，緊密鑲嵌著深刻密集的勞動關係。這可以說是客家方言群或其他語群的生活基底。那麼，在這次研究中所看見的轉向，或可說是一種中年，甚至是年輕世代對於這些關係的轉折與思索。浮羅作為一個文化與生態豐富的地方，成為旅遊的資源，之前會強調客家文化，源於少部分在地客家人與海外的研究資源結合，這提供某些人一個可切入、挪用的論述，在當時是以客家食物、生活

方式為主軸。然而，這些資源經過數年的重整，我們近幾年逐漸看見一個更加朝向友善農業、休閒的拓展。這固然來自於檳城，甚至是馬來西亞尺度，甚至是全球對於環境的省思，但同時也可能帶來資金的流入，以提倡美好生活為論述，實則帶來資本主義式的觀光想像。然而，這部分都需要長期的觀察才可定論。

在此時，較可見到的正面發展，就是客家文化的提倡，相對而言較能吸引本地華人或海內外華人，朝向更多元的跨族群探索。這部分不代表原有的客家元素不重要，而是在浮羅地域的各類行動者，有不同方言群的背景，過度強調客家文化可能帶來的是排他。因而從幾位客家背景的行動者，我們可以看到他們自在與彈性地挪用自身所具有的豐富資源，此時他們也朝向環境、飲食及藝術發展。

但此處值得一提的是，如此的轉向在一定程度上與浮羅地區客家會館的勢力消長有關。過去海外學者進入浮羅地區提倡客家文化時，主要是由客家會館相關行動者為中介，與地方社會連結，而這部分也必然開拓整體論述給予在地的客家行動者，得以將自身的行動與之連結。但在過去幾年，客家會館內部勢力的替換，也導致相關論述不能延續。這一部分，也隱約出現於那批當初參與的客家行動者的敘述中。[13]

而基於這樣眾多因素之間的轉向，無論是地方客家勢力的消長，乃至於整體對於周遭社會變動的關懷，或是商業利益的追尋，這樣的延展本身恰好都顯示出在地所建構與生成的客家性本身，所具有的豐富連結能力。這可以是跨語群與族群對於生態與藝術的想望，從這些觀點，再回望浮羅這個地方所具有的特性。

---

13 此部分，感謝利亮時教授的提醒。

柒、與土地間深刻的勞動經驗，轉向對環境的省思

從幾位受訪者的生命敘述與日常實踐中，我們能夠感受在浮羅山背地區所出現的相異實踐與世代變遷。這次的訪談對象主要集中於 40 歲至 50 多歲，另有兩位 30 多歲的青年；60 歲至 70 多歲較年長的訪談對象，則是雙溪檳榔河口的一戶住民。即使對於年長經驗的訪談較少，但從一些受訪者的生命敘事中，如 E 的敘事，也提供我們理解其上一代（約 70 多歲）的勞動家庭經驗，作為形塑她認知浮羅山背的基礎架構，無論這背後是傷痕，或作為當下創新實踐的動力，都值得關注。

浮羅山背的生活緊鄰自然環境與相對遠離市區，是自然豐盈且深厚的，而這些都成為受訪者在進行生活實踐時最重要的生命力來源。這些深刻的力量展現在多元的層面上，包括民宿與果園的經營；與文學相繫的小書屋；以藝術作為記錄在地美好的媒介；或是在近年所開展的自然農法、教育與飲食等，都提供我們以不同層次勾勒出浮羅生活帶來的滋養。而在敘述的過程中，我們看見了世代之間勞動經驗的轉換，這是浮羅山背以土地為基底的基礎生活，尤其是如今 60 歲到 70 多歲居民的生活方式，甚至是從之前延續至今，好幾代的生活方式。而這樣的勞力實作，在經歷了下一代，也就是如今 30 歲到 50 多歲的行動者中，我們看見了朝向多樣性與知識化的轉化過程。幾乎在所有的受訪者敘事中都展現了這個面向，如文學小屋；榴槤達人對果樹知識的深化與記錄；甚至是 E 女士如何在現今的日常生活中，仍然辛苦卻從未放棄抵抗上一代勞動家庭的影響等。

這些過程不只是個別行動者的各自策略，更顯現了整體檳城社會的變遷，逐漸從以基礎產業的勞力工作轉向服務業，甚至是創新農業的實踐。其中某部分所展現的是彼此對於永續生活的省思，那是關乎生命究竟以何種位置與其他物種、世界互動。比如，在 O 與 N Farm 的例子中，我們看見行動者有意識地以減法作為生活實踐，甚至在 N Farm 刻意提倡友善動物的實踐，這與當代全球在面對全球暖化與各式環境問題下所採取的永續生活，緊密關聯。而這樣的實踐，不只在浮羅山背出現，也逐漸在檳城、馬來西亞遍地開花。

在這個過程中可以看到，許多年輕人從原有比較賺錢，或是社會公認成功的行業，如工程師等，轉向收入可能較少，但是與土地相繫的實踐。這些轉型是相當有意義的，若放在浮羅山背，即使力量還很微小，但這部分是對於過去幾代勞動生活的逐步省思。過去，大型的土地種植需要確保收成，農業是養活一家眾多孩子的傳統勞動生活。但是，未來的種植在此之外，我們還可以選擇什麼樣的過程面對土地？

這樣的過程，即使在浮羅本地所出現的論述不多，卻獨特展現了華人更豐富的實踐。這樣的實踐，不限於客家族群，也出現在其他方言群的華人身上，而且我們也發現，在檳城多元族群的脈絡下，這些主導、或在浮羅山背發展論述中逐漸浮現的實踐，都有著更加多元與跨越族群的面向。這樣的發展放在本地發展的脈絡下，筆者認為有其正面性。在這個過程中可以發現，從以華人為主的客家文化論述，轉移到近五年來明顯以藝術與新型農業作為實踐場域。

如此朝向自然的轉型，一部分也如前述，關乎馬來西亞或檳城整體逐漸出現對於土地友善的實踐，而這部分與之前所導向的客家文化論述，有一部分是在特定脈絡下由國外研究者與當地學者共譜的創作，相對在在地具有更為跨族群共通語彙的個性。比如說，過去前往浮羅山背強調客家文化的餐館時，大多是華人顧客，或許這些訴求可以串連馬來西亞，或中國、臺灣的客家社群，卻難以在本地形成永續的共鳴。但是，最近五年出現的新型農場與民宿中，由於特別照顧到不同族群的差異，如食物、擺設與行銷策略，都使客群有著跨族群的面向。

在浮羅山背，如馬來西亞其他的鄉村區域，即使在政策上有著力之處，但往往也缺乏因應地方發展的長期政策關注。而這種狀態有時會造成某種行動的斷裂性，但也形塑著在地行動者具有主動與創造力的性格。這樣的生命力，也不斷延展出充滿彈性靈活的日常實踐，及形塑著各式在地行動。而既然外在大環境很難有一貫地政策發展方向，行動者也時常以一種態度既積極，卻也頗隨緣的方式，捕捉及回應這些日常生活挑戰及變化。這不斷展現於他們在返鄉故事中的生命創造，及面對地方不斷發展時所做的回應。而這樣的既具有主動與創造力，卻也同時隨意的生命狀態，或許也呈現了浮羅山背華人在地行動者在

多元社會環境下的能動與回應方式。

　　今日，客家人的文化在浮羅山背地區的華人生活中，仍如伏流貫穿，或明或隱。如在浮羅市中心的市集、咖啡店，或百年教堂裡，我們仍可見客家人的社群，彼此以客語進行交談。在浮羅山區的種植園裡，有不少榴槤種植的主人，其父輩或祖輩是來自大陸廣東地區，輾轉來此開墾的客家家族。如此的傳統，對於浮羅華人的家族、家庭及生活方式，有相當深遠的影響。他們之中有些至今仍以客家人為其主要的方言群認同，有些人的族群背景則可追溯至幾個世代前，是客家與其他方言群通婚。

　　本文所描述與關注的行動主體，雖非狹義界定的客家人，但他們畢竟生長於以客家人為眾的浮羅地區；或是他們的父母其中一方，具有客家的族裔背景。換言之，築基於此多元揉雜的方言群背景，我們希冀探索這幾年來在浮羅所出現的各式在地行動。

參考文獻

光華日報記者訊，2017 年 12 月 6 日，〈浮羅國際藝術村成立典禮及揭牌儀式〉。《光華日報》。

愛若許‧伊拉尼（Anosh Irani），廖月娟（譯），2009，《沒有悲傷的城市》（The Song of Kahunsha）。臺北：天下文化。

葛雷哥里‧羅伯茲（Gregory David Roberts），黃中憲（譯），2008，《項塔蘭（上／下）》（Shantaram）。臺北：野人文化。

Anderson, Eugene N., 2011, Drawing from Traditional and 'Indigenous' Socioecological Theories. In Helen Kopnina and Eleanor Shoreman-Ouimet (Ed), *Environmental Anthropology Today* (pp. 56-74). London & New York: Routledge.

de Vries, Daniel H., 2011, Time and Population Vulnerability to Natural Hazards: The Pre-Katrina Primacy of Experience. In Helen Kopnina and Eleanor Shoreman-Ouimet (Ed), *Environmental Anthropology Today* (pp.140-160). London & New York: Routledge.

Evans-Pritchard, E. E., 1940, *The Nuer: A Description of the Modes of Livelihood and Political Institutions of a Nilotic People*. New York: Oxford University Press.

Geertz, Clifford., 1973, *The Interpretation of Culture*. New York: Basic Books.

Mohammad, K. S. & Samat, Nurafizah & Khalid, H.N., 2011, Using Remote Sensing and GIS for Observation Land Use Land Cover Changes and Quantifying Arable Land Loss in Penang Island - A Case Study of Balik Pulau. 32nd Asian Conference on Remote Sensing 2011, ACRS 2011. 3. 1697-1715.

Shoreman-Ouimet, Eleanor & Helen Kopnina., 2011, Introduction. In Helen Kopnina and Eleanor Shoreman-Ouimet (Ed). *Environmental Anthropology Today* (pp. 1-33). London & New York: Routledge.

Shoreman-Ouimet, Eleanor., 2011, Middle-Out Conservation: The Role of Elites in Rural American Conservation. In Helen Kopnina and Eleanor Shoreman-Ouimet (Ed), *Environmental Anthropology Today* (pp. 253-266). London & New York: Routledge.

第 10 章

馬來亞客家人的革命情懷：
論馬來亞共產黨早期領導層中的客家派系

何啟才

壹、前言

在馬來亞／馬來西亞的華人政治參與過程中，客家人雖然不若其他方言群踴躍，但整體的政治參與成果斐然，甚至占據了重要位置。歷史上，馬來亞客家商賈與僑領，如丘秀、盛明利、葉亞來、葉致英、張弼士、梁碧如、戴春桃等人物，無論是在處理華僑華人內部事務，或參與英國殖民地政府的行政事務，乃至政治活動，都從未缺席。雖然如此，歷來有關馬來亞／馬來西亞客家人的研究當中，大多關注當地客家僑領與人物；客家人的社會互動與貢獻；或是探討客家文化與認同；客家語言變遷；社團組織；政治參與等。尤其是在政治參與上，研究者甚少將焦點放在具革命性質的左翼政治領域進行論述。

楊進發在《馬來亞共產主義起源》（*The Origins of Malayan Communism*）一書中，可說是最早研究與論述了在馬來亞的客家人如何參與馬來亞的左翼運動。本書透過英殖民地政府的檔案，梳理了部分涉及馬來亞共產黨主導，但以客家人為主的工會所發起的運動（Yong, 1997）。此外，由龔宜君主持、陳琮淵及彭聖（2004）參與撰文的研究計畫《戰後砂拉越客家族群的社團組織與政治參與》也提及了戰後砂拉越州的客家人，積極參與在砂拉越的意識形態政治運動，許多政治組織的領導人乃客屬人士。此外，田英成（2006）則在〈砂拉越客家人的政治參與〉一文中，論述當地客家人二戰前後參與政治活動或抗爭運動，總結了客家人的政治敏感，無疑是客家精神的一種表現。陳劍（2019）也持相同看法，他在《客家人與馬來西亞抗日及反殖戰爭》中認為，客家人奮

不顧身投入馬來亞的抗日與抗英戰鬥，並堅持革命和民族、民主解放運動的原因，在於客家精神潛在的作用所致。謝詩堅（2019）在《海上絲路：馬中華人的思潮紐帶》也提及檳城浮羅山背客家人的抗日、抗英分子——黃源茂、陳維新、王潮海，如何在戰前至馬來亞緊急狀態剛開始不久，在當地豎起紅旗，點燃革命之火。

此外，尚有一些客屬前馬共成員或外圍組織成員出版回憶錄或留下回憶性質的篇章，如波瀾的回憶錄《葵山英姿——女游擊戰士三十五年森林生活實錄》（雪蘭莪：策略資訊研究中心出版，2015 年）、21 世紀出版社編輯部編著的《深埋心中的秘密：新加坡與檳榔嶼的故事》（吉隆坡：21 世紀出版社，2008 年）等，但實際探討客家人參與馬來亞共產黨（馬共）或其外圍組織的研究並不多見。本章嘗試以二戰前後就參與馬來亞共產黨（馬共）活動的客家人為對象，梳理並探討客家人與馬來亞左翼運動的關係與影響。

貳、戰前馬來亞共產黨發展概述

馬來亞共產黨創於 1930 年。在此之前，來自中國共產黨的潘先甲（潘雲波，海南籍）等多人，於 1926 年組織了「南洋部委」（South Sea Bureau），以在南洋華僑青年中推廣共產思想。後來中國的國民黨和共產黨衝突加劇，從上海的國民黨反革命運動（1927 年 4 月）到中共的廣州起義（1927 年 12 月）失敗後，潘先甲等五位中國共產黨人先後派往南洋，並於 1928 年 1 月正式將「南洋部委」改組成為「南洋共產黨臨時委員會」（南洋臨委）。這五人也出任了「南洋臨委」的常務委員會，即最高的領導機構（盧朝基，2021：12-13；Yong, 1997；楊進發，2007a；原不二夫，2005）。據潘先甲的說法，這些幹部是奉共產國際的命令前往新加坡，而如此安排是為了因應南洋華僑社會方言群的特點（盧朝基，2021：12-13）。以下為這幾位分屬不同籍貫幹部的簡單介紹：

表 10-1：「南洋臨委」五名幹部之資料

序	姓名	籍貫	簡介
1	張洪成（黃德才）	福州	1920 年在印尼瑪琅組織鐵路工人罷工被囚禁，1924 年被驅逐回福州後加入中國共產黨。
2	楊匏安	廣府	1927 年參加廣州起義失敗後逃往上海，1928 年 1 月奉派南來新加坡。1931 年在上海遭國民黨逮捕和殺害。
3	楊玉樹	客家	領導南洋總工會和海員工會。
4	張玉階	廣府	參加過香港海員大罷工和廣州起義。
5	潘先甲（潘雲波）	海南	1926 年 3 月抵達新加坡，後轉至馬六甲華南小學任校長；1926 年 5 月在新加坡成立「南洋各業總工會」並擔任委員長，積極推動南洋共產主義青年團之工作。

資料來源：盧朝基（2021：12-13）。

　　1928 年 1 月成立的「南洋臨委」一般也稱為「南洋共產黨」，楊進發認為「南洋共產黨」的成立，正式宣告共產主義在馬來亞紮根（楊進發，2007：243）。此後，南洋共產黨在馬來亞與新加坡一帶進行活動，也考慮了馬來亞社會的多元性，成立了跨種族委員會──「種族運動委員會」，以及由印度尼西亞共產黨人協助領導的「馬來部門」。此舉乃南洋共產黨嘗試招攬非華裔黨員的策略，以擴大影響力（原不二夫，2005：57）。無論如何，南洋共產黨的這些努力和策略並沒有取得預期的成效。[1]

　　由於南洋共產黨在跨族群的努力中收效甚微，引起了共產國際的擔憂。加上南洋共產黨五位常委中的三人、八位委員中的五人，都在成立幾個月內陸續被英殖民當局逮捕或驅逐出境，對初生的南洋共產黨打擊極大。為填補領導空缺，中共陸續派出幹部前來領導南洋共產黨，如傅大慶、符榮鼎、徐天柄等。共產國際認為，南洋共產黨的發展局勢將不利於海外共產主義運動的發展，故建議成立獨立運作的「馬來亞共產黨」（陳劍，2009：353-354）。1930 年 4 月

---

[1] 楊進發在其著作中也引述了海峽殖民地代理華民政務司英咸（R. Ingham）的報告。該報告認為南洋共產黨吸納非華裔黨員的企圖並未有顯著的成功（楊進發，2007：255）。至於馬來亞的馬來人社會對共產黨之接受程度，印度尼西亞共產黨領導人丹馬拉卡（Tan Malaka）在 1925 年所作的觀察是：「馬來人很保守，沒有接受運動的餘地。只有在華僑和印度人之間推廣。」（原不二夫，2005：57）。

30 日，馬來亞共產黨在森美蘭州瓜拉比勝（Kuala Pilah, Negeri Sembilan）的一座橡膠園內正式成立，[2] 當時出席創黨會議的核心人物也包括了共產國際代表阮愛國（即胡志明），據說是共產國際東方局派來監督馬共成立的（陳平，2004）。馬共成立後的首次大會選出了主要的馬共領導如下：

表 10-2：馬共建黨初期的主要領導人

序	職位	姓名	籍貫
1	書記	黎光遠	瓊籍
2	宣傳部長	傅大慶	江西
3	組織部長	吳清（徐天柄）	瓊籍

資料來源：21 世紀出版社編輯部（2010：19）。

成立初期的馬共黨員約有 1,500 人，倘若加上其外圍組織，人數則約有 11,000 人（原不二夫，2005：57）。在族群比例方面，成立初期加入馬共的馬來人和印度人約為 1,170 人（近 10%），之後也沒法再擴大其影響。因此，馬共的發展是在需要依靠華僑黨員（原不二夫，2006：18）。至於在活動方面，馬共從 1930 年至 1941 年期間的變化不大，主要還是以地下運作方式推廣活動。

參、馬來亞共產黨中的客家人

自 19 世紀中葉至 20 世紀初期，中國華南一帶居民陸續遷移到馬來亞後，促進了馬來亞多元民族和文化社會的成型。今日的馬來西亞華人已是當地第二

2　關於馬共成立的日期和地點有幾種說法：（一）楊進發認為馬共是在 1930 年 4 月中旬召開的第三次代表會議上成立。成立地點在在森美蘭州的瓜拉比勝或柔佛州的巫羅加什（Buloh Kasap, Johor）；（二）張虎提出第三次代表會議是在 1930 年 4 月 27 日或 4 月 30 日在新加坡舉行；（三）陳平的回憶錄記述馬共成立於 1930 年 4 月底，地點在瓜拉比勝的橡膠園內；（四）前馬共成立的 21 世紀出版社出版的《馬共文集》中，指馬共成立於 1930 年 4 月 30 日，地點原定瓜拉比勝，後因被當局注意才移到臨近柔佛州某橡膠園內的工人宿舍舉行。雖然說法不一，本文乃以馬共於 1930 年 4 月 30 日在瓜拉比勝成立為準。

大族群，在保有本族群文化特徵之餘，也與其他族群在語言、文化和習慣上有一定程度上的交融。

表 10-3：1921 至 1957 年馬來亞聯邦各民族人口數量（單位：1,000 人）

年份 民族	1921 （占總人口比率）	1931 （占總人口比率） 不包括新加坡	1947 包括新加坡	1957 不包括新加坡
總人口	2,907	3,788	5,848	6,279
馬來人	1,569（54%）	1,864（49.2%）	2,543（43.5%）	3,125（49.8%）
華人	856（29.4%）	1,285（33.9%）	2,614（44.7%）	2,334（37.2%）
印度人	439（15.1%）	571（15.1%）	559（10.3%）	707（11.3%）

資料來源：Purcell（1965: 223）。

至於在馬來西亞華人的社會內部，也存在次族群（sub-ethnic）的結構。馬來西亞華人內部以方言群分類如下：

表 10-4：1921 年至 1957 年馬來亞華人各方言群人數及所占比率

方言群	年份（單位：1,000 人）			
	1921	1931	1947	1957
福建	380,658	540,736	538,200（28.6%）	740,600（31.7%）
客家	218,139	318,738	397,400（21.8%）	508,800（21.8%）
廣府	332,307	418,298	484,000（25.7%）	508,200（21.7%））
潮州	130,231	209,904	201,000（11.0%）	283,100（12.1%）
海南	68,393	97,894	105,000（5.6%）	123,000（5.3%）
廣西	998	46,129	71,100（3.8%）	69,000（3.0%）
福州	12,821	31,371	38,600（2.0%）	46,100（2.0%）
興化	--	--	9,600（0.5%）	11,000（0.5%）
總人口	1,174,777	1,709,392	1,884,500	2,333,900

資料來源：Purcell（1965: 224）。

從上表可知，馬來亞客家幫群在 1957 年以前，一直居華人人口的第三

位。到了 1957 年，客家幫群已是馬來亞華人社會第二大方言群。海南幫群則一直都在五大方言群（福建、客家、廣府、廣西、海南）中忝居末席。此處提及這兩個方言群，主要是這兩大方言群對於馬共的發展有一定的影響。

上節曾提及，馬共成立後的發展主要依靠華僑黨員，當中尤以客家和海南黨員最顯著。根據陳劍的說法，在馬共裡的各方言群成員中，客家人是特別多的一群，甚至有說加入馬共軍隊的客家人占有一半以上（陳劍，2015）。雖然如此，若比較馬共領導人的籍貫會發現，客籍的馬共高層並不多見。即便如此，由於「馬共黨員和戰士大多是客家人，所以領導人都會講客家話。原因是部隊的客家成員大部分是膠工、礦工、店員，以及一些教師（早期教師多為客家人，尤其是梅縣人）。」（陳劍，2015）。

曾任中共中央對外聯絡部副部長的于洪君曾提到，馬共在抗日時期為便於指揮，也出現過以方言群分組的現象。例如，霹靂州的人民抗日軍按照方言群，將抗日軍分成四個小組，分別以客家人、潮州人、海南人、廣西人為主來指揮（于洪君，2005：44）。陳劍進一步指出，在馬來亞人民抗日軍中，客家話是軍中的通用語言。他認為這是約定俗成的結果，因為根據不成文的統計，馬共黨人、抗日及抗英部隊成員中，客家人都占半數以上，抗日軍的八個獨立隊當中，大部分黨軍是客家人，也有幾個獨立隊客家人超過半數。是故，客家話幾乎成為抗日軍的「官方語言」（陳劍，2019：187）。以此推論，參與馬來亞抗日、抗英和革命的客家人士相當踴躍，人數眾多。

馬共成員中以客家人為多數並通用客家話，連帶也讓戰後出任馬共總書記的陳平發生英文譯名出錯的軼事。陳平原名王文華，使用的黨名為「王平」，黨內人多喚他「阿平」。抗日戰爭時期，陳平曾經和英國特別行動執行單位（Special Operations Executive）代表戴維斯（John L. H. Davis）有多次聯繫和接觸，共同參與盟軍在馬來亞的對日戰爭。陳平後來於 1999 年在澳洲坎培拉舉辦的工作營透露，「陳平」之名是戴維斯所造。戴維斯和陳平最初會面後需要向上級提報名單，但只記得大家叫他「阿平」。陳平認為戴維斯忘了他的姓，但從其他人處得知陳平的另一個化名「陳金聲」，故將其姓名定為「陳平」（陳劍，2012：116）。因此，在英文官方文件上使用的是客語譯名「Chin

Peng」。在馬來西亞，「Chin」的姓氏音譯，主要是客家人使用的英文官方文字。可見，客家話在馬共內部的普遍程度，使殖民當局也間接受到影響。

馬共成員當中究竟有多少客家人，並沒有一個正式的統計。我們僅能從各種論述和情況推測。不過，馬共成員多來自勞動階級，而馬來亞客家人也多從事勞動工作，在各種環境和情況下加入馬共或參與抗日並不稀奇，陳劍以下的說明或許可以合理解釋這種情況：

> ……馬共黨軍人員多為勞動階級，好大一部分來自錫礦工人與割膠工人，另一部分來自務農人家。馬共最活躍的幾個州，如霹靂州、雪蘭莪州、森美蘭州、柔佛州、彭亨州和吉打州（大山腳地區），從事採礦、割膠、養豬、種菜的大部分是客家人。客家人富於正義感，鋤強扶弱，積極抗日與革命的精神，使他們在外辱的當前的形勢下，勇於投入戰鬥的隊伍（陳劍，2019：186-203）。

肆、馬來亞共產黨領導層中的客家派

在馬共的歷屆領導層當中，客家籍的領導人相對較少。上文第二節曾提及，1928 年 1 月成立的「南洋臨委」中的五位最高領導（表 10-1），他們因各自籍貫而被派往新加坡，原因在於他們能配合當地華僑的各方言群社會（除了廣西）。無論如何，根據楊進發的資料顯示，「南洋臨委」的常務委員（五位）和其他委員（八位）中仍以海南人為主，茲列如下：

表 10-5：「南洋臨委」委員資料（1928 年 1 月）

姓名	籍貫	職稱	其他
黃成業（潘先甲）	海南	執行委員會委員；組織主任	1928 年 1 月 31 日被捕
楊匏安	廣府	執行委員會委員	1931 年遭上海國民黨政府槍決
楊玉樹	客家	執行委員會委員	來自中國的客籍共產黨人
張洪成	福州	黨書記；執行委員會委員	1925 年由無政府主義者轉變為共產主義者
張玉階	廣府	行委員會委員；軍事委員會成員	海員，1927 年廣州起義時被釋放
陳碧海	海南	-	勞工；夜校教師
陳興國	海南	-	1928 年 8 月 23 日被英政府逮捕
馬業炳	海南	軍事委員會成員	1926 年 5 月南洋各業總工會發起人
蘇定文	海南	-	勞工；夜校教師
陳紹仁	海南	軍事委員會成員	1928 年 8 月 5 日被捕
王月波	海南	軍事委員會成員	1930 年 4 月 29 日在新加坡被捕
陳岩	海南	-	不詳
詹行祥	海南	-	可能於 1926 年抵達新加坡的共產黨員

資 料 來 源：FO 371/13243, FO ref. F 5518/154/61, Supplement to the *Malayan Bulletin of Political Intelligence*, no.63, 31 August, 1928, p.6; FO 371/13243, FO ref. F 2292/154/61, *Malayan Bulletin of Political Intelligence*, no.58, March, 1928, p.3.（轉引自楊進發〔2007a：262〕）。

如上表所示，在馬共最初的組織領導層中，海南人扮演舉足輕重的角色。客家人只有楊玉樹一人。楊進發如此描述楊玉樹：

楊玉樹早前在中國的活動不詳，他可能被中共派遣來馬來亞在客家幫群活動。1928 年 3 月成為南洋臨委中央委員，同年捲入南洋海員總工會與南洋各業總工會的工潮，被英當局視為南洋臨委的「較有責任感的領袖」。1928 年後的事蹟不詳（楊進發，2007a：261-263）。

由於「南洋臨委」成立不久就一直遭到有關當局打壓，導致半年左右，13

位委員中就有五人被逮捕，以至於需要新的領袖替補。表 10-6 為 1928 年 8 月的新委員名單：

表 10-6：「南洋臨委」委員資料（1928 年 8 月）

姓名	籍貫	地區	被捕日期
蘇柏義	廣東	新加坡	1928 年 11 月
陳碧海	海南	新加坡	
陳興國	海南	新加坡	1928 年 8 月 23 日
馬業炳	海南	新加坡	
王月波	海南	馬六甲	
何洪成	福州	新加坡	1928 年 8 月 2 日
詹行祥	海南	新加坡	
萬新安	海南	邊加蘭	
符祥夫	海南	芙蓉	
唐則安	海南	新加坡	被捕，日期不詳
王立朋	海南	新加坡	被捕，日期不詳
陳紹仁	海南	新加坡	1928 年 8 月 5 日
黃默涵	海南	檳城	1929 年 9 月

資料來源：FO 371/13243, FO ref. F 5518/154/61, Supplement to the *Malayan Bulletin of Political Intelligence*, no.63, 31 August, 1928, p.10.（轉引自楊進發〔2007a：265〕）。

　　上述替補的領導層當中，仍然以海南人為中心，而客家人代表已經無跡可尋。實際上，在英殖民當局的強力鎮壓下，1928 年到 1931 年間，平均每年有 1,528 位共產黨人被逮捕。表 10-6 中的「南洋臨委」委員在 1928 年 8 月至 1929 年 9 月期間陸續被捕，空缺由後來從中國逃亡到南洋的中共成員填補。表 10-7 顯示中共黨員與 1929 年 6 月至 1930 年 4 月出任「南洋臨委」常務委員的名單：

表 10-7：「南洋臨委」常務委員（1929 年 6 月 -1930 年 4 月）

姓名	職稱	籍貫	抵達日期
吳清（徐天柄）	黨書記	海南	1929 年初
傅大慶	宣傳主任	江西	1929 年初
林慶允	組織主任	海南	1929 年初

資料來源：楊進發（2007a：267）。

　　從上表名單可得知「南洋臨委」領導層幾乎與中共關係密切。林慶允，吳清和傅大慶皆是中共黨員。共產國際擔憂南洋共產黨將走向單一族群組織，也想避免中共對南洋共產主義運動的支配和影響，遂提出建立一個由共產國際在上海遠東政治局領導的「馬來亞共產黨」。

　　1930 年 4 月，馬共成立之初共有 11 人被選為馬共的中央委員，並推選三人組成的常任委員，即書記黎光遠、宣傳部長傅大慶和組織部長吳清。根據由前馬共成員成立的「21 世紀出版社」所出版的《馬共文集（第一輯）》，茲將戰前歷任馬共書記名單簡表列出如下：

表 10-8：1930 年代馬共書記的資料

序	姓名	英文姓名	祖籍	任期	被捕年份
1	黎光遠	Lei Kwang Juan	海南	1930 年 4 月 -4 月 29 日	1930 年 4 月 29 日
2	林慶允	Lim Chin Chung	海南	1930 年 5 月 -1931 年 6 月	不詳
3	符鴻紀	Fu Hung Chi	海南	1931 年 6 月 - 不詳	不詳
4	何文漢	Ho Wen Han	海南	1932 年 3 月 -7 月	1932 年 7 月
5	劉登乘（劉德和）	Liu Teng Chan	大埔	1935 年 -1936 年左右*	1936 年上半年
6	歐德修	Au Teck Siu	海南	1935 年 -1936 年？	不詳
7	蔡白雲	Ts'ai Pai-yun	福建	1936 年 -1937 年左右	1936 年
8	萊特	Lai Teck	越南	1939 年 -1947 年	1947 年外逃

* 原不二夫根據張明今提供的資料，認為劉登乘的任期應到 1935 年中期就結束（原不二夫，2005：70）。

資料來源：21 世紀出版社編輯部（2010：33-38）。

上表所列的歷屆馬共書記中，除了萊特為越南人外，其餘的華人書記權力都掌控在海南人手中，以及 1935-1936 年是由大埔客籍的劉登乘主導，以及 1936-1937 年由福建幫的蔡白雲（原名蔡文盛，又名蔡長青、蔡志義、蔡如松）出任書記。此後直到二戰結束，馬共總書記職位一直都落在萊特手中。在馬共成立到二戰之前（1930-1942 年）的這段期間，馬共內部曾經發生過分裂，其中牽涉的關鍵人物是客籍的馬共領袖——鄔熾夫。鄔熾夫原名鄔成才（又名鄔志豪），為大埔客家人。鄔熾夫曾參與 1927 年由中共普寧縣委領導的農民武裝鬥爭，失敗後逃到馬來亞。據說鄔熾夫在馬來亞時曾當過教員和商店員工。在 1927 年以前，鄔熾夫曾經到中共在汕頭辦的「東江農民運動講習所」學習，他有強烈的求知欲，熱愛閱讀（歐陽明智，2019：3-5）。1931 年，他出任馬共中央委員會兼宣傳部長（原不二夫，2006：42）。1935 年的資料顯示，鄔熾夫還是馬共中央委員（楊進發，2007b：291）。鄔熾夫也出任馬來亞反帝國大同盟祕書長。

根據馬共出版的《南島之春》的記述，內部分裂發生了兩次，分別是在 1932 年及 1935 年。第一次之所以會分裂，主要是馬共「黨內反對派的產生，他們組織了『馬來亞共產黨大同盟』，公開進行投降敵人，出賣革命的反黨行為。」（馬來亞共產黨，1946：9）；第二次分裂則是在因為「黨內的反對派再復出現。他們違背了黨的決議，出賣工人群眾的利益，號召和拉攏一些青年的共產黨員，大舉反對馬來亞共產黨的行為，企圖幫助敵人來破壞馬來亞共產黨。」（馬來亞共產黨，1946：9）。

由於《南島之春》語焉不詳，楊進發後根據英國官方檔案，進一步解說這兩起內部分裂。他認為第一次的鬥爭除了是對馬共的理論出現分歧外，也有證據顯示方言群的差異也是衝突的根源。所謂方言群差異，乃馬共分裂成兩派並發生流血事件。這兩派分別是激進和勇於鬥爭的海南派，以及比較溫和的客家人（楊進發，2007b：292）。據說一位客籍的工會代表發現馬六甲的黨內帳目不清後，曾上報馬來亞各行業總工會，後者卻沒有採取行動。該客籍工會代表於 1932 年 7 月被殺害。於是馬共客家派選擇在 1932 年 8 月離開馬共，並創建了「馬來亞共產黨大同盟」（楊進發，2007b：292-293）。第二次分裂與衝突

發生在 1935-1936 年。其時馬共書記是客籍的劉登乘。在萊特的搬弄下，引發了內部海南派和客家派的權力鬥爭升級，衝突最後導致馬共的幾位中央委員被捕，書記劉登乘逃回中國大埔[3]，以及鄔熾夫在馬共領導層發動的暗殺行動下遭殺害（楊進發，2007b：293-294）。

歐陽明智（Marc Opper）進一步釐清鄔熾夫和馬共內部分裂的關係。他和原不二夫都將「馬來亞共產黨大同盟」視同 1928 年初成立的「馬來亞反帝大同盟」，而鄔熾夫自 1931 年開始至 1936 年被殺之前，都是「馬來亞反帝大同盟」的祕書長（歐陽明智，2019：1）。1935 年，身為中央委員的鄔熾夫質疑馬共的理論和政治路線，受到海南派不滿。此事讓他提出另組中央委員會的念頭，遂邀請了時任書記的劉登乘（客家派）等人。與此同時，馬共兩位中央委員遭到英殖民當局逮捕，流傳出黨裡有內奸出賣馬共情報。種種事件發生，加上海南派揭發鄔熾夫的打算，使他成為馬共欲肅清的反對派首要人物。最終，鄔熾夫被黨中央派往馬六甲某地深入工農進行群眾工作，卻在淡邊市郊往馬六甲的途中，遭到埋伏的馬共黨員殺害（歐陽明智，2019：7）。基於上述的論點，歐陽明智將兩次的黨內分裂視為同一事件，因為在時間上，1935 年的分裂是延續自 1932 年，況且事件主角都和鄔熾夫有關聯，並將二戰前馬共內部的分裂重新詮釋為「馬共第一次黨內分裂於 1932 年開始，於 1936 年結束。」（歐陽明智，2019：2）。

馬共這個時期因海南派系和客家派系產生衝突引起的內部分裂（1932-1935），給馬共的初期發展帶來極大的傷害。加上英殖民當局不斷鎮壓和逮捕，「使馬共元氣大傷，幾乎近於崩潰」（楊進發，2007c：302）。

楊進發曾提及馬共的派系——海南派和客家派當中，比較溫和的客家派的力量是建立在工人運動（工運）的基礎上（楊進發，2007b：292）。這點可以從客籍的工運分子在各地參與抗爭的例子中得知。下表所列乃馬共統一戰線下的外圍組織於 1937 年 3 月份組成的「雪蘭莪加影罷工委員會」：

3　劉登乘在事件遭揭發後逃回大埔，改名劉德和並加入中共。馬共以臨陣逃離之罪終身剝奪其黨籍，再通報中共。中共於 1940 年開除其黨籍。劉登乘後來在廣西遭到國民黨政府逮捕，後於牢獄去世（詳見原不二夫〔2005：56-70〕）。

表 10-9：加影罷工委員會（1937 年 3 月）

序	姓名	個人資料
1	Chong Chor（張初）	客籍。雪蘭莪工友聯合會委員；馬來亞各業總工會（Malayan General Labour Union）領導。
2	Chong Yuen-for	客籍。雪蘭莪橡膠工友聯合會委員。
3	Lee Sui, alias Lee Siew & Lee Kee-bin	客籍。馬來亞共產黨領導。雪蘭莪橡膠工友聯合會委員。
4	Yee Su	客籍。馬來亞各業總工會成員；雪蘭莪橡膠工友聯合會委員。
5	Siow Kit-lin, alias Siow Kwee-seong	客籍。雪蘭莪橡膠工友聯合會成員。
6	Chong Luk-yu	客籍。馬來亞各業總工會成員；雪蘭莪橡膠工友聯合會委員。
7	Yeong Mah-hee	客籍。雪蘭莪橡膠工友聯合會委員。
8	Lee Kim	客籍。雪蘭莪橡膠工友聯合會委員。
9	Lee, alias Chong Choon-leong	客籍。學校老師；馬來亞共產黨成員；雪蘭莪橡膠工友聯合會委員。
10	Chu Yun（朱運）	客籍。馬來亞各業總工會成員；雪蘭莪橡膠工友聯合會委員。
11	Pan Ting	客籍。馬來亞各業總工會成員；雪蘭莪橡膠工友聯合會委員。
12	Chong Sui（張水）	客籍。雪蘭莪橡膠工友聯合會成員。

資料來源：CO273/632/50336, Labour Disputes in Malaya, 1937, pp.77-78.（轉引自 Yong〔1997: 222〕）。

　　上表所列的罷工委員會全都是客家人，從中可以看到客家人在工會中的活躍程度，不但參與了馬來亞各行業總工會，也在橡膠工會中占有重要位置。下文再引幾則和客家人參與革命事業有關的歷史事蹟以補充本文之不足：

（1）根據《馬來亞風雲七十年：1930-2000》的記錄，在馬來亞抗日時期，出生於檳城的客家人許慶彪於 1942 年 1 月 4 日，在雪蘭莪州參與建立了第一支人民抗日軍——第一獨立隊（一獨）。許慶彪出任一獨的馬共黨代

表。1942 年 9 月 1 日，許慶彪因出席雪蘭莪州黑風洞召開的馬共高級幹部祕密會議，卻遭日軍圍剿而犧牲（南島叢書委員會，2000：67-68）。

（2）在檳城的浮羅山背，也出現過領導當地革命鬥爭的核心人物——黃源茂、陳維新和王潮海。黃源茂是在戰後 1946 年加入馬共，並於 1948 年馬來亞緊急狀態時期，出任浮羅山背區馬共支部的書記，除了組織活動，也帶領當地馬共部隊消滅英殖民當局的奸細。黃源茂接受謝詩堅的訪談時也提及，當年和他一起戰鬥的部隊成員，一半以上都是客家人（謝詩堅，2019：297-299）。

（3）檳城美湖出生的陳維新，在他的組織領導下，美湖成為馬共的重要據點。他利用美湖靠海的地理便利，維持當地成為馬共海上交通聯繫路線的要道。即使在馬來亞緊急狀態時期，英軍在美湖進行大逮捕時，不但沒抓到陳維新，也沒能取下美湖，使美湖享有「小延安的美湖」之稱，而陳維新則有「海龍王」美譽（謝詩堅，2019：299-302）。

伍、小結

本文嘗試從左翼政治參與的角度，梳理二戰前馬來亞客家人涉及極具革命意義的馬來亞共產黨的活動，著重論述 1932-1935 年涉及兩個方言派系——海南派和客家派的衝突。此外，本文也發現，客家人在各行業的工會也相當活躍，是馬共建立統一戰線外圍組織的重要基礎，因此，當我們在探討客家人參與左翼政治活動時，也應該加以關注。

從本文的梳理和論述當中可以發現，馬共的領導層中，客家領袖相對較少。然而，客家人在馬來亞具有一定的社會基礎，戰前的客家人口是馬來亞五大方言群中的第三大群體。馬來亞的客家人早期多務農、從事割膠、採礦等行業，有大量客家人活躍於各行業的工會。這樣的現象實際上提供了馬共在馬來亞進行革命的基礎條件。這種基礎條件不只顯現在人力或物資供給上，還包括一種無所畏懼的革命精神和政治敏感度。田英成認為，客家人這種政治敏感的

表現，也是客家精神的表現。他認為客家人長期的遷徙培養出他們的危機感，並在危機時，以產生衝突、反抗或變革作為解決危機的必然行動（田英成，2006：36-37）。

參考文獻

21 世紀出版社編輯部，2010，《馬共文集（第一輯）：戰前地下鬥爭時期（一）
　　——建黨初期階段》。吉隆坡：21 世紀出版社。

于洪君，2015，〈馬來亞共產黨及其武裝鬥爭的興起與沉寂〉。《當代世界與社
　　會主義》2：52-51。

田英成，2006，〈砂拉越客家人的政治參與〉。頁 23-37，收錄於林金樹主編，
　　《從「客人」到馬來西亞客家人——第二屆客家學研討會論文集》。吉隆
　　坡：馬來西亞客家學研究會。

南島叢書委員會，2000，《馬來亞風雲七十年：1930-2000》。香港：南島出版
　　社。

馬來亞共產黨，1946，《馬共言論集之一・南島之春》。新加坡：馬來亞出版
　　社。

原不二夫（著），喬雲（譯），2005，〈第二次世界大戰前的馬來亞共產黨〉。
　　《南洋資料譯叢》4：56-70。

原不二夫（著），劉曉民（譯），2006，《馬來亞華僑與中國——馬來亞華僑歸
　　屬意識轉換過程的研究》。泰國：曼谷大通出版社。

陳平（口述），伊恩沃德、諾瑪米拉佛洛爾（著），方山、黃國芬、黃永安等
　　（譯），2004，《我方的歷史》。新加坡：Media Masters。

陳劍，2009，〈冷戰與東南亞共運的興衰：馬共革命浮沉錄・1948 年馬來亞共
　　產黨武裝起義的回顧——馬來亞共產黨是否有起義的計劃〉。《冷戰國際
　　史研究》8：349-379。

陳劍，2012，《與陳平對話——馬來亞共產黨新解》（增訂版）。吉隆坡：華社
　　研究中心。

陳劍，2015 年 11 月 7 日，〈小人物的大歷史——《葵山英姿——女游擊戰
　　士 35 年森林生活實錄》序〉，《東方日報新聞網站》。取自：https://www.
　　orientaldaily.com.my/news/wenhui/2015/11/07/111807。

陳劍，2019，〈馬來西亞抗日與抗英時期的客家人〉。頁 186-203，收錄於劉崇漢等主編，《2019 世界客屬第 30 屆懇親大會客家論壇・「繼往開來、重新出版」學術研討會論文集》。吉隆坡：馬來西亞客家公會聯合會。

楊進發，2007，〈馬來亞共產主義運動的起源與發展 1919-1930〉。頁 237-258，收錄於陳劍主編，《楊進發卷：新馬華族領導層的探索》。新加坡：青年書局。

楊進發，2007a，〈早期馬來亞歷史激進派運動領導層──南洋臨時委員會（1928-1930）個案研究〉。頁 259-272，收錄於陳劍主編，《楊進發卷：新馬華族領導層的探索》。新加坡：青年書局。

楊進發，2007b，〈馬來亞共產黨人為生存而鬥爭 1930-1935〉。頁 273-300，收錄於陳劍主編，《楊進發卷：新馬華族領導層的探索》。新加坡：青年書局。

楊進發，2007c，〈馬來亞共產黨領導層、思想與組織的研究 1936-1941〉，頁 302-326，收錄於陳劍主編，《楊進發卷：新馬華族領導層的探索》。新加坡：青年書局。

歐陽明智，2019，〈馬共第一次黨內分裂的主角：鄔熾夫〉。《足印簡訊》13：1-8。

盧朝基，2021，〈早年在英屬馬來亞傳播布爾什維克主義的中國共產黨人〉。《足印簡訊》17：8-19。

謝詩堅，2019，《海上絲路：馬中華人的思想紐帶》。檳城：馬來西亞一帶一路研究中心。

龔宜君，2004，《戰後砂拉越客家族群的社團組織與政治參與》，行政院客家委員會獎助客家學術研究計畫。取自：https://www.hakka.gov.tw/file/Attach/1990/1/6161659771.pdf。

Purcell, V., 1965, *The Chinese in Southeast Asia*. London: Oxford University Press.

Yong, C. F., 1997, *The Origins of Malayan Communism*. Singapore: South Seas Society.

第 11 章

「抹到」（Mat to）：西婆羅洲客家人污染的觀念

蔡靜芬

壹、簡介

時至今日，西婆羅洲的客家華人社會仍普遍存在「污染」的觀念，在客家話中稱為「抹到」（Mat to），意思是「偶然接觸到」或「碰上」污染。這種偶遇大多是無意的，受害人也不會即時意識出來，而且症狀因人而異：輕則頭痛發燒、惡夢連連；重則全身發抖、噁心想吐，甚至徹夜難眠、言行昏亂。其中力量最強的污染來自孕婦、新娘和逝者，這些源自人界的力量稱為「煞」（sat）。除此之外，還有其他存在於超自然界的污染，因此客家人在每次走近樹林、於特定時間出外，或是到訪某些地方的時候，總是格外小心。

作為一項民族誌研究，本文會從當代的角度對這種「污染」信仰進行闡釋，希望更深入理解客家華人的世界觀。所謂「世界觀」，就是同一文化群體中彼此共享的文化語言，就像是一面鏡子，讓群體成員用來感知及回應所處環境出現的某些現象或概念，進而對各種空間、時間和因果關係進行解釋。可是，這面鏡子也容易受到群體中「其他成員」的看法所影響。客家華人在砂拉越與其他文化群體共同生活了至少四代，而在印尼西加里曼丹的客家人更與當地族群共處了至少五代。客家華人早在 17 世紀中葉就抵達印尼西加里曼丹省，到了 18 世紀中葉，部分人因鬥爭移居至砂拉越，從此開啟了移民的大門。

作為移民族群，華人社會與砂拉越和西加里曼丹的原住民和諧共處。砂拉越總人口達 270 萬人，有 34 個族群。主要族群為伊班族、馬來族、華人、比達友族、馬蘭諾族及另外 29 個族群。其中包括印度族、歐亞族、巴加坦族、

巴貢族、貝馬利族、柏拉旺族、比沙亞族、烏吉特族、達利族、杜順族、賈蒂米里克族、卡江族（包括瑟卡潘族、克加曼族、拉哈南族、普南族、丹絨族和加拿逸族）、加央族、卡達央族、加拉畢族、肯雅族、拉吉布族、利宋族、羅加族、倫巴旺族、納羅姆族、本南族、砂班族、西漢族、達本族、達卡族、達島族、特林族、瓦伊族。華人占砂拉越總人口的 24.5%，當中 31.5%（共176,669 人）都是客家人，主要聚居於古晉、石隆門、新生村、巴達旺、阿沙再也及英格利里（常稱為砂拉越南部地區）。由於砂拉越大部分的客家人都是在南部定居，本章將以砂拉越南部的客家人為研究重點，下文提及「砂拉越的客家人」時，所指的都是住在砂拉越南部的客家人社群。

印尼是世界第四人口大國，印尼政府向來不鼓勵按民族對人口進行分類，以免阻礙國家建設和影響國民身分認同。直到 2000 年「政治禁忌」廢除後，印尼才首次公布以民族區分的官方統計數據。根據印尼中央統計局的 2010 年印尼人口普查數據，全國人口大致分為 15 個主要類別，其中 9 個位於西加里曼丹省，包括達雅族、馬來族、爪哇族、華人、馬都拉族、布吉族、巽他族及巴塔克族等。西加里曼丹省擁有 430 萬人口，其原住民達雅族由 375 個操不同語言，文化習俗各異的群體所組成。華人占西加里曼丹人口的 8.2%（共358,451 人），其中在僅有 239,000 人口（Kementerian Dalam Negeri Indonesia, 2020）的山口洋市，客家華人的占比就高達 60%（120,000 人），而且他們都能與其他族群和諧共處。

本章將探討客家華人對其「東道國」（host）環境及其他文化或族群的信仰作出的反應，同時論述他們的感官體驗或信仰傳統，如何在其「世界觀」中得到體現。根據英國人類學家道格拉斯（1966; 1986）的說法，儘管社會成員普遍以相同信仰作為**彼此維繫**的基礎，但成員本身也有選擇的自由。他們沒有被困在群體的世界觀裡，可以自由選擇追隨、不追隨、採納或同化其他信仰。透過追隨或採納信仰而得的世界觀，允許成員內外同時與之融合，在文化和心理上給予他們更廣泛的安全網。

本章首先討論不同類型的「污染」，及其對「受污染者」造成的各種影響，再研究實地考察期間目睹的實際案例，了解客家人對此種情況有何化解方

法和預防措施。文中所用的客家話是河婆方言，部分用語會附上羅馬字母拼音以供參考。

貳、「煞」與「污染」

砂拉越和山口洋的客家人普遍相信，部分人身上存在某種異於常人的力量，其中以孕婦、新娘和剛過世的亡者力量最為強大，通常稱為「煞」（sat）。凡是接觸到這種力量或與具有此一力量的人相遇，都會被視為「受污染」或「抹到」（Mat to）。孕婦身上存在的稱為「大肚煞」（Tai du sat），來自新娘的叫「新娘煞」（Sin nyong sat），而隨逝者而來的叫「死人煞」（Si nying sat）。

就力量強弱而言，三煞中以「大肚煞」為首，足以令小孩惡夢連連、徹夜嚎哭，也可能導致成年人身體不適，例如無故發冷、頭痛噁心等。此外，這種「煞」也會導致諸事不順，例如工程失利，或在製作發粄[1]（Fa Pan）時粄面未能發起。如出現這種情況，大多是受到大肚煞的「污染」（有時也稱為「大肚抹」）。客家人一般會在孕期滿三個月才對外公布喜訊，他們相信「胎神」（Toi shin）需在母親子宮內待滿三個月才能完整成形，在此之前收到任何祝福都會驚擾或嚇走「胎神」。據信當胎兒穩定下來後，也就是懷孕滿三個月時，準媽媽身上才會出現所謂的「大肚煞」。

人們認為「胎神」就像愛玩淘氣的孩子，心情起伏不定，而且脾氣難以捉摸。一般來說，小孩最容易受到「大肚煞」影響，因為「胎神」喜歡跟小孩玩耍，也更容易對他們發脾氣。話雖如此，「胎神」從不離開母親身體太遠，所以家裡有孕婦時切忌搬動家具，以免稍一不慎誤傷胎神，可能會干擾到胎兒成長，或者令母親分娩特別困難。運氣較差的人最有可能碰到此煞。學齡前的

---

[1] 又稱「發財糕」、「發粿」或「發糕」，是過年祭神和拜祖先的常用祭品。馬來西亞和印尼的潮州人、福建人及廣東人等族群都會在祭祀時奉上這種蒸糕。

年幼孩子「運還沒那麼高」[2]（Jun hang man an ko），特別容易受到影響。為求化解「大肚煞」，人們會佩戴飾有四眼圖案的護身符或吊墜，稱為四目牌（Si mu pai），或將其夾到衣服上。

製作發粄（Fa Pan）是其中一項特別容易受「大肚抹」影響的活動。這種蒸糕是祭祀、喜慶、婚嫁的必需品，用米粉、糖和酵母製成，而且在高溫蒸煮之前，通常需要靜置一夜讓其自然發酵。出爐的發粄表面會因糕體膨脹形成三或四段裂痕，看起來像盛開的花朵，客家人認為這有花開富貴之意。這種蒸糕一般都在節日或喜慶當天新鮮蒸製，若粄面未能像花一樣爆開，則會失去象徵富貴的寓意，所以製作時務必小心謹慎。大多數家庭在把蒸糕放置過夜發酵時，都會在容器外圍繫上紅繩（相傳紅繩能避大肚煞），而在蒸製過程中，部分家庭甚至會關上廚房窗戶以免孕婦意外看到。「大肚煞」會在整個懷孕期間在孕婦體內發揮作用，是三煞中影響力最強的一煞。

「新娘煞」是在婚禮當天，新娘戴上頭紗那一刻開始作用。根據客家習俗，新娘父母會在新娘出門之前替她戴上頭飾或面紗，而所謂的「新娘煞」也是由此刻而起，力量之大足以觸怒天公，所以新娘出門時都要撐起雨傘以免得罪天公，直到上車後才能把傘闔上。當新娘到達新家下車時，她要再次把傘打開，道理相同。在新娘穿過大門的門檻時，大多數人應避免直視新娘，否則生辰八字與新人相沖的賓客有可能會受「新娘煞」影響。在一般情況下，新郎的家人會事先諮詢算命先生，了解哪些生肖的人跟夫婦八字相沖，再安排這些賓客稍後才參加儀式，或直接躲在房間，避免在敬拜祖先之前看到新娘。

最後是所謂的「死人煞」，也是三煞當中力量最溫和的一種，只有死者家屬以外的人才會受其影響。此煞會在逝者遺體從生前住所運到墓地的那一刻開始作用，雖然任何旁觀者皆有可能受影響，但不代表葬禮賓客全部無一倖免，而是只有「運低」（juntei）的人才容易受到這種力量「污染」。此外，據信有些出席葬禮的成年人，會把「污染」帶回家中傳給幼兒，因此賓客家門通常放

2　若是成年人，則稱為「運矮」（jun ai）。

有一桶水，水裡泡著抹草[3]（mat cho），讓他們在回家前先洗乾淨。

參、其他污染

除了以上三煞，客家人還相信我們周圍存在其他「污染」，雖不足以構成「煞」，但其影響也不容輕視。由於靈體經常在墓地、樹林、山間或河流等地出沒，人們普遍認為這些區域都是污染的高風險之地，一般人每年只在清明掃墓，以及在近親過世時才會到墓地參加葬禮。雖以祭拜祖先為名，但墓地始終與靈界關係密切，到訪期間必須保持警惕，例如不要直呼別人名字，以免亡靈聽到；而大聲說話和高聲談笑也是不尊重亡靈的行為，有可能會激怒逝者。相傳把一片白茅放在耳後，能有效避開靈體的注意。以上措施固然可避免在到訪墓地期間受到「污染」，但從墓地回家後，進屋前也應用抹草水（mat cho sui）把臉和雙手洗乾淨，以免從墓地帶回來的「污染」轉移到家裡運勢較低的人身上，尤其是年幼的孩子。

樹林、山間及河流一般遠離人類聚居地，砂拉越和西加里曼丹兩地的所有族群皆認為靈界經常以此為居，故視之為神聖之地。他們相信裡面住著各種靈體，例如來自 Panggau Libau[4] 的神明、守護靈（penunggu）（Chai, 2020）、逝者亡魂、muat[5]、tapah[6] 及惡鬼[7]（hantu）等。當走入樹林山間或走近河流時，務必注意言行以免引起靈體注意，也需遵守一些禁忌，例如：不叫直呼名字或高

---

[3] 學名 Anisomeles indica，又名金劍草，在砂拉越和山口洋的客家人常以它作「淨化」之用，相傳能驅除惡靈。在通靈期間，靈媒會喝下浸有「抹草」的水以求淨化心靈。很多人會把葉子放到嬰兒床或掛在嬰兒鞦韆上。每年到了農曆七月，人們都會把葉子放在汽車抽屜以免遇上孤魂野鬼。

[4] Panggau Libau 的神明是受伊班族崇拜的英雄。伊班族占砂拉越總人口的大多數（30.3%）。

[5] 比達友族所敬奉的神靈，具侵略性。比達友族是砂拉越第四大族群（占人口 8.4%），但他們在客家人聚居的南部地區占主導地位。

[6] 比達友族相信這種靈體也有善惡之分，取決於實際情況。

[7] 因意外喪命或被謀殺而無法安息的冤魂。

聲喊叫；聽到怪聲不要好奇提問；聞到異味應假裝不知道；而最重要的是在叢林、山間或河邊小便時，應先徵求同意。

砂拉越和西加里曼丹到處皆是茂密的森林，靠近叢林、山間或河流確實在所難免。此外，樹林在不少文化中都是逝者的長眠之地，雖然現在大多數族群都改將亡者葬於公共墓地，但森林裡仍有不少往日所立的墳墓，而且都沒有寫上名字。假如不小心踏上無名墳墓，很有可能會被墓中靈體「污染」。在這次採訪中，很多客家人都表示曾在這些地方遭遇靈界「污染」。在出現相關症狀時，他們通常會向靈媒求助，或者通過靈媒向神明祈福化解，可是若遇上比較頑固的靈體，此舉可能會把靈體進一步激怒。如果發生這種情況，受污染者需與被冒犯的靈體好好談判，再由靈媒進行調解。

有多容易受「污染」也是因人而異，即使二人同時處身於相同地方，也可能只有其中一人碰上靈體，實際情況取決於這個人是否「運矮」。每年農曆七月鬼門關大開，靈界眾生遊戲人間，故需採取額外的預防措施以免不幸碰上靈體，像是盡量避免晚上出外；最好別在農曆七月結婚，甚至不要慶祝生日，以免招惹陰靈。相傳「運矮」的人較容易遇到這種情況，應把護身符放在車上，或置於手提包或錢包裡以保平安。

年幼的孩子普遍「運矮」，很容易被「抹到」，晚上最好別帶他們出門，或到叢林、山間等地方。此外，他們也比較容易碰上在人間流連的靈體。很多人相信惡靈會在一天中某段時間在人間遊蕩，比如在馬格里布禱告[8]期間或夜幕低垂之時。客家人很多時候會比照穆斯林鄰居的做法，在禱告開始前讓孩子趕快回家，以免碰到路上的孤魂野鬼。砂拉越和西加里曼丹的其他族群也普遍認同這種做法。

8　伊斯蘭教徒每天五次禱告之一。馬格里布禱告在日落時開始。

肆、化解「污染」

砂拉越和山口洋兩地的客家族群相似之處，在其寺廟數量眾多。在砂拉越78 座大伯公廟中，有 47 座（占 60%）位於砂拉越南部，如上文所述，南部城鎮的華人以客家人占大多數。這個數字還未包括其他寺廟，例如與客家文化甚有淵源的大聖爺廟[9]、三山國王廟及石王公廟，這些廟宇遍布砂拉越南部各個客家人聚居地。至於山口洋市，在當地有「千寺之城」的美譽，在這個占地僅500 平方公里的小鎮，寺廟的數量多得驚人，而且比例遠超過其他地方，幾乎每個街區都有寺廟，各大神明被尊為不同街區的守護神。此外，到寺廟參拜也不限於農曆特定日子（如初一、十五），很多人會經常參拜以求神明庇佑，甚至請靈媒幫忙消災解困。

根據對砂拉越和山口洋兩地寺廟和靈媒的觀察（蔡靜芬，2020），大多數向靈媒求助的信徒都是碰上不潔之物或所謂的受「污染」。他們通常是經歷症狀多天後，在忍無可忍之下向寺廟求助，症狀包括徹夜難眠、頻生惡夢、無故發抖或頭痛欲裂等。在降神會期間，受害人會坐在靈媒旁邊，靈媒透過身旁助手向受害人或其隨行家人，查問他／她最近去過的地方和實際時辰。之後，靈媒會當場寫下符咒交給受害人，或請助手把符咒燒掉，再讓受害人把符水喝下。此外，靈媒有時也會額外給受害人一些護身符，用於沐浴或在黎明時分在家門前燒掉。有需要時，靈媒甚至會用豪豬身上的尖刺戳在小孩的腋窩、手臂、肩部和背部，以求驅除及化解污染。

若問題嚴重，安撫儀式將由靈媒在寺廟或受害人家裡進行。2016 年在山口洋的一次實地考察期間，一名男性受訪者向我轉述，其家人之前在洗澡時手臂被劃傷，但傷痕看起來像是由某種動物造成，而浴室門卻是一直關上，整個浴室只有她一人。就在當天晚上，受害人的母親做了一個惡夢，夢見被一隻長著人類四肢的動物窮追不捨。後來他們舉家去找靈媒求助，發現原來是某守護靈（penunggu）因家園被毀而想報仇雪恨。當時守護靈所居住的森林正進行清

---

[9] 亦稱為齊天大聖廟。

理工程準備建造新房，而這家人的房子正好坐落在森林後方，於是鬼魂想把這家人趕出家門作為報復。經過連續十二個週五晚上的淨化儀式、焚香祭品和香油奉獻，守護靈終於願意離開，以後也再也沒有無故打擾（蔡靜芬，2018）。

靈媒對化解靈界與人界之間的恩怨糾葛扮演相當重要的角色，有時被冒犯的靈體可能會提出超出受害人家屬能力範圍的要求，此時靈媒必須從中協商，務求達成共識。舉個例子，在山口洋 Jalan Nusantara Dalam 附近的某座寺廟裡，某守護靈一連幾個晚上向一位客家人小販報夢。夢中守護靈化身成中年男子，要求在小販攤位後面設置祭壇，還要求宰牛供奉及準備其他祭品，包括安息香[10]、蠟燭、香燭、椰子和當地美食。小販對宰牛供奉的要求感到有心無力，只好請靈媒試圖協商，希望能以一塊牛肉代替。守護靈最初拒絕讓步，但最終接受以兩隻雞代替，連同其他祭品一連四週在星期五晚上[11]進行供奉。

伍、討論：納入其他世界觀

根據美國人類學家拉巴布（Roy Rappaport, 1999）的說法，「信仰是一種內在狀態，主觀上是可知的。相比之下，接受卻不是私人狀態，而是公開行為，對目擊者和行事者而言都是可見的。」客家人對婆羅洲文化的風俗習慣一點也不陌生。透過通婚、貿易和共享居住地，幾代以來對這些鄰居們的做法都有深切認識。他們生活在主流族群的社交圈子裡，這些主流族群由幾個族裔組成，包括伊班族、比達友族、馬蘭諾族、卡揚族、肯雅族及烏魯族等，他們彼此經常接觸，來往甚密，也懂得尊重和適應這些族裔的信仰，更把部分信仰融入到自己的世界觀裡。

上文所述的「三煞」都是來自群族中暫時脫離正常社會結構的成員。以新

---

[10] 由樹脂製成，燃燒時會產生大量煙霧和強烈香氣，常見於東南亞國家。

[11] 在印尼語中指週四晚上（但在馬來西亞則指週五晚上）。當晚靈媒會向神明進行特別的祝禱儀式，再用水或安息香來淨化劍、曼道刀和帕朗刀等儀式專用武器。各大寺廟會擠滿來看靈媒請神的信徒，並且希望求得幸運數字。人們普遍相信在當晚祈福會特別靈驗。

娘為例，戴上頭紗代表即將轉移到準丈夫的家庭，但她還未完全融入新家庭，也不再依附於自己的原生家庭，處於「既不在那裡也不在此」的不穩定狀態，即文化人類學家特納（Victor Turner, 1969）所謂的「邊緣狀態」。山口洋的大部分客家人至今依然堅持要新郎、新娘敬拜雙方祖先，其中新娘家人會在婚禮舉行之前（可以是一天或多天之前），另選良辰吉日祭拜祖先；新郎家則在婚禮當天早上進行祭祖儀式。反之，在砂拉越的客家族群裡，情況有明顯差別，大多數人在婚禮當天只會在新郎家裡進行祖先崇拜，可見這裡的文化比較側重於男方家庭，而且為方便起見，他們也簡化了新娘家人要進行的婚俗禮儀或聘禮交收儀式。儘管如此，在客家人的世界觀裡，他們依然堅信新娘身上具有所謂的「煞」，會對某些人造成不利影響。

另一方面，身懷六甲的孕婦剛脫離兒媳婦的舊身分，但還沒真正當上母親這個新角色，情況跟上文提到的「新娘煞」類似，兩者皆處於一種不穩定的「邊緣狀態」，形成了某種強大的力量（煞）。此外，同樣處於過渡期的還有子宮裡的胎兒，胎兒每天成長準備降生，脆弱卻又力量驚人。很多人會佩戴「四目牌」以抵擋孕婦和胎兒的兩雙眼睛。由於「大肚煞」非同小可，孕婦需對自己的行為予以限制，盡量避免不必要的走動。在這方面，身邊的親朋好友就發揮著相當重要的作用，除了提醒孕婦保持警惕，也不要讓其他人擋住去路，反之亦然。這種對孕婦的行動限制，能避免她們在社交或其他場合發生意外，讓一切得以正常的秩序進行。

在砂拉越和山口洋的客家族群裡，剛過世的亡者通常會在家裡待上幾天，好讓近親有時間回家道別，也可順道為逝者祈禱，望他們早登極樂。將已逝親人置於家裡雖不會對本身的家庭成員造成「污染」，但前來表達最後敬意的親友，則需採取適當的自我預防措施以防受「污染」影響。賓客或遠親回到自己家裡時，也應在進門前先用「抹草水」洗手洗臉，以免把「污染」帶回家中影響他人，如：幼兒或「運低」的人。

「死人煞」始於逝者遺體離開生前住所的那一刻。放著遺體的棺材通常是由小型客車運到墓地，期間路上行人應避免直視車輛，以免被「死人煞」污染。路上司機也應讓路予靈車通過；若途經住宅區，父母則應盡量別讓小孩看

到靈車。這種力量僅影響與逝者無直接關係的人。換句話說，「死人煞」只會污染非親屬，但目前還沒有跡象表明此「煞」是否會影響鄰居或其他族群的旁觀者。

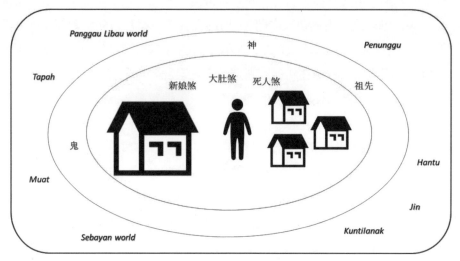

圖 11-1：納入其他世界觀的客家社會

資料來源：本圖由作者繪製。

如文化人類學家特納（1969）所言，凡是未能適應到固有位置，即使是暫時性，都被認為是「危險且無秩序的，必須通過禁令和條件規則予以限制」。這正好符合本文所述的三種情況，孕婦、新娘和剛過世的亡者，都是暫時脫離在社會上固有位置的個體。這些存在於人界以外的「他者」，雖不屬於人類世界，但與我們關係密切，有機會危害社會的安寧與秩序。人類學家道格拉斯（1966）將其定義為某種「錯位的事物」，在物理和精神上污染人類。這種「他者」不局限在自己的世界觀裡，而是與其原住民鄰居本身的「他者」世界觀有著千絲萬縷的交錯關係。

靈界事物在原住民的世界觀裡占有舉足輕重的位置，這種世界觀不僅受到客家人的尊重，後者更以此為鏡，試著理解周遭的社會環境及作出回應。客家人把其原住民鄰居有關靈界污染的信仰融入到自己的世界觀裡，是他們融入當地社會和理解宇宙萬物的重要一步。

參考文獻

蔡靜芬，2013e，《「舊」娘？「新」娘？馬來西亞砂拉越州客家社群的婚姻儀式及女性》。桃園：國立中央大學。

蔡靜芬，2018，〈印尼西加里曼丹省山口洋華人對達雅族啦督公的崇拜〉。《亞非研究》2（1）：3-33。

蔡靜芬（著），陳琮淵、盧裕嶺（譯），2020，《印尼山口洋的神廟與乩童傳統》。北京：中國社會科學出版社。

Ahern, E., 1975, The Power and Pollution of Chinese Women. In M. Wolf & R. Witke (Ed.), *Women in Chinese Society* (pp. 193-214). California: Stanford University Press.

Buckley, T., Gottlieb, A., 1988, A Critical Appraisal of Theories of Menstrual Symbolism. In T. Buckley & A. Gottlieb (Ed.), *Blood Magic: The Anthropology of Menstruation* (pp.1-50). California: University of California Press.

Chai, E., 2009, The Dangerous Bride: Case Study of a Hakka Community (危險的新娘：一个客家社区的个案研究). *Journal of Malaysian Chinese Studies*, 12: 55-71.

Chai, E., 2020, Living Together: Spirit Guardians and People in Singkawang. *Taiwan Journal of Anthropology*, 18(1): 123-142.

Codrington, R., 1981, *The Melanesians: Studies in Their Anthropolgy and Folkore*. Oxford: Clarondon Press.

Douglas, M., 1966, *Purity and Danger: A Comparative Study of Concepts of Pollution and Taboo*. London: Routledge.

Douglas, M., 1968, Pollution. In David L. Sills, *International Encyclopedia of the Social Sciences* (12: 336-42). New York: Crowell Collier and Macmillan.

Freedman, M., 1979, Ancestor Worship: Two Facets of the Chinese Case. In M. Freedman (Ed.), *Social Organization: Essays Presented to Raymond Firth* (pp.

85-103). Chicago: Aldine.

Gennep, Arnold van., 1960, *The Rites of Passage*. Chicago: University of Chicago.

Kementerian Dalam Negeri Indonesia, 2020, Visualisasi Data Kependuduakan. https://data.kalbarprov.go.id/dataset/data-kependudukan-kota-singkawang-31-desember-2020.

Marett, R., 1914, *The Threshold of Religion*. London: Methuen and Co. Ltd.

Rappaport, R., 1999, *Ritual and Religion in the Making of Humanity*. Cambridge: Cambridge University Press.

Smith, William Roberston, 1927, *Lectures on the Religion of the Semites*. 3rd ed. 1889. New York: Macmillan.

Turner, V., 1967, *The Forest of Symbols: Aspects of Ndembu Ritual*. Ithaca: Cornell University Press.

Turner, V., 1969, *The Ritual Process: Structure and Anti-structure*. Chicago: Aldine.

第三部分

越南與香港經驗

第 12 章

越南同奈省艾話與客話幾個語音特點所反映的族群生態[1]

徐富美

壹、同奈省華人兩大族群：艾人和客人

越南同奈省是華人第二多的省分，僅次於胡志明市。根據我們的訪談以及卜賴嬌（2014）和徐富美（2022b），同奈省華人主要有兩大族群，包括講艾話的艾人與講客話的客人。徐富美（2022b）指出，同奈省艾人不是客人，也不是客家人；同奈省的客人不是客家人，而是指講白話的廣東人。就語音系統看，同奈省艾話屬於客家話的一種；客話屬於廣東話的一種。但根據我們的訪談，許多受訪者都自稱或他稱為艾人及客人，而不說是客家人及廣東。[2] 本文沿用他們的稱呼。

卜賴嬌（2014）及徐富美（2022b）都提到，同奈省這兩個族群大多共同聚居，這兩個族群的人都知道彼此是不同族群的人。但很多艾人都會講客話，客人也會講艾話，在溝通上沒有困難。整體而言，同奈省這兩大華人族群中，客人比艾人多一些。徐富美（2022b）也繪製地圖，較能直觀呈現同奈省這兩個族群的地理分布，參見附錄 12-1 到 12-3。同奈省的華人，並沒有再區分是哪種族群的華人，我們目前無法得知進一步的具體情況，也就無法呈現艾人及

[1] 本文初稿〈越南同奈省艾話與白話的語言接觸及其語音層次〉曾發表於 2021 年 11 月桃園中央大學所舉辦「全球客家研究聯盟首屆雙年國際會議」。本文在其基礎之上重新調整論文偏重，以越南同奈省艾話及客話幾個語音特點來看越南艾人與客人的族群生態及其語言接觸情況。本文是科技部 108 年研究計畫（MOST 108-2410-H-155-003-）研究成果，感謝越南學生吳玉映的協助，並承蒙兩位審查委員的意見，謹此一併致謝。
[2] 同奈省有些艾人或客人，也會說自己是客家人或廣東人。這些人往往是常接觸各種網路資訊的人或知識分子，我們認為那是後起的看法。

客人地圖空間分布的細部差異。

貳、研究取向

語言學的研究取向可以分為內部語言學和外部語言學。內部語言學是就語言來研究語言，關注語言本身的系統和規則而設說；外部語言學則討論語言與社會、歷史、地理或族群及政治等關係（徐富美，2021b：412）。本文採外部語言學的研究取向，不是針對同奈省艾話與客話整個語音系統進行詳細探討，而是藉由艾話與客話幾個語音特點，來探討其所反映的族群生態。也就是說，本文是結合語言學和其他學科的一種研究取向。

越南的華人語言現象，有許多牽涉到越南的移民歷史、政治、社會、地理等因素，往往必須從外部語言學的研究角度切入，方能得到比較好的解釋。例如，徐富美（2021a）從外部語言學角度，解釋越南艾人何以分為「艾族」和「華族」兩個民族。越南「艾族」的艾話和「華族」的艾話在語言上相差不多，卻分為兩個族群，甚至一個家庭裡面的成員就有不同民族，這無法單純從語言學上得到解釋。又如，徐富美（2022a）探討越南〔tsh → s〕語音擦化現象，但其語言現象仍然與越南的歷史、政治等因素息息相關。

參、艾話與客話幾個語音特點

同奈省艾人和客人因為長期共同聚居，而且又會講彼此的話，很容易產生語言接觸現象。徐富美（2016、2021a、2022a）以及 Hsu（2017）已有部分有關越南艾話的研究成果。本文在其既有的研究基礎上，再加上若干新的部分以及同奈省客話的部分。

以下討論同奈省艾話和客話幾個語音特點，然後討論其語言接觸的語音層次。這幾個語音特點分別如下：

一、有唇化舌根韻尾〔-kᵖ/-ngᵐ〕
二、有邊擦音〔ɬ〕
三、產生〔ɬ→s〕現象
四、沒有〔tsh→s〕擦化現象
五、溪母字多念〔h〕
下面分別說明：

一、有唇化舌根韻尾〔-kᵖ/-ngᵐ〕

　　徐富美（2016）討論越南同奈省艾話有一種特有的音，稱為唇化舌根輔音韻尾〔-kᵖ/-ngᵐ〕。這個〔-kᵖ/-ngᵐ〕唇化舌根韻尾是舌根塞音〔-k〕和舌根鼻音〔-ng〕受到前面圓唇元音「o」的影響而產生。這個語音特點目前並未成為一個音位（phoneme）。

　　越南同奈省艾話這種語音現象，並不見於其他地區的客家方言，包括中國大陸、臺灣以及馬來西亞、印尼等東南亞地方。同奈省艾話這個特點，和越南語在這種韻尾上的表現具有高度相似性，可以推知是艾話受越南語影響而產生的後來變化；也就是說，同奈省艾話是受到越南話影響，是一種越南本土化現象。這個演變是艾人從中國大陸進入越南後產生的結果。

　　同奈省不只艾話有這種語音現象，客話也有這個唇化舌根輔音韻尾〔-kᵖ/-ngᵐ〕。不只如此，根據我們的觀察，越南北部的北江省艾話也有這個特殊的語音。徐富美（2016；2022b）都提到，同奈省艾人是從北越移民而來。既然南越和北越都有這個特殊的唇化舌根輔音韻尾，那麼，在艾人和客人還沒有從北越移民到南越同奈省來之前，這個語音變化就已經發生。這個唇化舌根輔音韻尾受到越南語影響的語音變化時間有可能比較早。

二、有邊擦音〔ɬ〕

　　Hsu（2017）提到越南同奈省艾話有邊擦音〔ɬ〕。根據我們的觀察，同奈

省不只艾話有〔ɬ〕這個音，客話也有這個音。主要都發生在「心」母字。

邊擦音〔ɬ〕在中國大陸西南地區很常見，中國大陸少數民族各種語言或方言，以及若干漢語方言，都有這個邊擦音〔ɬ〕。如下：[3]

少數民族語言：

藏緬語族：藏語、彝語、基諾等

壯侗語族：壯語、黎語、布依語等

苗瑤語族：苗語、瑤語、京語等

漢語方言：

廣東（西部）：台山、新會、恩平、陽西、陽春、高州、電白、化州、廉江等

廣西（東南）：南寧、橫縣、玉林等地區

邊擦音〔ɬ〕具有地域性特徵的類型學意義。也正是因為這個邊擦音，可以作為方言內部次方言的劃分條件之一。〔ɬ〕這個語音是與中國大陸西南地區的底層語言接觸後產生的音。

三、產生〔ɬ→s〕現象

Hsu（2017）及 Hsu 與 Nguyen（forthcoming）都提到，越南同奈省艾話這個邊擦音〔ɬ〕目前正產生改變。主要是受到越南語影響，因為越南語沒有這個音。我們觀察到，同奈省不只艾話如此，客話也正經歷這個語音變化；也就是說，同奈省艾話和客話這個音〔ɬ〕目前都在變成發〔s〕的語音。

同奈省客話就如同 Hsu（2017）所討論的艾話一樣，也經歷這個變化。我們發現，有好幾個客人家庭可以直接看出上一代和下一代的語音正在產生改變。我們在許多戶同奈省的客人家庭中發現，祖父、父親輩還有發〔ɬ〕的音，到了兒子、孫子輩已經變成發〔s〕的音。

3　參李如龍等（1999）、陳曉錦（2004）、謝建猷（2007）、劉福鑄（2007）及鄧楠（2010）。

四、沒有產生〔tsh → s〕擦化現象

徐富美（2022a）討論越南北部艾話發生〔tsh → s〕擦化現象。然而，這個現象並未發生在南部同奈省。Hsu 與 Nguyen（forthcoming）探討越南艾話在〔ɬ〕和〔tsh〕兩個音上的南北差異。南部以同奈省的艾話為對象；北部以北江省的艾話為對象。這兩個音的南北語音差異剛好呈現相反現象。列如下表12-1：

表 12-1：南北艾話語音變化

地區		艾話語音變化	
		〔ɬ〕	〔tsh〕
北越	北江省	未變	改變
南越	同奈省	改變	未變

從上表看，〔ɬ〕和〔tsh〕兩個音的變化，在地域分布和年齡層上有顯著不同。北部北江省的〔ɬ〕沒有發生變化；而〔tsh〕則發生變化。相反地，南部同奈省的〔ɬ〕發生變化；而〔tsh〕則沒有發生變化。

五、溪母字念〔h〕

越南同奈省艾話和客話溪母合口字有許多都讀成〔h〕音，如「去」、「開」、「看」、「起」、「口」、「空」、「牽」、「客」等字。越南艾話的溪母字念〔h〕情況，可以借鑑廣東話的研究成果，幾乎所有廣東話都有此現象。

學者對於廣東話溪母字念〔h〕，分為兩大說法。一派說法認為溪母字讀〔kh〕是較早層次的讀音，念〔h〕是後起的，例如：王力（1987）、伍巍（1999）和侍建國（2007）。[4] 另一派說法則認為，溪母字讀〔h〕音反映更早的

---

[4]　王力（1987）、伍巍（1999）和侍建國（2007）三者雖同樣認為〔kh〕是較早層次的讀音，但他們之間對於語音演變的看法仍存在差異。本文在此不詳細討論。

時期，例如：劉澤民（2010）和郭沈青（2013）。這兩種看法列如下表 12-2：

表 12-2：粵語溪母字念〔h〕的看法

溪母念〔h〕	代表學者及看法
後起形式	王力（1987） 伍巍（1999） 侍建國（2007）
早期形式	劉澤民（2010） 郭沈青（2013）

我們採用後面一種說法，認為越南艾話的溪母字念〔h〕，時間在中古時期的濁音清化之前。劉澤民（2010）考察客語、贛語、粵語及平話等方言的許多溪母字讀〔h〕音，而且是大面積，加上群母字在相應的方言中不讀擦音，據以推斷是濁音清化之前的中古層次，可能是古南方漢語遺留的語音特徵。郭沈青（2013）也推斷〔h〕音為粵語固有的一個早期層次，它是早期壯侗語及漢語接觸後遺留的底層，而〔kh〕音則是宋代由中原移民帶入，一個較晚的文讀層次。

我們目前無法推測同奈省艾話的溪母字念〔h〕是自然的省力演變，還是受到廣東話溪母念〔h〕的影響。不過可以確定的是，這個語音特點是越南艾話和客話共同擁有的語音特點。

六、語音層次

我們把上面討論的五個語音特點整理成表 12-3：

表 12-3：越南艾話和客話語音層次

編號	語音特點	發生時間	發生原因
2	有〔ɬ〕	入越前	族群接觸 →語言接觸
5	溪母念〔h〕		
1	有〔-kᵖ/-ngᵐ〕	入越後	
4	沒有〔tsh → s〕		
3	有〔ɬ〕→〔s〕		

　　如上表所顯示，我們認為越南同奈省艾話和客話有邊擦音「ɬ」以及溪母讀成「h」的時間很早，是繼承中國大陸的語言特點，在艾人和客人進入越南之前就已經有這個語音特點。至於其他三個語音特點，也就是沒有發生〔tsh → s〕擦化現象、有唇化舌根韻尾「-kᵖ/-ngᵐ」，以及邊擦音「ɬ」隨著年齡層下降而逐漸消失變成〔s〕的情況，都是在進入越南之後。根據受訪者的情況，這些艾人和客人的發音都已經是唇化舌根韻尾「-kᵖ/-ngᵐ」，這個語音特點是受到越南話影響，是一種後來的本土化現象，而且已經完成。南越同奈省雖然沒有發生〔tsh → s〕擦化現象，但根據徐富美（2022a）對於北越艾話的觀察，北越艾話已經產生變化，而且這個變化還在進行中。因此我們把越南艾話和客話的語音演變層次定為：第 2 項和第 5 項的時間最早；然後是第 1 項；最後是第 4 項和第 3 項。前 2 種語音特點是艾人和客人移民越南以前的中國大陸原鄉語音現象；後 3 種是艾話和客話受到越南話影響而產生的後來變化。

肆、幾個語音特點說了族群什麼事？

　　以下我們將說明上述第參節所討論的五個語音特點，以觀察同奈省的族群生態。

一、京族人的數大則強

第 1 項艾話及客話有唇化舌根韻尾「-kᵖ/-ngᵐ」，以及第 3 項艾話及客話的邊擦音「ɬ」逐漸消失，變成〔s〕。我們認為，同奈省艾話及客話這兩個語音變化，是受到京族人在越南占絕大多數，艾話及客話受到越南語的強大影響。

越南有 54 個民族，除了占絕大多數的京族（Kinh，又稱越族）外，其他 53 個民族均定為少數民族；華族是當中的一個民族。根據 2019 年人口統計資料（Tổng cục Thống kê 統計總局，2020），越南人口數超過 50 萬的民族如下表 12-4：

表 12-4：人口超過 50 萬的民族

族群	人口數（人）	人口約數（萬）	人口比例（%）
京族 Kinh	82085826	8200	85.0
岱族 Tày	1845492	185	1.9
泰族 Thái	1820950	180	1.9
芒族 Mường	1452095	145	1.5
赫蒙族 Mông	1393547	140	1.5
高棉 Khmer	1319652	130	1.4
儂族 Nùng	1083298	100	1.1
瑤族 Dao	891151	90	0.9
華族 Hoa	749466	75	0.8
嘉萊族 Gia Rai	513930	50	0.5

從上表看來，越南人口數超過 50 萬的民族共有 10 個，華族排名第 9，人數約 75 萬人，只占越南總人口 0.8%，不到 1%，人數不算多。同奈省艾人和客人是越南五幫華人當中的一支，人數更少。

第 1 項的語音影響是「增生」，因為越南語有這個語音特點，艾話和客話受到越南話影響而增生。第 3 項的語音影響是「消失」，因為越南語沒有這個語音特點，艾話和客話受到越南話影響而消失。無論是增生或消失，都受京族

人數占絕大多數所影響。而且我們認為，艾話及客話受到越南語強大的影響，恐怕不只上述討論的這兩個語音變化。

吳靜宜（2010：156-160、178-190）探討越南胡志明市的客家話時也提到，胡志明市的客家話詞彙有各種形式的合璧詞，包括與廣東話以及越南語混雜而經常出現的詞彙借用、語法轉換、語碼混用及語言轉換的情形。雖然吳靜宜一書不是針對同奈省艾人和客人這兩個族群做探討，但已經提到越南華人在接觸不同族群語言方面非常頻繁。

我們推測，第 1 項的語音變化比第 3 項早完成。根據受訪者的發音，幾乎所有人都發這個「-kᵖ/-ngᵐ」，也就是說，這個語音變化已經完成。至於邊擦音「ɬ」，同奈省主要是年長一輩的人還發「ɬ」語音，但年輕一輩的人則大部分發「s」，由此看來，這個語音變化還在進行中。

二、艾人及客人與其他族群的語言聯盟

上述「京族人的數大則強」之說，無法解釋第 4 項同奈省艾話及客話沒有產生〔tsh → s〕擦化的現象。徐富美（2022a：194）提到，越南語沒有送氣塞擦音〔tsh〕。既然越南語沒有送氣塞擦音〔tsh〕這個音，何以同奈省艾話及客話沒有像產生〔ɬ → s〕的語音變化一樣，受到越南語影響而產生〔tsh → s〕擦化現象？

我們認為，這是因為同奈省的華人人數夠多，足以對抗龐大越南話的影響。[5] 根據越南 2019 年的全國人口統計，同奈省人口超過 1 萬人以上的民族如下表 12-5：

5　這種看法亦見於 Hsu 與 Nguyen（forthcoming）。

表 12-5：同奈省人口較多的民族

族群	人口數
京族 Kinh	2,898,088
華族 Hoa	87,497
高棉 Khmer	23,560
儂族 Nùng	18,561
遮羅 Chơ Ro	16,738
岱族 Tày	16,529

從上表看來，同奈省華人是第二大族群，人數有將近 9 萬人。雖然京族人數超出很多，但 9 萬人口的共同聚居可以讓語音不至於受到越南語影響而產生變化。

然而，同奈省艾人與客人「人數夠多」的語言聯盟之說，卻無法解釋第 3 項同奈省艾話及客話何以產生〔ɬ → s〕的語音變化。既然同奈省華族人數夠多，為何第 4 項〔tsh〕沒有產生變化，而第 3 項卻產生變化？

我們認為，同奈省第 4 項〔tsh〕沒有產生變化，是因為受到鄰近胡志明市華人都有〔tsh〕這個語音的保障所致。同奈省及鄰近的胡志明市，自 17 世紀晚明時期，就是第一次移民落腳的嘉定（胡志明市堤岸）、邊和（同奈省邊和市）之地（蔣為文，2018）。胡志明市的華人是全越南華人人口最集中、最多的地區。根據越南 2019 年的人口統計，胡志明市超過 1 萬人以上的民族列如表 12-6：

表 12-6：胡志明市族群人口

族群	人口數
京族 Kinh	8,523,173
華族 Hoa	382,826
高棉 Khmer	50,422
占族 Chăm	10,509

表 12-6 所列，京族人數仍然最多，其次是華族，其他高棉和占族則少得

多。胡志明市是越南華人人數最多的地區，有將近 40 萬人口，占越南華人總人口的一半以上，遠超過位居第二的同奈省。同奈省艾話和白話的〔tsh〕音，由於有胡志明市為數眾多的華人作為語言聯盟，而使這個語音還能得到保存。

同奈省緊鄰胡志明市的東北方，距離不遠，從胡志明機場到同奈省大約 2 個小時，許多同奈省華人會到胡志明市工作。胡志明市華人的漢語方言，都有〔tsh〕這個音，但沒有〔ɬ〕這個語音；大部分的漢語方言都有〔tsh〕這個語音，但不見得有〔ɬ〕這個語音。同奈省艾人及客人與胡志明市其他華人族群的語言聯盟，讓〔tsh〕音得到保存，而丟失〔ɬ〕音。

三、艾人及客人共同聚居由來已久

上述第 2 項艾話及客話有〔ɬ〕邊擦音，以及第 5 項溪母多念〔h〕的情況，我們認為，艾話及客話這兩個共同語音特點，反映艾人及客人共同聚居由來已久。根據徐富美（2016、2021a、2022b）的研究，越南同奈省的華人是從北越廣寧省移民而來，而廣寧省華人則是從中國廣西省廉州府（參附錄 12-3）一帶移民過來。前面第壹節提過，越南同奈省的華人主要是艾人和客人兩大族群。我們看其移民來源的中國廣西省廉州府，主要也都是艾人和客人這兩大族群。

根據南越同奈省和北越北江省的受訪者說，目前北江省的艾人比較多，客人並不多。吳靜宜（2010：104）也說，北江省陸岸縣新光社、新華社和洞谷社的華人講艾話，他們自稱是「華人」，也說自己是「艾人」，其他華人也稱他們為「艾人」。吳靜宜所說北江省陸岸縣這些地方，是北越艾人的集中大本營。這樣看來，北越北江省的艾人占北江省華人人口有相當高的比例。

北越北江省是從廣寧省移民而來。但根據我們的訪談，目前廣寧省的華人很少。2019 年越南人口統計也說廣寧省華人只有 4,514 人，可以印證我們的看法。Tran Duc Lai（2013: 2）提到儂族自治區時期（1947-1954）的廣寧省（昔稱海寧省）主要有三大族群：艾人、山由人及客家人，但沒有提到客人。無從

得知昔日廣寧省「客人」的情況。

在中國廣西省方面，筆者曾於疫情之前的 2019 年 9 月，到中國廣西省防城港市做移地研究。根據當地受訪者說，防城港市近十年來的發展很快，有很多外地人移居此地；在當地講普通話的人，基本上都是外地來的移民。當地人主要講白話或是艾話，講白話的人比講艾話的人多些。講白話的人多半會講艾話，講艾話的人也多半會講白話。白話和艾話是當地人的日常生活語言。謝建猷（2007）也提到廣西省東南部客家人和廣東人很多。

中國廣西省艾人和客人共同聚居的情況應該很早。Haudricourt（1960: 175）提到中國語言學者王力的法文博士論文，研究其家鄉廣西博白方言時就說到，廣西博白廣東話的送氣音有受到客家話的影響。濁音清化時多讀送氣音是客家話的一項重要語音特徵。王力其文是說，博白話的中古濁音清化時多讀送氣音，可見博白那裡的廣東話有受到客家話的影響。[6]

伍、結語

本章結合語言學的語言接觸和人類學的族群觀點，對越南同奈省的艾話及客話五個語音特點提供解釋。我們至今對越南境內族群情況的了解仍然十分有限，本章的研究成果有兩方面貢獻：一方面，有助於我們直接了解越南境內華人的相關情況。根據我們初步的觀察，越南同奈省的艾人與客人情況，與胡志明市的客家人與廣東人有所不同，這些不同陸續會在未來的研究成果中一一展開。另一方面，現代講求「跨學科」、「斜槓」等概念，語言學可以為人類學及社會學等其他學科提供服務；本文採外部語言學的研究取向，希冀為語言學和其他學科搭起一座橋樑。

---

[6] 廣西博白縣主要講白話及新民話（即艾話），參百度百科「博白方言」條。檢索日期：2022 年 9 月 20 日。

參考文獻

卜賴嬌，2014，《越南華人的廣東話與 Ngái 話的語言能力及語言使用——以同奈省及胡志明市為例》。桃園：元智大學中國語文學系碩士論文。

百度百科，2022，〈博白方言〉。檢索日期：2022 年 9 月 20 日。取自：https://baike.baidu.com/item/%E5%8D%9A%E7%99%BD%E6%96%B9%E8%A8%80/2638298。

伊藤正子，2018，〈ベトナムの「華人」政策と北部農村に住むガイの現代史〉。《アジア・アフリカ地域研究》17（2）：258-286。

伍巍，1999，〈廣州話溪母字讀音研究〉。《語文研究》4：45-47、53。

吳靜宜，2010，《越南華人遷移史與客家話的使用——以胡志明市為例》。桃園：中央大學客家語文研究所碩士論文。

李如龍等，1999，《粵西客家方言調查報告》。廣州：暨南大學出版社。

李新魁，1994，《廣東的方言》。廣東：廣東人民出版社。

侍建國，2007，〈粵語溪母字歷史音變〉。《語言研究》2：42-45。

范宏貴，2002，《越南民族與民族問題》。南寧：廣西民族出版社。

范宏貴，2006，《華南與東南亞相關民族》。北京：民族出版社。

徐富美，2016，〈記越南艾話一種唇化舌根韻尾 -kᵖ/-ngᵐ 音〉。頁 234-241，收錄於胡松柏主編，《客家方言調查與研究——第十一屆客家方言國際學術研討會論文集》。廣州：世界圖書出版公司。

徐富美，2021a，〈越南「艾族」與「華族中的艾人」〉。《全球客家研究》16：155-186。

徐富美，2021b，〈從語言社群看彰化兩次客家移民的語言使用〉。頁 411-428，收錄於陳淑娟、江敏華編，《三十而立——臺灣語文學會三十週年慶祝論文集》。臺北：臺灣語文學會。

徐富美，2022a，〈越南北部艾話的〔tsh～s〕變異及〔tsh＞s〕音變過程的語音兩讀現象〉。《成大中文學報》76：175-204。

徐富美，2022b，〈此客非彼客——論越南同奈省「艾人非客人、客人非客家人」的移民流動〉。《臺灣客家語文研究輯刊》7：113-132。

張振興，1986，〈廣東省雷州半島的方言分布〉。《方言》3：204-218。

許文堂，2016，〈二次世界大戰以來北越華人社會之變貌〉。《亞太研究論壇》62：5-32。

許維德，2021，〈「客家源流」相關文獻的分類與回顧：一個「理念型」與「連續體」概念的嘗試〉。《全球客家研究》16：9-78。

陳曉錦，2004，《廣西玉林市客家方言調查研究》。北京：中國社會科學出版社。

詹伯慧（主編），2002，《廣東粵方言概要》。廣州：暨南大學出版社。

劉村漢（編），2011，《廣西客家方言研究論文集》。桂林：廣西師範大學出版社。

劉福鑄，2007，〈莆仙方言邊擦音〔ɬ〕聲母探源〉。《莆田學院學報》14（3）：93-98。

劉澤民，2010，〈客贛粵平諸方言溪母讀擦音的歷史層次〉。《南開語言學刊》1：31-36。

廣西壯族自治區地方志編纂委員會，1998，《廣西通志・漢語方言志》。桂林：廣西師範大學出版社。

蔣為文，2018，〈越南明鄉人陳上川生卒年考察〉。《亞太研究論壇》65：37-54。

鄧楠，2010，〈黃山湯口方言的邊擦音聲母〉。《語言研究》30（3）：50-55。

謝建猷，2007，《廣西漢語方言研究》。南寧：廣西人民出版社。

鍾文典，2011，《廣西客家（修訂版）》。桂林：廣西師範大學出版社。

Haudricourt, A., 1960, Note sur les dialectes de la région de Moncay. *Bulletin de l'École française d'Extrême-Orient*, 50.1: 161-177.

Hsu, Fu-mei., 2017, Language Contact and Sound Change of Ngai in the Province of Dong Nai. In Nguyen Van Hiep et al (Eds.), *The Linguistics of Vietnam: 30 Years of Renovation and Development* (International Conference) (pp. 824-

835). Ha Noi: Nha xuat ban Khoa hoc xa hoi（河內：社會科學出版社）.

Hsu, Fu-mei & Nguyen Van Chinh. (forthcoming). Contact-induced changes of [ɬ] and [tsh] sounds in Ngái language between Northern and Southern Vietnam.

Hutton, C. M., 1998, From pre-modern to modern: ethnic classification by language and the case of the Ngai/Nung of Vietnam. *Language & Communication*, 18: 125-132.

Hutton, C. M., 2000, Cross-Border Categories: ethnic Chinese and the Sino-Vietnamese Border at Mong Cai. In Evans, G., Hutton, C. & Kuah, K. E. (Eds.), *Where China Meets Southeast Asia: Social & Cultural Change in the Border Regions*. Singapore: Institute of Southeast Asian Studies.

ITO, Masako, 2013, *Politics of Ethnic Classification in Vietnam*. Kyoto: Kyoto University Press and Trans Pacific Press.

Nguyen, Van Chinh, 2018, Memories, Migration and the Ambiguity of Ethnic Identity: The Cases of Ngái, Nùng and Khách in Vietnam. *Asian and African Area Studies*, 17(2): 207-226.

Tổng cục Thống kê（統計總局）, 2020, Kết quả toàn bộ: Tổng điều tra dân số và nhà ở năm 2019（《全部結果：2019 年人口及住房總調查》）Hà Nội: Nhà xuất bản Thống kê.（河內：統計出版社）。

Tran Duc Lai (Ed.), 2013, *The Nung Ethnic and Autonomous Territory of Hai Ninh -Vietnam* (Ngo Thanh Tung, Trans.). Taipei: The Hai Ninh Veterants and Public Administration Alumni Association-Vietnam.

Trần Hồng Liên（陳紅蓮）, 2008, Các nhóm cộng đồng người Hoa ở tỉnh Đồng Nai - Việt Nam〈越南同奈省華人的各社群〉Kỷ yếu Hội nghị - Hội thảo ĐHQGHN（會議紀要 - 河內國家大學研討會）。

Trịnh Thị Mai Linh（鄭氏梅玲）, 2008, Người Hoa ở Đồng Nai 1954-2005《同奈的華人 1954-2005》Luận văn Thạc sĩ, Ngành Lịch sử Việt Nam, Trường Đại học Sư phạm TP. Hồ Chí Minh（胡志明市師範大學越南歷史系碩士論文）。

附錄 12-1：同奈省位置圖

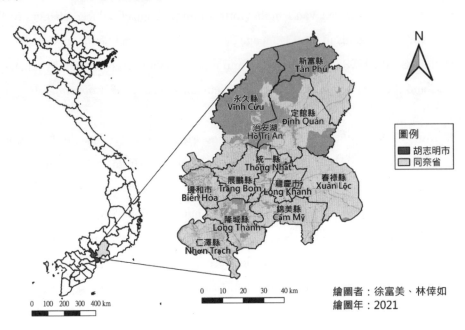

繪圖者：徐富美、林倖如
繪圖年：2021

附錄 12-2：同奈省華人分布簡圖

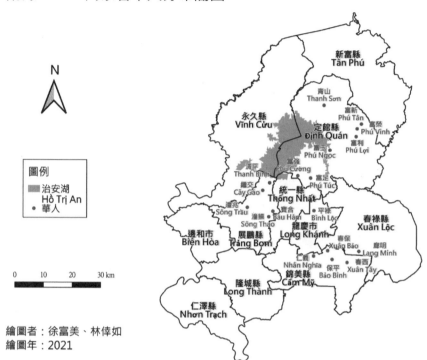

繪圖者：徐富美、林倖如
繪圖年：2021

附錄 12-3：明清三府廉州府、高州府、雷州府

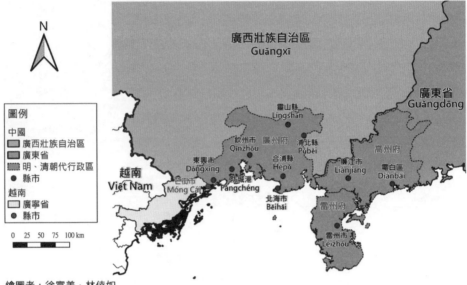

繪圖者：徐富美、林倖如
繪圖年：2021

第 13 章

香港第一教友村——
香港客家古村鹽田梓村研究

葉德平

壹、導論

　　明朝萬曆三年（1575 年[1]）羅馬教廷於澳門設立教區，管轄範圍包括今日的中國、日本和鄰近島嶼。天主教澳門教區正是天主教在東亞第一個成立的教區。

　　從萬曆三年至 1841 年以前，羅馬教廷在東亞的傳教事業以澳門為核心，而香港（其時仍未稱香港）算是無足輕重。1841 年 1 月 1 日，英國占領香港（島），僅四個月左右（同年 4 月 22 日）羅馬教廷即把香港（島）劃出澳門教區，把澳門的傳信部駐華總務處（Procura in China，下稱「駐華總務處」）遷至香港，設立最早的「香港天主教教會」（夏其龍，2014）。其主要原因是羅馬教廷和葡萄牙在澳門宗教管轄權上有分歧，所以決定把「駐華總務處」移師到香港。

　　香港島與九龍半島只是「維港之隔」，地理上很靠近當時的清廷，能夠讓羅馬教廷直接把天主教信仰傳進中國內地，所以香港漸漸成為天主教傳入中國的「中途站」。到了 1860 年代，兩位義大利傳教士首次到訪鹽田梓村，並在 1866 年為全村民眾施洗，於是鹽田梓成為香港首條全村信教的「天主教村」。這對天主教而言，無疑是傳教事業上的一個重要印記。

　　鹽田梓村是一條由陳姓村民構建的客家村落，有別香港常見的客家圍村，它沒有祠堂，只有教堂。本文擬通過文獻研究、田野考察和口述歷史的方式，

---

[1] 天主教澳門教區成立於 1576 年 1 月 23 日，當日正是萬曆三年農曆一月廿三日。

探討兩個問題：一、鹽田梓村的百年變化；二、鹽田梓村與香港天主教的互動
關係。

貳、鹽田梓村自 15 世紀以來的變化

鹽田梓村先祖是 15 世紀從北方移居廣東省東北部五華縣，然後在 18 世
紀移居至深圳觀瀾。後來，陳氏三支在 19 世紀分別移居西貢鹽田仔（或
作「梓」）、大埔鹽田仔（近船灣避風塘）及上水坪洋（打鼓嶺）（夏其龍，
2010）。在天主教傳教士入村以前，鹽田梓村仍只是一「條」傳統客家村落
——過著崇拜祖先、儒釋道與各種民間信仰的生活（汪毅夫，1995；孔永松、
李小平，1995；張衛東，1993）。

一、和、柯二神父為全村施洗

根據鹽田梓村的記錄，其村開基祖為陳孟德，育有三子。陳氏兄弟三人
於 19 世紀遷至現在的西貢市鹽田梓島上，創建了鹽田梓村。他們以曬鹽、務
農、捕魚和畜牧為謀生之業。陳氏至今前後經歷了十代，其昭穆序為：「孟」、
「可」、「源」、「基」、「廷」、「國」、「榮」、「華」、「富」、「貴」。

在陳氏於鹽田梓島上立村不久，即 1864 年，和神父、柯神父兩位義大利
傳教士，首次到訪鹽田梓村。兩年後，即 1866 年為全村民眾施洗，自此鹽田
梓村正式成為信仰天主教的客家村落。根據記錄，當時共有 40 名村民受洗。
到了 1959 年，鹽田梓村全村 193 人接受洗禮（夏其龍，2010）。

事實上，香港客家村落接受天主教洗禮是一件不容易的事。因為天主教的
信仰是不容許教徒崇拜偶像和天主教以外的一切神明。一直研究鹽田梓天主教
歷史的夏其龍神父指出：

　　客家人向來有強烈的族群思想及鞏固的傳教統觀念。客家族群中的祭

祖拜山，設立神龕供奉靈主是世俗制度和普化宗教相混和的傳統，有它存在的社會作用，不容易動搖。可是，在信奉天主教前，他們卻要首先焚毀「迷信物」，放棄供奉神龕等。這是 19 世紀天主教傳教士對進教人士的第一個要求。所以當時向客家傳教並不是一件容易的事（夏其龍，2010）。

雖然鹽田梓村人口不多，但要他們放棄由來已久的信仰，改弦更張，轉為信仰天主教，其實是件不容易的事。相對於香港常見的「雜姓客家村落」（例如同為西貢區的孟公屋村等），作為一條「單姓村落」，鹽田梓村在「改變」的過程中，阻力會相對較少。而且，和神父、柯神父進入鹽田梓村時，村落其實才建設不久，要放棄的原有文化或相關建築並不多，也就是對村民而言，改信天主教的「機會成本」不太大。同時，由於開基立業不久，村內都是陳孟德之子或孫，親族血緣關係十分密切，只要族長首肯，全村受洗的阻力不會太強。

二、傳教士是一股保護家園的力量

一般來說，香港學界多數把清朝康熙年間「復界」之後遷入香港的，稱為「客家人」；其之前的稱為「本地人」或「圍頭人」。這群本地人中，又以「新界五大姓氏」（錦田鄧氏、新田文氏、上水廖氏、上水侯氏及粉嶺彭氏）[2] 影響力最大。

值得注意的是，他們都是在新界北部開基立業。香港新界北部以廣袤的平原為主，土地相對肥沃。由於「本地人」遠較「客家人」早抵達香港，因利乘便，占據了這片適合耕作的土地。經過世代繁衍，他們在人數上、地理上都較後來的「客家人」占優勢，在日常的衝突中也往往是勝出的一方。勢力相對較弱小的「客家人」為了保護自己的宗族，自然想方設法要引入「第三方」力量

---

[2] 他們都在宋、明期間，即清朝頒布遷界令以前，移居到現在香港的新界這個地方，至今發展至新界多個地方定居，並以圍頭話為主要溝通語言。

抗衡；而「第三方」力量中，尤以天主教傳教士最容易找到。

19 世紀才遷至鹽田梓的陳氏家族正如一般的「客家人」，都是這片土地的相對「弱者」。他們除了來自新界大族的壓力外，位處於香港離島的鹽田梓島也有嚴重的治安問題。當時的西貢島嶼幾乎是法外之地。因為地處香港本島以外，是新界東部的小島嶼，滿清政府甚少關心，實際上也難以管理；另一方面，由於新界仍屬滿清政府管治，英國政府也無權插手，所以鹽田梓村的治安環境並不好。一如其他客家村落，鹽田梓的村長和長老必須自行想辦法保護家園。據夏其龍神父所說，當時的傳教士與英國政府的關係良好，不少英國官員和軍人更是虔誠的天主教徒；「西方人在中國土地上成了有軍事、政治、經濟能力的強者，西方的傳教士亦成為這權勢者的一份子」（夏其龍，2010），使傳教士在港英時期擁有一定的話語權。鹽田梓的村長和長老們考慮到這點，決定信奉天主教，藉以獲得英國政府的保護。筆者曾訪問鹽田梓村原居民，時任天主教香港教區副主教陳志明。他提到，早期天主教的信仰比今天簡單得多，一般只要村長和長老們決定受洗，全村村民自然也會跟隨受洗，這也解釋了為何鹽田梓會成為「教友村」。

現存有關鹽田梓村受到盜賊侵擾的記載不多，只有一段鹽田梓的村民口述記錄提過類似的事：

> 太平天國時（1851-1872）……那時的紅頭賊，就去鹽田仔打劫，那時很多賊人……那都是那個老婆婆告訴我的，我們都叫她八婆的。後來村民信天主教，賊人來打仗，不敢在前面上，便在後面上，一踏腳就被蠔刺傷腳，說甚麼是不好兆頭，就走了。以後來到也不打劫。另外，賊人一上岸就會望到的那座很高的山，我們稱之為火燒嶺，有一個老公公拿著手杖趕他們走，那就是聖若瑟，所以，鹽田仔就建聖若瑟堂。村民那麼虔誠就是如此原因（香港中文大學天主教研究中心，2010）。

這裡的「紅頭賊」是否就是太平天國軍士，今日已無從考證。當日的「紅

頭賊」可能是太平天國的餘黨，也可能是一群打著太平天國旗號的賊子。
而拿手仗驅趕賊人的「聖若瑟」，應該是指聖福若瑟（St. Josef Freinademetz,
S.V.D.）。是否為天主教聖人顯聖，這點也無從得知，但可以肯定的是，村民
對天主教的保護作用深信不疑。

　　總的來說，鑑於現存文獻、文物的匱乏，我們已無法考證這段口述史料的
真偽，然而，在如此治安不寧的年代，洋人傳教士無疑是保護村落一股不容忽
視的力量。而鹽田梓原是一條客家村，後來會成為「天主教村落」，從文化研
究的角度來看，是由於鹽田梓村是香港的後來者，是相對「本地人」弱小的一
個族群，故族群的「自身」（Self）意識也相對薄弱；在面對強大到連滿清朝
廷都無可奈何的「他者」（The other）──西方文化（更具體的說，鹽田梓村
面對的是天主教文化與信仰），鹽田梓村的「自身」出現動搖。結果，鹽田梓
村以屬於強勢的「他者」去保護、鞏固屬於弱勢的「自身」，化解這個動搖危
機。因此，一個結合客家文化與天主教信仰的村落形成了。在這個過程中，鹽
田梓的村民沒有偏棄「自身」（客家族群）的意識與身分，他們仍然以客家人
自居，同時接受「他者」（天主教教徒）的身分；這兩個身分沒有互相排斥，
反而互相補足，讓他們在不背離傳統之餘，信仰新來的天主教。

　　夏其龍神父認為：「傳教士以剷除迷信的方式來引入新的宗教，姿態上是
以新文明的啟蒙者自居，是村民接觸西方文明的媒介。為這些村民，領洗入教
便是踏出悶局的第一步。」這裡的「新的宗教」、「新文明」、「西方文明」就是
前文所謂的「他者」（The other）。而在成為「天主教村」的過程中，作為「他
者」的天主教信仰，不消兩年便完全取代原來的「自身」。這個「取代」的過
程原本是由強者主導的（dominant），但經過傳教士與鹽田梓村民的轉化、接
受與努力，漸漸受到鹽田梓認同（acknowledge）。這從鹽田梓受洗村民數字的
遞增可見一斑。天主教傳教士對鹽田梓村村民施予的福利（如前文所說的保護
村落及後文會提到的教育），促使這個「他者」轉化成「自身」的過程變得更
順暢。同時，鹽田梓村有別西貢其他雜姓村落，只由單一的陳姓宗族組成，在
信仰上相對更堅定，教友之間也更團結。

　　無可否認，鹽田梓的村民剛開始未必以最純粹的心態信仰天主教；但後來

「他者」轉化成「自身」後，因本身單姓村落的特點，鹽田梓村的天主教信仰卻變得比其他村落更牢不可破。

參、鹽田梓村與香港天主教的互動關係

對於天主教來說，西貢是重要的傳教區域。第一，它鄰近中國內地廣東省南部，是進入中國內地傳教的重要跳板；第二，西貢是香港客家人其中一個聚居的地區。客家人的鄉村相對不抗拒天主教，主因是他們本來就是「客籍」，無論福利和保障都不及原居民，很需要外來力量的支持。加上客家人經濟一般不及原居民，隨同天主教而來的物資對他們而言也很重要。作為西貢離岸的島嶼，鹽田梓是天主教早期在西貢的主要傳教地區。

一、鹽田梓村的天主教足跡

天主教在鹽田梓村的傳教活動很成功。至今，鹽田梓村先後共有兩位司鐸和五位修女，包括陳丹書神父（Rev. Chan, Tang Shue Joachim, 1890-1975）和現任香港教區副主教陳志明神父。島上目前還有大量天主教傳教遺跡，其中尤以聖福若瑟神父故居、聖若瑟小堂和澄波學校最有代表性。

（一）聖福若瑟神父故居

聖福若瑟神父曾於 1879 年 8 月至 1881 年 4 月在鹽田梓服務，他當時居住的小堂原址，現成為天主教與鹽田梓村合辦的「成聖之路」的一部分。小堂遺址擺放了聖福若瑟神父的雕像，並懸掛一個鑄鐵十字架，以紀念聖福若瑟神父年輕時隻身來到鹽田梓傳教的事蹟。聖福若瑟神父來到鹽田梓村，努力學習客家話和中國文化，不辭勞苦向村民傳道，在完成鹽田梓的事工後，前往山東省傳教。直到 1908 年因服侍傷寒病人受感染而死於山東濟寧，年僅 56 歲。聖福若瑟神父於 2003 年獲得教宗封聖；鹽田梓村也在村內修建遺址，以紀念與表

達對他的敬愛。

（二）聖若瑟小堂

鹽田梓村的教友雖然環境不富裕，但依然樂意捐出土地興建教堂和學校。聖若瑟小堂就是今日仍然存在的天主教教堂。它興建於 1890 年，設計簡約而富有中國色彩，裡面還有一尊聖福若瑟神父的聖像，紀念這位由教會封聖的聖人，在 1880 年前後於鹽田梓宣教的事跡。教堂內的前端為祭臺，色調富中國色彩，長型教堂放置兩排木跪凳，保存梵二前禮儀與中國農村小聖堂融合的特色。小堂分別於 1948 年、1962 年及 2004 年修復過，並獲得 2005 年聯合國教科文組織亞太地區文化遺產優異獎。

（三）澄波學校

除了教堂，島上還保留一間學校——澄波學校。它建於 1920 年，為島上及附近諸島客家人子弟提供教育。早期，只有十多名村內學童入讀；發展至後期成為在附近捕魚或生活的漁民子弟學校。隨著村民在 1990 年代全數遷出，澄波學校也完成歷史任務，如今改建為「鹽田梓文化資源展覽室」。

澄波學校讓原來沒機會接受教育（不論傳教學塾教育或西式教育）的村民，有了接受教育的可能，而村民也開始有望透過知識改變命運。以務農、捕魚與曬鹽為生的鹽田梓村村民，不希冀孩子透過讀書成就一番偉業；相反地，他們一如當時的客家村落，只期望「讀上一年半載便到店鋪子上來學生意了。他們的目的是求子弟認識一兩個字，學識記帳，或得些聖賢的道理，此外並不是求什麼別的教育」。

早期村內只有十多名學生就讀，到後期學生數目才上升。剛開始，澄波學校只有一名職工，同時兼任校長、老師與雜工。陳子良憶述早期澄波學校的情況：「他叫鄒伯楊老師。他在開始的時候，全家都住在我們條村，他有一位太太和一個兒子。後來，多了一兩個小孩後就搬去西貢。因為是鄉村學校，人數很少，大概都不超過二十個學生，有六班，每班只得幾個人。科目亦都是十分簡單，有中文，叫做國語；有數學，那時叫算術；有尺牘，即是教我們怎樣

寫信；有農村常識，就是這麼多。我們還有體育堂，有勞作堂，還有農村常識，我估計不是鄉村學校就一定不會有的。」澄波學校只有兩間課室，不能容納二、三百位學生，所以學校的上課時間分為上、下午校。鹽田梓村村民陳瑞姐（珍姐）說：「當時村內共有十多位學生，到了 1980 年代，全村的學生上升到二、三百人。這批學生的父母漁民，在鹽田仔沿岸地區捕魚。他們工作期間，會將孩子送到鹽田仔讀書。當時西貢碼頭也設有專船接載學生到鹽田仔上學。」

當時的學校一般都是「私塾」，它們的課程「只有《四書》、《五經》、《古文評註》、《東萊博議》等，故一般文化水準是很低的，思想很不前進的」。因此，澄波學校算是十分先進。它是 1960 年代全西貢 99 條鄉村中，唯一有英文學習班的學校。陳志明副主教形容這是「一個家庭式的，所謂鄉村式的學校。同學間的風氣是很淳樸，當然他們學習的東西有別於外面學校那些死記爛背，相反是很注重全人發展的，一個很好的家庭、一個很好的團體。」後來學生人數漸多，由數十人增長至上百名學生，澄波學校也增聘數位老師任教不同科目，更增設英文科目，有助銜接中學課程，附近作業的漁民也樂意把自己的孩子送到這裡上學。

客家人素來重視教育，鹽田梓村的澄波學校成為了在附近捕魚或生活的漁民子弟的學校。可是到了 1997 年，全村的村民遷出鹽田梓。根據珍姐介紹，當時村民遷出鹽田梓，並非政治原因，而是當年澄波學校停辦，村民子弟沒有學校就讀，唯有離開鹽田梓到島外生活。

肆、結論：鹽田梓與天主教是相互需要的

鹽田梓村是需要天主教護蔭的。初來乍到的陳氏家族沒有任何社會資源，面對官、鄉的壓逼時，根本難以覓得援手，所以就鹽田梓村而言是需要天主教的。

反觀天主教一方，且不論今日之鹽田梓對天主教香港教區的貢獻；就算當

時，天主教也很需要鹽田梓村。天主教需要鹽田梓村作為一個成功樣板，讓西貢區內的其他客家村落，看到天主教帶來的正面變化。而且，只要「傳教缺口」一打開，就很容易攻下其他客家村落的「心理防線」。當然，天主教也需要鹽田梓村這個傳教基地。舉個例子，傳教士和修女也需要居所，而這些居所往往設置在村落的小聖堂中；鹽田梓村的聖若瑟小堂正好提供一個居所，讓傳教以此為中心，向西貢其他島嶼上的村落傳教。還有一點很重要，就是鹽田梓村也是天主教傳教事業中的學習、訓練基地。像前文提及的聖福若瑟，他與德國籍的安治泰（Johann Baptist von Anzer, 1851-1903）神父是聖言會首批到中國的傳教士。他們先到香港學習中文，然後在西貢鹽田仔服務，學習與華人（尤其是客家人）相處。事實上，鄰接香港的中國內地鄉鎮，大多是客家人聚居之地，學習客語和客家風俗禮儀，對聖福若瑟、安治泰等外國傳教士而言是重中之重。在完成「鹽田梓集訓」後，他們也像大部分的外國傳教士，啟程前往中國內地宣教。聖福若瑟在 1881 年前往山東南部陽穀縣坡里莊，當時山東南部是教廷新劃給聖言會負責的傳教區。他在魯南教區傳教 27 年，直到死去。而安治泰早在 1880 年就先去了山東。

　　總的來說，香港西貢客家村落鹽田梓村與天主教息息相關。它既是天主教的傳教基地，也是天主教在香港傳教的縮影。透過對鹽田梓的研究，可以讓人更了解客家人早期在香港的生活情況，也可以認識天主教對客家族群傳教的歷史。

參考文獻

孔永松、李小平，1995，《客家宗族社會》。福建：福建教育出版社。

汪毅夫，1995，《客家民間信仰》。福建：福建教育出版社。

香港中文大學天主教研究中心，2010，《鹽田仔口述歷史計劃：活在鹽田仔》。
檢索日期：2023 年 3 月 9 日。取自：http://catholic.crs.cuhk.edu.hk/Main/en/research-project/hakka-village-and-catholicism/ 活在鹽田梓／。

夏其龍，2010，《天主作客鹽田仔：香港西貢鹽田仔百年史蹟》。香港：明愛印刷訓練中心。

夏其龍，2010，《香港傳教歷史之族──碗窰、汀角、鹽田仔》。香港：明愛印刷訓練中心。

夏其龍，2014，《香港天主教傳教史 1841-1894（中文版）》。香港：三聯書店（香港）有限公司。

張衛東，1993，《客家文化》。北京：新華出版社。

第 14 章

香港新界客家人的「出洋」：
以北婆羅洲為例

劉健宇

壹、背景

一、新安縣與香港殖民地政府的地權變遷

客家人在歷史上多次移民，早期是與逃避戰亂有關，後來在廣東地區的客家人，卻與本地廣府人產生矛盾，又因為希望獲得更好的生活，最終移居海外。移居目的地之中，北婆羅洲（North Borneo）便是之一，該洲即今日馬來西亞聯邦東部（東馬）之沙巴州（Sabah）。移居北婆羅洲的客家人之中，便有來自香港。

這些客家人遷入香港地區可分為三個階段（王永偉，2013）：

1. 清初遷海復界時遷入新安縣（即今日深圳及香港）的客家人，被稱為「舊客」，這些客家人組成村落、內部聯姻，保持客家人傳統；這些客家人中，生活在今日香港新界地區者，多獲得「原居民」身分。

2. 香港開埠以後，又可分為三支遷入的客家人，他們大多是個別的移居勞動力：

    a. 不少客家石匠看準城市發展需要大量勞動力而移居；

    b. 嘉應五屬及豐順、大埔等地客家人來港發展工商業；

    c. 太平天國起事與紅巾軍動亂後，由於客家人多參與其中，起事失敗為了逃避清廷追殺而遷入香港。

3. 中國辛亥革命時，又有一批客家人移居香港。

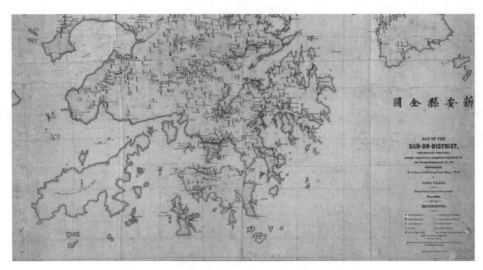

圖 14-1：《新安縣全圖》（香港及新界地區）

資料來源：1866 年義大利傳教士和神父（Simeone Volonteri）繪製。

本節將集中討論第一階段的客家移民，這些移民多視新安縣為永久居所，在嘉慶版《新安志》被記錄為「官富司管屬客籍村莊」。由於客家人是「新移民」，初來新安縣時多需要向原本的「本地人」（Punti，又稱圍頭人）地主租借土地。新安縣不同家族在數百年的生活中，不論是由皇帝賞賜，抑或向朝廷購買，所獲得的都是永業權，稱為「地骨」（Ti Kwat）──根據當時新安縣的習慣法，政府對這些土地沒有年限管制，且擁有者（地主）多是永久擁有（Freehold）；「地骨」擁有者可向其他人出租土地的使用權，承租人擁有「地皮」（Ti Pi），行使耕種權（劉潤和，1994）。

根據由錦田水頭村鄧創業先生保留的《道光二十二年布政糧導廣府新安呈稿照錄香港等處稅畝總呈》（錦田師儉堂鄧惠翹，1894），錦田村於 1720 至 1762 年間向新安縣登記，其擁有黃泥涌 189 畝土地，黃泥涌村民須向錦田村納稅；當地一道長堤的歷史可追溯至 1724 年（王崇熙，1819）。

然而，當英國占領香港島後便改變了土地法。當時英國徵用土地發展香港島，由於港英政府並未深究業權擁有誰屬，便向承租「地皮」者賠償收地

款項。事件引來「地骨」擁有人的追究。《稅畝總呈》稱「查內有土名裙帶路各處現被嘆夷起造房」，即香港仔一帶的「地骨」由鄧族擁有，但由於未能向「地皮」承租人收租，故便向新安縣政府投訴。結果由於香港島已割讓予英國，新安縣亦未能處理。

後來，英國陸續占領香港島及九龍半島，當地亦有不少原居民，但由於他們勢力並不雄厚，香港政府接管亦算順利；不過，「租借」新界卻並不順利。當時英國與新界的本地人發生衝突，史稱「六日戰爭」（夏思義，2014）。

六日戰爭後，港府花了三年於登記所有新界土地，並於 1905 年向業權人發出《集體官批》（Block Crown Lease），列出每幅土地的業權人之詳細資料，作為日後港府在新界的行事依歸；港府制訂的香港法例第 97 章《1910 年新界條例》第 15 條雖稱「任何有關新界土地的法律程序中，法庭有權認可並執行任何影響新界土地的中國習俗或傳統權益」，然而，這些土地登記錯漏不少，且將「地骨」（Freehold）一律改為「承租權」（Leasehold），原本可以由私人永久持有的土地，一律變成官地，所有香港的土地均屬香港政府擁有，其他人只能獲得土地的使用權（張少強，2016）。

二、巴色會傳教士與客家關係

移居北婆羅洲的客家人，與 1881 年成立的北婆羅洲特許公司（North Borneo Chartered Company，下稱渣打公司），和巴色會（Basel Mission，在香港現稱為崇真會）於 1912 年簽訂合約發展合作有關。巴色會，起源於瑞士北部之「巴塞爾」（Basel），可追溯至歐洲 14 世紀之宗教改革運動。[1] 及至 17 世紀，宗教界醞釀出相對於理性主義，而以經驗主導之歐洲敬虔主義（Pietism）。

---

[1] 巴塞爾（Basel）乃今瑞士第三大城市（僅次於蘇黎世和日內瓦），為巴塞爾城市州（德 Basel-Stadt，法 Bâle-Ville）首府，西北鄰法國阿爾薩斯，東北德國黑森林山脈接壤；而萊茵河將巴塞爾一分為二。取自《維基百科》，https://zh.wikipedia.org/zh-tw/%E5%B7%B4%E5%A1%9E%E7%88%BE%E5%9F%8E%E5%B8%82%E5%B7%9E，檢索日期：2023 年 5 月 24 日。

「敬虔主義」之父，施本爾[2]提倡耶教乃是生活而非知識，並號召心志相同者組成小團體，深造個人靈性。後傳至萊比錫大學，時任校長夫朗開[3]提倡海外傳教。此舉使「敬虔主義運動」遍布德意志地區，尤以武騰堡（Württemberg）為甚——後再影響毗鄰之巴塞爾（湯泳詩，2002：7-8）。

巴色會宣教策略有四（湯泳詩，2002：12-13）：

（一）差會尤其著重本土語言：有效運用當地語言，使其便於明白信仰。故其傳教士每地一地，均學習當地語言、普通常識及文化，以祈直接溝通。此外，傳教士學習過程之中，亦會出版與當地語言相關之書籍、字典及聖經；

（二）差會特別重視教育發展。巴色會每到一地，即建學校，並出版聖經故事、詩歌集，作教材之用；學校課程不只神學，亦設語文、數學、地理與體育；

（三）差會專向社會低下階層傳播福音，手段包括提供廉價，甚至免費教育與社會服務，以表關懷，並誦福音；

（四）差會嚴守政治中立，並與當地政府保持一定關係。

巴色會來華，始自 1864 年，由韓山明（Theodore Hamberg）[4]及黎力基（Rudolf Lechler）[5]分掌客語區及潮語區。初時易服束辮，日習漢字三百個；及後正式傳教，惟黎力基於潮汕地區工作不順，七入其地不遂，幾乎喪命。後二

---

[2] 施本爾（Philipp Jacob Spener）（1635 年至 1705 年），出生於神聖羅馬帝國的里博希萊（今屬法國境內），史稱「敬虔主義」之父。

[3] 夫朗開（August Hermann Francke）（1663 年至 1727 年），出生於神聖羅馬帝國的盧貝克（今屬德國境內）；當世「敬虔主義」運動領袖之一，知名鉅著為《真基督教》（True Christianity），據說今日依然風靡。

[4] 韓山明（Theodore Hamberg）（1819 年至 1854 年），又譯韓山文，生於瑞典斯德哥爾摩，曾於 1852 年遇見逃到香港的洪秀全族弟洪仁玕，並因此得到太平天國的重要資料，繼而寫成第一部用西方語言描寫太平天國的著作，現在仍然是關於洪秀全早年生活的重要文獻。

[5] 黎力基（Rudolf Christian Friedrich Lechler）（1824 年至 1908 年），生於符騰堡王國赫伯廷根（今德國境內），是當時中國巴色會主要領袖之一，對中國文化與中國哲學有深入研究，並通客家語，更以此翻譯《馬太福音》及《路加福音》。

人與新來傳教士韋永福（Philipp Winnes）聯手，專攻客語區，卒奠巴色會立足客族之局（湯泳詩，2002：16-17）。

當時，巴色會福音遍及五華、紫金、河源、博羅、連平、龍門、新豐、和平、龍川、梅縣、蕉嶺及豐順各縣，甚至遠播廣西部分地區（湯泳詩，2002：17）。1927 年前，巴色會於華南與香港之教會及宣道所共 135 所，會友人數達一萬二千多人（湯泳詩，2002：19）。

貳、客家人移離香港與廣東省的原因

原先客家人亦是從外地移入廣東省，在其漫長的播遷歷史中，原因往往與戰亂密不可分。然而當客家人定居至粵東一帶後，社會環境卻極不友好。最終由於種種原因，導致他們再度前往新的移居地。

一、不友好的社會環境

首先是太平天國之亂（1851 年至 1864 年）。當時起事者，上至首領洪秀全，下至參眾，皆以客家人為主。清廷秋後算帳遂指涉不少疑為亂事者親朋之客家人，繼而迫害。此舉導致許多客家人欲移海外避禍（黃子堅，2011：369；張德來，2014：4），一些太平軍將領紛紛逃往香港避難，例如太平軍頭目別號「七腳飛天虎」逃至九龍何文田村隱居、森王侯玉田亦如此（許舒博士，1966；陳坤，2008）。直到中華民國成立，黎力基便居中協調，致力協助其人移居海外，如往北婆羅洲、英屬圭亞那等地（Lutz & Lutz, 1998）。此外，據說洪秀全親屬「洪天」攜家於 1887 年登陸古達，耕耘過活（張德來，2014：4-5）。

1854 年廣東天地會首領陳開、李文茂率眾在佛山等地起事，圍攻廣州長達半年之久，由於起事軍頭包紅巾，自稱紅兵，故稱「紅巾軍之亂」，又稱「甲寅之變」。此事導致了不少嘉應、潮汕、惠州等地客家人紛紛遷入香港

—— 1861 年至 1862 年日本的遣歐使節益頭俊次郎路過香港時，便記載動亂對香港的影響：「自清朝發生動亂以後，盜賊多藏於山谷、露宿於山野，又或棲身於海島，威嚇商人。海盜以小船為家，威嚇無寸鐵之商船，奪其財貨，為禍匪淺。」（益頭俊次郎，1930）「是歲值甲寅之變，紅巾軍煽亂省垣。騷擾亂時，良民固多遷往以避地；亂後，反賊又多奔港以逃亡。」（陳鏸勳，1996）。

在「紅巾軍之亂」之亂的同時，廣東四邑亦爆發極為嚴重的「土客械鬥」（1855 年至 1867 年）。由於明朝萬曆年間漢人與畬族爆發了大衝突，導致大量梅縣（程鄉）、興寧、和長樂縣（五華）客家人遷往惠州的永安、歸善等地。這些移民最遠已達博羅，「及至清朝康、雍、乾、嘉年間，粵東、粵北的客家人更向珠江三角洲的增城、花縣、新安、東莞等縣移墾。」（謝重光，2001）。這次土客械鬥長達十二年之久，據《新會鄉土志》記載：「（咸豐）六年三月，新寧縣客賊起，焚劫那扶等處。先是恩平、開平等縣土民與客民雜聚不合。屢相雙殺，官吏不敢過問。紅匪亂後，人心浮動，至是新寧縣，屬之曹沖、大龍灣、萬頃洋等處客匪並起焚掠攻口，海晏文村等鄉數年以來迤西各縣幾無完土。」（蔡垚爔，1908）。

根據當時廣西按察使姚瑩《致左江道楊書》觀察，土客之爭由來已久，惟客家人不敵當地人故節節敗退，分成好幾次投歸金田，加入客家人領導之拜上帝會，以求庇蔭。[6] 此外，有論者指出，參與土客械鬥之客家人中滲有太平軍餘部，所用武器包括紅毛槍、地雷、大砲（鄭德華，1989）。由此可見，這次土客械鬥範圍極廣，「台山的那扶、深井、四九、衝蔞、三合；開平的金雞、東山、赤水、馬岡、大沙以及恩平的沙湖、良西、朗底、那吉、大槐等許多土客雜居的鄉鎮都被捲入了這場鬥爭。」（蘭靜，2011）。

「土客問題」一直延續至戰後的香港。1968 年一份標示為「機密」的香港政府內部參考文件，名為「新界客家人」的文件中附上一份名為〈客家村落的政治問題〉的文章：這份文章除了引述了一篇於《皇家亞洲學會香港學報》發表的學術文章，並提到在戰後，圍頭人與客家人在爭奪村落附近的有限資源，

---

6 「頃以貴縣土人來人互相讎殺一案，蔓延已久，其勢岌岌。」

加上過去土客械鬥造成的恩怨，鄉村間的民系矛盾頗為嚴重（香港政府檔案，1973）。

二、客家人多積極「出洋」

除了上述不友好的社會環境導致客家人需要離鄉背井外，由於客家人普遍聚居的地方多為交通不便、山多地少、土地貧瘠，為了擺脫生存困境，讀書識字繼而留學便成為重要一環。

客家人十分崇尚文化、重視教育，如民間熟語便有「唔讀詩書，有目無珠」（丘恆新，1998），將讀書視為出人頭地的出路；在客家居所中的堂聯、楹聯，亦有凸出教育的重要，如深圳龍崗鶴湖新局楹聯謂「慈孝友恭啟迪後人昭世德，詩書禮樂纘承先緒振家聲」（藍春新、劉加宏，2013）；《大埔黃氏族譜‧江夏最要家訓》中更有「師道為教化之本」之語（李小燕，2006）。

科舉制度在清末（1905 年）取消之前，客家傳統由婦女耕種，讓男丁專心讀書，求取功名，科舉取消後客家人便敦促子弟就讀新式學校，增強謀生本錢；加上教會與外地有緊密連繫，客人或藉傳教士轉介、推薦，移居外國，繼而深造（夏其龍，2005）。

中國最早的官派留學生容閎（1828-1912 年）便是客家人，及後第一批留美幼童亦有黃開甲（1860-1906 年）及羅國瑞（1861- 不詳）兩位；根據數字，1900 年之前客家留學人數僅為 10 人，1900 年代上升至 39 人，1910 年代增至 46 人，1920 至 1939 年的二十年間，分別有 80 人及 76 人，另有 87 人留學時間不詳（郭靜，2015）。總體而言，這亦是非常大的數字。

參、客家人與北婆羅洲

一、巴色會與北婆羅洲特許公司的協議

其中一個較多客家人考慮出洋的地方，便是北婆羅洲（North Borneo）。該洲又名「北般鳥」、「北慕娘」（《華僑志》編纂委員會，1963：2），即今日馬來西亞聯邦東部（東馬）之沙巴州（Sabah）。自唐朝起（618-907 年）（Wong, 1998），華人便陸續往婆羅洲謀生，其中不乏客家人（張德來，2002）。

後來，北婆羅洲原為婆羅乃蘇丹屬地，後因海寇猖獗而陷入混亂；大英帝國占領新加坡後，銳意經營，為了鞏固航道安全，遂平海患。後婆羅乃蘇丹割讓「北婆羅洲」予英人經營；直到 1881 年，成立北婆羅洲特許公司（North Borneo Chartered Company，下稱渣打公司）（《華僑志》編纂委員會，1963：7-9）。

渣打公司政府成立之初，即自新加坡引入契約華工，從事菸草栽植，以福建人為主（鍾淑敏，2015：27）。1881 年，麥賀士爵士[7] 遂代表渣打公司政府與巴色差會合作，巴色差會即自翌年起，從廣東省惠陽、梅縣、寶安、河源、紫金、五華、龍川及清遠等地招募客家人基督徒遷至北婆羅洲，並獲耕種工具、種子、移民家庭土地及臨時居所補助，且有交通費等財政支援（鍾淑敏，2015：27）。不過，有研究指出，早於 1862 年，黎力基所撰之報告指出，已將30 名客籍基督徒送往當地作先鋒（Lutz & Lutz, 1998）。

---

[7] 麥賀士爵士（Sir Walter Henry Medhurst），（1822 年至 1855 年），通諳英語、荷語與馬來語，曾任上海英國領事；其父為麥都思（Walter Henry Medhurst）為英國知名傳教士，譯著等身，曾協助編輯馬來亞首分華文報章《察世俗每月統記傳》，自號墨海老人，當世之漢學家。

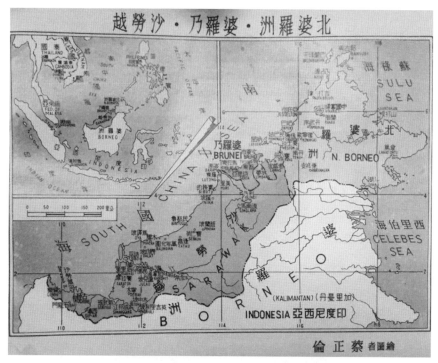

圖 14-2：蔡正倫繪 1955 年之婆羅洲地圖

資料來源：《華僑志》編纂委員會（1963）。

1883 年初，第一群移民，一共 13 個客籍基督徒抵達古達（Kudat），其中代表一名，代群斡旋而留北婆羅洲安居樂業；這群移民不同於從前壯丁獨身赴外打工，而是包括咸家大小。同年 4 月，第二群移民於 4 月 4 日，14 個家庭共 96 人又抵古達（Kudat）。當地政府此時已為客籍移民提供附帶條件的土地及財政援助。故於 1882 年至 1889 年，可考而移民古達者，包括 1886 年之 27 個家庭及 1889 年之不少於 13 個家庭（黃子堅，2011：373-374）。另按學者湯泳詩考據，1888 年西營盤崇真會傳導人李祥光，便率客家會友百人，赴古達開辦椰樹園，並建教會（湯泳詩，2002：20）。

1889 年至 1912 年之間，不少客家自由移民或加入此前已移民之客家家庭，惟當中並非俱為基督徒。其人建立了更多客家據點，包括檳榔

（Pinangsoo）、坦巴榔（Tamalang）、百白（Buk Buk）和西瓜地（Sikuati）（黃子堅，2011：374）。而 1911 年，華人高達兩萬八千人，其人多為年輕壯丁，婦女則有五千餘人，占華人總數兩成（李恩涵，2003）。

　　1912 年 11 月，渣打公司與巴色差會駐北婆羅洲首席宣教士施靈光（Paul Schuele）簽訂合作契約，再從廣東招募客家人前往北婆羅洲開墾。另據鍾淑敏論文顯示，除了巴色差會獲得渣打公司政府簽訂招募契約外，同期渣打公司政府亦有接觸中國政府與日本企業（鍾淑敏，2015：40）；惟本次研究對象乃廣東境內之客家人，不贅。

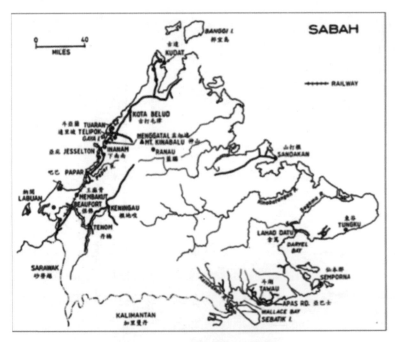

圖 14-3：英屬北婆羅洲略圖

資料來源：Wong（1998）。

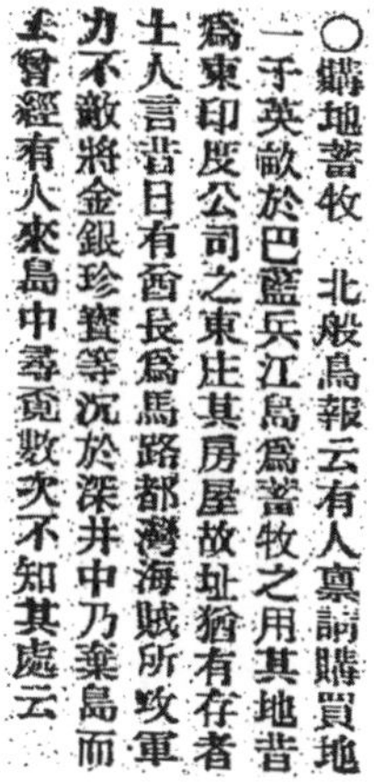
○購地蓄牧　北般鳥報云有人稟請購買地一千英畝於巴藍兵江島爲蓄牧之用其地昔爲東印度公司之東庄其房屋故址猶有存者土人言昔日有酋長爲馬路都灣海賊所敗軍力不敵將金銀珍寶等沉於深井中乃棄島而去曾經有人來島中尋覓數次不知其處云

圖 14-4：1908 年北婆羅洲在香港的告白

資料來源：〈北般鳥報購地蓄牧〉，《香港華字日報》，1908 年 5 月 8 日，第三頁。

1913 年 3 月，26 個家庭共 111 名客籍基督徒於巴色差會帶領下，安頓於下南楠（Inanam）；其又劃分為 12 個家庭到孟家達（Menggtal），10 個家庭到斗亞蘭（Tuaran），兩個家庭到古達。接著又有 83 個家庭加入，有些分遷德里卜（Telipok）。此三地為客家新據點（黃子堅，2011：375）。

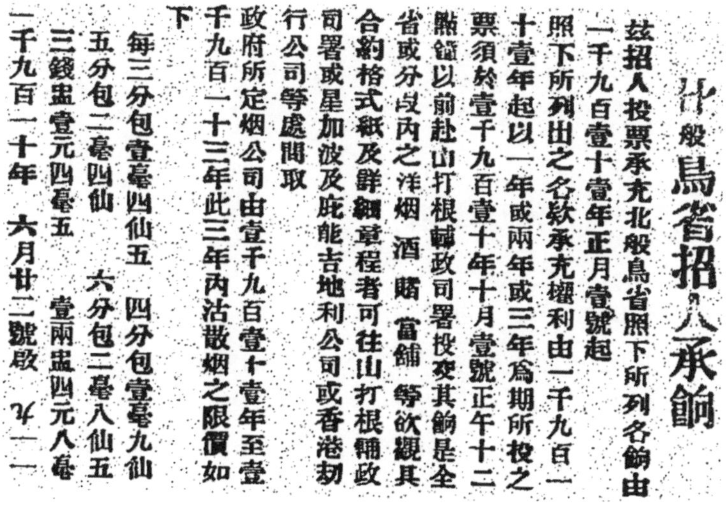
北般鳥省招人承餉

茲招人投票承充北般鳥省照下所列名餉由一千九百壹十壹年正月壹號起照下所列出之名欵承充權利由一千九百一十壹年起以一年或兩年或三年爲期所投之票須於壹千九百壹十年十月壹號正午十二點鐘以前赴山打根輔政司署投交其餉是全省或分段內之洋烟　酒　賭　當舖　等欲覩其合約格式紙及詳細章程者可往山打根輔政司署或星加波及庇能吉地利公司或香港刼行公司等處問取

政府所定烟公司由壹千九百壹十壹年至壹千九百一十三年此三年內沽散烟之限價如下

每三分包壹毫四仙五　四分包壹毫九仙

五分包二毫四仙　六分包二毫八仙五

三錢盅壹元四毫五　壹兩盅四元八毫

一千九百一十年　六月廿二號啟

圖 14-5：1910 年北婆羅洲在香港的告白

資料來源：〈比般鳥省招人承餉〉，《香港華字日報》，1910 年 6 月 24 日，第三頁。

1915 年，渣打公司雖曾短暫提出《押金與窮困僑民條例》（Deposit and Destitte Aliens Ordinance），但並未全面實施。直到 1920 年代，渣打公司轉推「免費移民計畫」（Free Passage Scheme），此舉便利移民者舉家遷往，政府將補助全部費用，由此，1921 年至 1941 年之間，多達一萬人經此遷入當地，幾近全為客家人；而申請者家屬本身居於古達半島一帶，而客家人亦多聚居，較少獨往別地（黃子堅，2011：377-380）。

表 14-1：渣打公司政府與巴色差會管道遷往北婆羅洲之客家人年表

年份	遷入地點	人數
1883 年	古達	13 人
1883 年	古達	96 人
1886 年	古達	27 個家庭
1888 年	古達	李祥光率客家會友百人
1889 年	古達	不少於 13 個家庭
1889 年至 1912 年	檳榔、坦巴椰、百白和西瓜地	不詳
1913 年	下南楠、孟家達、斗亞蘭和德里卜	111 人
1921 年至 1941 年	古達一帶	一萬人

資料來源：本表由作者整理。

總括而言，若依渣打公司與巴色差會管道遷往北婆羅洲之客家人，則以古達為中心，及以西之海岸地區。

二、新界客家人在沙巴舉隅

山打根（Sandakan）者，北婆羅洲首府也；二次大戰期間遭日軍毀壞，而遷都亞庇。「山打根客家公會」創於 1886 年，而考馬來亞及全婆羅洲，19 世紀已建立客屬會館者，僅檳城、雪隆、馬六甲三地（蕭新煌等，2005：219）。傳統華人社會中，特別現代國家尚未成形之前，「會館」在社會經濟方面承擔重要功能，例如慰解每逢佳節倍思鄉之情、又或安葬客死異地之同鄉；又或團

結我族，互相扶持（蕭新煌等，2005：185）。由於山打根來自新界的居民日多，因此被稱為「小香港」。

（一）西貢上窰村

西貢上窰村為原籍廣東省寶安縣的黃姓客家人所建，該村建於一高出地面的平臺上，入口處築有塔樓。村內共有一排八所並列的房舍，屋前設有曬坪。村民因建窰燒造殼灰，作灰泥及肥田料之用而致富，及後由於英泥及造磚行業的競爭，窰燒工業遂告沒落（香港古物古蹟辦事處，2022）。

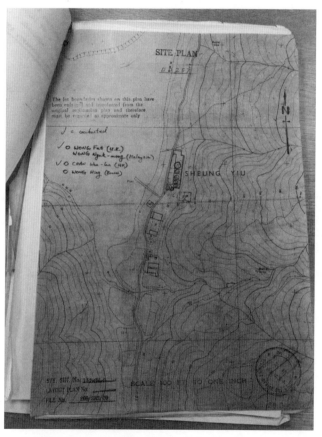

圖 14-6：1978 **年西貢上窰村平面圖，註有**「Wong Ngak-mong」**現於馬來西亞**

資料來源：香港政府檔案（1978）。

根據香港政府康樂及文化事務署的西貢上窰民俗文物館資料顯示：「客家人富有開墾創業的精神，上窰村的黃氏族人，早於 1920 年代，黃金德已經遠赴馬來西亞沙巴謀求發展。1930 年代隨到沙巴的有黃王生、黃甲榮和黃戊興等。黃甲榮於 1933 年重回上窰，但於 1940 年代日治時期，到廣州定居，黃龍山與家人移居沙巴。1953 年黃田發移居英國。上窰村遂於 1965 年廢棄了。留港的多屬女眷。」

（二）西貢大環村

西貢大環村王氏族譜記載該族先人福輝及祥輝兩公曾往南洋山打根的經過（不著撰人，年代不詳）：

> 二十世祖祥輝公 舉家同往南洋山打根埠 即北般烏落戶
> 二十世祖福輝公 舉家□[8]子一齊往南洋山打根謀生落戶 生一子榕發往
> 山打根

考下圍五和堂，乃由十七世祖振才公開業，其兩子應龍公生朝章、應恭公生朝纘，乃住朗徑村。後朝章公生祥輝、朝纘公生福輝（不著撰人，年代不詳）。按「五和堂」同屬二十世祖，此貴輝公生於光緒五年（1879 年）[9]，福輝及祥輝兩公應生於 1869 年至 1889 年之內。

現存關於西貢大環村王族資料，只知其部分族人赴北婆羅洲落戶。

---

8 疑為「帶」字。
9 「公生於光緒五年己卯年......」，「光緒五年」及「己卯年」俱為 1879 年。

圖 14-7：《新安縣全圖》（西貢）

資料來源：1866 年義大利傳教士和神父（Simeone Volonteri）繪製（圖中的
「大灣（Tai Wan）」即為「大環」）。取自：National Library of Australia，https://
catalogue.nla.gov.au/Record/3426150。

（三）沙頭角蓮麻坑村

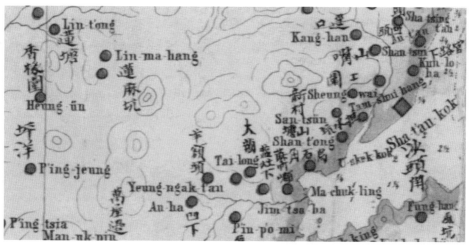

圖 14-8：《新安縣全圖》（沙頭角）

資料來源：1866 年義大利傳教士和神父（Simeone Volonteri）繪製。取自：
National Library of Australia，https://catalogue.nla.gov.au/Record/3426150。

蓮麻坑村葉祥友的祖父在 1880 年代已前往山打根打工，是已知最早抵北婆羅洲的蓮麻坑村民，移居 1920 至 1930 年代在蓮麻坑村蔚然成風；早期到北婆羅洲的蓮麻坑村民以經營橡膠園、割膠及伐木為業（劉蜀永、蘇萬興，2015：280-281）。

表 14-2：《蓮麻坑村志》記載於北婆羅洲的社會賢達

姓名	生卒年	定居北婆羅洲	榮譽
葉炳	1926-2012	3 歲隨父母移居	1981 年獲沙巴州授予「神山表揚勳章」（Ahli Darjah Kinabalu, ADK）
葉運強	1949- 未知	1949 年生於亞庇	2004 年獲沙巴州授予「神山表揚勳章」（Ahli Darjah Kinabalu, ADK）
葉瑞光	1956- 未知	1956 年生於山打根	2013 年任蓮麻坑村海外（馬來西亞）鄉親聯誼會第一屆主
葉威雄	1971- 未知	1971 年生於山打根	馬來西亞民政黨員，曾任山打根市議員，獲沙巴州授予「神山表揚勳章」（Ahli Darjah Kinabalu, ADK）

資料來源：劉蜀永、蘇萬興，2015：237-270。

肆、總結

客家人的歷史就是一段移民史。由於幾乎所有客家人也與周遭的本地人有一定矛盾，這些家族一直尋找適合居住的地方。直到 1912 年，巴色會與渣打公司招募客家人到到當地，令散落於廣東及香港（包括曾經屬於新安縣的新界）的客家人，選擇移居至新地方。

根據現存資料所見，香港西貢的上窰村及大環村，和沙頭角蓮麻坑村，均有頗多家庭選擇移居至北婆羅洲，現時在當地有不少來自香港的客家移民，他們大多都對本地社會有所貢獻，是一段香港與當地交流的佳話。

參考文獻

《華僑志》編纂委員會，1963，《華僑志：北婆羅洲、婆羅乃、砂勞越篇》（頁 2-9）。臺北：《華僑志》編纂委員會。

【嘉慶】王崇熙，1819，《新安縣志》（卷二十三），〈藝文・創建文岡書院社學社田記〉。

不著撰人，年代不詳，《松源王氏宗族譜》（西貢大環村王炳連先生藏本）。頁 17-30，收錄於《新界文獻第 1 集：西貢文獻》。

王永偉，2013，《香港客家移民問題初探（1644-1911）》（頁 13）。廣東：暨南大學歷史地理學碩士論文。

丘恆新，1998，《客家人與客家文化》（頁 196）。北京：商務印書館。

李小燕，2006，〈從族譜的家規家訓看客家人的價值觀念〉。《廣西民族學院學報》28（3）：77-80。

李恩涵，2003，《東南亞華人史》（頁 228-229）。臺北：五南。

香港古物古蹟辦事處，2022。《香港法定古蹟—新界—西貢上窰村》。檢索日期：2023 年 6 月 22 日。取自：https://www.amo.gov.hk/tc/historic-buildings/monuments/new-territories/monuments_13/index.html 。

香港政府檔案，1973，〈THE HAKKA PEOPLE IN THE NT/THE ENVIRONMENT & POLLUTION.〉，No. HKRS536-2-7。

香港政府檔案，1978，〈Sheung Yiu Village, Sai Kung, N.T.〉，No. HKRS684-3-81。

益頭俊次郎，1930，〈歐行記〉。頁 129，收錄於大塚武松編，《遣外使節日記纂輯第三》。日本史籍協會。檢索日期：2023 年 6 月 22 日。取自：https://dl.ndl.go.jp/pid/1920519/1/3。

夏其龍，2005，〈香港客家村落中的天主教〉。頁 166-189，收錄於劉義章著、鍾文典編，《香港客家》。廣西：廣西師範大學出版社。

夏思義（Patrick H. Hase）（著），林立偉（譯），2014，《被遺忘的六日戰爭：

1899 年新界鄉民與英軍之戰》。香港：中華書局（香港）有限公司。

張少強，2016，《管治新界：地權、父權與主權》（頁 27-30）。香港：中華書局（香港）有限公司。

張德來，2002，《沙巴的客家人：客家華人貢獻沙巴州現代化之探討》（頁1-2）。亞庇：沙巴神學院。

張德來，2014，〈沙巴早期的客家移殖史〉。《馬來西亞人文與社會科學學報》3（1）：1-9。

許舒博士（Dr. J. W. Hayes），1966，〈Old British Kowloon〉。《皇家亞洲學會香港分會學報》（6）：120-137。

郭靜，2015，《近代廣東客家留學生研究》（頁 9-17）。蘇州：蘇州科技學院碩士論文。

陳坤，2008，《粵東剿匪記略・卷五》。頁 23，收錄自陳建華等主編，《廣州大典第六輯》。廣州：廣州出版社。

陳鏸勳（撰），莫世祥（校注），1996，《香港雜記（外二種）》（頁 39）。廣州：暨南大學出版社。

湯泳詩，2002，《一個華南客家教會的研究：從巴色會到香港崇真會》（頁7-20）。香港：基督教中國宗教文化研究社。

黃子堅，2011，〈馬來西亞基督教巴色教會與沙巴州的客家族群〉。頁 367-402，收錄於蕭新煌主編，《東南亞客家的變貌：新加坡與馬來西亞》。臺北：中研院人社中心亞太區域研究專題中心。

劉蜀永、蘇萬興，2015，《蓮麻坑村志》（頁 237-281）。香港：中華書局（香港）有限公司。

劉潤和，1994，《新界簡史》（頁 33-34）。香港：三聯書局（香港）有限公司。

蔡垚爔（修），譚鑣（纂），1908（清光緒三十四年），《新會縣鄉土志・卷三兵事》，鉛印本。

鄭德華，1989，《廣東中路土客械鬥研究（一八五六年至一八六七年）》（頁335、339-340）。香港：香港大學中國語言文學系哲學博士論文。

蕭新煌、張維安、范振乾、林開忠、李美賢、張翰璧，2005，〈東南亞的客家

會館：歷史與功能的探討〉。《亞太研究論壇》28：185-219。

錦田師儉堂鄧惠翹，1894，《道光二十二年（1842）布政粮導廣府新安呈稿照錄香港等處稅畝總呈》。光緒貳拾年重修，載《錦田文獻（第一冊）》。檢索日期：2022 年 7 月 31 日。取自：https://hkhiso.itsc.cuhk.edu.hk/history/node/3988。

謝重光，2001，《客家形成發展史綱》（頁 271）。廣州：華南理工大學出版社。

鍾淑敏，2015，〈戰前臺灣人英屬北婆羅洲移民史〉。《臺灣史研究》22（1）：25-80。

藍春新、劉加宏，2013，〈從客家鄉村楹聯探析客家優良傳統〉。《農業考古》4：309-311。

蘭靜，2011，《近代香港外來移民與香港城市社會發展（1841-1941）》（頁36）。廣東：歷史地理學碩士論文。

Lutz, Jessie G. & Lutz, Rolland Ray, 1998, *Hakka Chinese Confront Protestant Christianity, 1850-1900 with the Autobiographies of Eight Hakka Christians, and Commentary* (p. 201). New York: M. E. Sharpe.

Wong, Tze Ken Danny, 1998, *The Transformation of an Immigrant Society: A study of the Chinese of Sabah* (p. 2). London: Asean Academic Press.